物流成本管理理论与实务探索

WULIU CHENGBEN GUANLI LILUN YU SHIWU TANSUO

何岩松◎著

人民日报出版社

图书在版编目（CIP）数据

物流成本管理理论与实务探索 / 何岩松著. —北京：人民日报出版社，2017. 8

ISBN 978-7-5115-4859-7

Ⅰ. ①物… Ⅱ. ①何… Ⅲ. ①物流管理—成本管理—研究 Ⅳ. ①F253.7

中国版本图书馆CIP数据核字（2017）第190135号

书　　名：物流成本管理理论与实务探索
作　　者：何岩松

出 版 人：董　伟
责任编辑：刘晴晴
封面设计：中尚图

出版发行：人民日报出版社
社　　址：北京金台西路2号
邮政编码：100733
发行热线：（010）65369527　65369512　65369509　65369510
邮购热线：（010）65369530
编辑热线：（010）65363105
网　　址：www.peopledailypress.com
经　　销：新华书店
印　　刷：北京天宇万达印刷有限公司

开　　本：710mm ×1000mm　1/16
字　　数：300千字
印　　张：21
印　　次：2017年8月第1版　2017年8月第1次印刷

书　　号：ISBN 978-7-5115-4859-7
定　　价：59.00元

目　录

第一章　物流成本管理概述

了解物流成本管理，对有效推动物流合理化进程，提高企业的经济效益都有着非常重要的意义。本章概括描述了物流成本管理，具体内容包括：物流成本概述，物流成本管理的产生和发展、内容和方法、意义与作用等。

第一节　物流成本概述

一、物流成本的概念

《中华人民共和国国家标准——企业物流成本构成和计算》中，对物流成本的定义是“在物流活动当中，企业所消耗的活劳动与物化劳动的货币表现，包括货物在包装、储存、运输、装卸搬运、物流信息、流通加工、物流管理等过程当中，所消耗的人力、物力、财力的综合，以及有关于存货的流动资金占用成本、存货保险成本与存货风险成本。”其中，有关于存货的资金占用成本包括两部分内容，分别为：负债融资所发生的利息支出，即显性成本；占用自由资金所产生的机会成本，即隐形成本。

根据上述定义，物流成本包括以下两部分内容。

（一）物流功能成本

此类成本主要体现的是，在物流运作过程当中所发生的各项成本支出。

（二）存货相关成本

存货相关成本指的是，产品被锁闭在流动环节，进而致使事实上被企业所占用的资金以及它的存货，在物流活动过程当中所发生的风险损失，以及为了防止发生损失而支付的投保费用。

二、物流成本的构成

（一）成本项目构成

物流成本如果以成本项目为依据进行划分，其主要是由两部分构成，分别为物流功能成本与存货相关成本。

1. 物流功能成本

物流功能成本主要包括在物流活动过程当中所发生的各种成本，具体为：仓储成本、物流信息成本、包装成本、装卸搬运成本、运输成本、物流管理成本与流通加工成本。

（1）运输成本

在一定时期之内，企业为了将货物运动业务圆满完成而发生的全部费用，被称为运输成本。其主要包括：从事货物运输业务人员费用、事故损失费、车辆（包括其他运输工具）的燃料费、养路费、扭关税金、租赁费、折旧费、过路费、保养费与年检费等。

（2）仓储成本

在一定时期之内，企业为了将货物存储业务完成而发生的全部费用，即为仓储成本。其主要包括：维修保养费、燃料与动力消耗费用、仓储业务人员费用、水电费与仓储设施的折旧费等。

（3）包装成本

在一定时期之内，企业为了将货物包装业务完成而发生的所有费用，即为包装成本。其主要包括：维修保养费、包装设施折旧费、包装材料消耗费、包装业务人员费，以及包装技术设计与实施费用、包装标记的设计、印刷等一些辅助费用。

（4）装卸搬运成本

在一定时期之内，企业为了将装卸搬运业务完成而发生的所有费用，即为装卸搬运成本。其主要包括：装卸搬运业务人员费、燃料与动力消耗费、装卸搬运设施折旧费、维修保养费等。

（5）流通加工成本

在一定时期之内，企业为了将货物流通加工业务完成而发生的全部费用，即为流通加工成本。其主要包括：流通加工材料消耗费用、燃料与动力消耗费、流通加工业务人员费用、维修保养费与加工设施折旧费等。

（6）物流信息成本

在一定时期之内，企业为采集、传输、处理物流信息，而发生的全部费用，被称为物流信息成本，即和订货处理、客户服务、储存管理相关的费用。主要包括：通讯费、软硬件折旧费、物流信息人员费用、维护保养费等。

（7）物流管理成本

在一定时期之内，企业物流管理部门，以及物流作业现场所发生的管理费用，即为物流管理成本。其主要包括：会议费、管理人员费用、办公费以及差旅费等费用。

2. 存货相关成本

存货相关成本主要包括：在物流活动过程当中，所发生的和存货相关的资金占用成本、保险和税收成本与物流损耗成本。

（1）资金占用成本

在一定时期之内，企业在物流活动过程当中负债融资所发生的占用内部资金所发生的机会成本（也就是隐性成本），以及负债融资所发生的利息支出（也就是显性成本）。

（2）物品损耗成本

一定时期之内，企业在物流活动过程当中所发生的各种损失等，如物品跌价、盘亏、毁损、损耗等。

（3）保险和税收成本

在一定时期之内，企业支付的和存货相关的财产保险费，以及由于购进和销售物品应当缴纳的税金支出。

（二）企业物流成本范围构成

以物流成本产生的范围为依据进行划分，物流成本主要由五类成本构成，分别为：供应物流成本、回收物流成本、企业内物流成本、销售物流成本，以及废弃物流成本。

（1）供应物流成本

将企业所需要的原材料（生产资料）经过采购活动，从供给者的仓库运回企业仓库为止的物流过程当中所发生的物流费用，被称为供应物流成本。

（2）企业内物流成本

始于原材料进入企业仓库，并经过出库、制造形成产品，以及产品进入成本库，直至产品从成本库出库，在这整个物流过程当中所发生的物流费用，被称为企业内物流成本。

（3）销售物流成本

为了完成销售，产品从成本仓库运动开始，经过流通环节的加工制造，直至运输到中间商仓库，抑或是消费者手中，在这个物流活动过程当中所发生的物流费用，被称为销售物流成本。

（4）回收物流成本

返修物品、退货，以及周转使用的包装容器等所有从需方返回供方的物流活动过程当中，所发生的物流费用，被称为回收物流成本。

（5）废弃物流成本

经济活动当中失去原有使用价值的物品，并以实际需要为依据，所进行收集、分类、搬运、加工、包装、储存等，然后分送到专门处理场所的物流过程当中，所发生的物流费用，即为废弃物流成本。

三、物流成本的特点与影响因素

一直以来，人们都会有企业的第三大利润源泉为物流这样的认知。在很多企业当中，物流成本在企业销售成本中所占的比例是很大的，因此，需要加强管理物流活动，其中最为关键的是，降低和控制各种物流费用。但是，只有在将目前企业活动过程中物流成本的特征以及影响因素明确下来之后，才能够真正做到加强物流成本的管理。

（一）物流成本的重要特性

从目前企业的物流活动实践过程来看，物流成本具有以下几个特征。

1. 具有很强的隐蔽性

通常情况下，在企业财务决算表当中，物流成本指的是，企业对外部运输者所支付的运输费用，抑或是由于仓储而支付的商品保管费等一些传统的物流成本。对于企业内和物流部门相关的设备折旧费、人员费等各种费用来讲，则需要和企业的其他经营费用统一计算，因此，以现代物流管理的角度分析，物流成本具有比较强的隐藏性。从先进国家的时间经验中获知，实际发生的物流成本，通常都会超过外部支付额的 5 倍以上，而这恰恰证明了“物流成本冰山”说。

2. 不同企业之间物流成本难以相互比较

由于不同的企业，所规定的物流成本科目是不同的，即各个企业会以自己不同的认知和理解为依据来把握物流成本，这样的话，就会在管理方面出现问题，也就是说，在企业之间没有办法比较、分析物流成本，那么也就没有办法产出平均物流成本值了。

就国家来讲，每一个国家的宏观经济中，对物流成本的计算方法也是不相同的，而这则会对国家之间物流成本的分析和比较造成直接影响。

（1）美国

美国宏观经济当中的总体物流成本的计算范围，共包括三个部分，具体如下。

①第一部分为库存费用

花费在保存货物中的费用，即为库存费用，主要包括：保险和税收费用、仓储、人力费用、合理损耗，以及库存占压资金的利息。其中，利息的计算公式如下。

库存占压资金的利息 = 美国当年的商业利率 × 全国商业库存总金额

传统物流费用计算和现代物流最大的区别，就在于后者会将库存占用的资金利息加入到物流成本当中，并且也只有这样，才能够从根本利益上将加速资金周转速度和降低物流成本统一起来。

②第二部分为运输成本

运输成本主要包括：汽车运输以及其他运输方式发生的费用。其中，前者的费用主要包括：城市内运送，以及区域间卡车运输发生的费用；后者的费用主要包括:航空运输、管道运输、铁路运输、船舶运输发生的费用。除此之外，还有搬运装卸费等。

③第三部分为物流管理费用

物流管理费用是以美国的历史情况为依据，再由专家确定一个固定比例，之后，乘以运输费用和库存费用的总和获得的。

（2）日本

1997 年日本运输省制定的《物流成本计算统一标准》，是日本物流成本的计算依据。这一标准依照三种不同的方式对物流成本计算的标准进行了规定，具体如下。

①方式一

第一种方式是以物流范围为依据，所划分的物流费用计算标准。其将物流费用分为六种类型，具体包括：企业内部物流费用、退货物流费用、生产物流费用、供应物流费用、销售物流费用，以及废弃物物流费用。

②方式二

第二种方式是以支付形式为依据，所划分的物流费用计算标准。其将物流费用分为：维护费、一般经费、委托物流费、特别经费、公益费、材料费以及人工费。

③方式三

第三种方式是以物流的功能为依据，所划分的物流费用计算标准。其物流费用包括：装卸费、物流管理费、包装费、信息费、运输费与保管费。

（3）中国

我国同样对物流成本的计算范围，以及具体计算方法进行了标准化的规定。规定推行之后，对我国企业之前进行物流成本的比较是很有利的。

3. 物流成本削减具有乘数效应

例如，比如，某企业的销售额是 100 万元，物流成本是 9 万元，其他成本是 85 万元，倘若这个时候物流成本削减 0.9 万元，也就是削减 10%，并且其他成本和销售额都不发生变化，那么就会产生 0.9 万元的利润增加，这就是物流成本削减的乘数效应。

4. 过量服务和标准服务所产生的成本是混合在一起的

以销售关联的角度出发，在物流成本当中，过量服务产生的成本和标准服务产生的成本是混合在一起的，而这增加了物流成本的管理难度，比如，很多企业都会将销售促进费算到物流成本当中。

5. 不同种类的物流成本之间具有悖反关系

各种不同类型的物流成本之间是具有悖反关系的，即一类物流成本的下降，通常会是以其他物流成本的上升作为代价的。

（二）影响物流成本的因素

1. 竞争性因素

企业之间的竞争是非常激烈的，不仅有性能、价格与质量的竞争，还有优质客户服务的竞争（而这则是竞争成败的关键）。那么如何才能够提高客服质量呢？一般会通过高校物流系统来实现。

物流系统的合理程度的高低，决定了企业所提供的服务与产品的可靠程度，而客户的服务水平又会直接决定物流成本的高低。由此可知，日趋激烈的竞争在很大程度上导致了物流成本的变化，而企业则必须要对此做出反应。

会对客户服务水平造成影响的因素，主要包括以下三个方面。

（1）订货周期

高效的企业物流系统，一定能够缩短企业的订货周期，降低客户的库存，进而使客户的库存成本降低，并且还能够使企业的客户服务水平，以及企业的竞争力提高。

（2）库存水平

由于缺货成本和存货成本之间呈反比例关系，也就是说，存货成本的提高，能够使缺货成本降低。过低的库存水平，会增加缺货成本；过高的库存水平，虽然能够使缺货成本降低，但是，会显著提升存货成本，因此，使总成本最小的水平上，才是合理的存库水平。

（3）运输

企业采用更为快捷的运输方式，虽然会使运输成本增加，但是，却能够使运输时间缩短，使库存成本降低，进而使企业的快速反应能力提升。

2. 产品因素

不同的产品特性，同样会对物流成本产生影响，主要会对以下五个方面产生影响。

（1）产品价值

物流成本的大小会受到产品价值高低的直接影响。在产品价值增加的同时，也会增加每一物流活动的成本，运费能够在一定程度上将货物移动的风险反映出来。通常来讲，产品所具有的价值越大，就会对运输工具的要求越高，而且随着产品价值的增加，库存与仓储成本也会增加。高价值通常情况下表示存货中的高成本，以及包装成本的增加。

（2）产品密度

一般来讲，仓库的一定空间中存放的货物越多，库存成本就会降低；同样的，产品密度越大，相同运输单位所装的货物越多，运输成本就会越低。

（3）产品废品率

产品的质量，即产品废品率的高低，也是影响物流成本的重要方面之一。生产高质量的产品能够杜绝因废品、次品等退货、回收所发生的各种各样的物流成本。

（4）产品破损率

对于物流成本来讲，产品破损率比较高的物品，也就是易损性物品对其的影响是非常明显的，此类物品对物流各个环节（如仓储、运输、包装等）的要求相较于一般产品都会更高。

（5）特殊搬运

一些物品对搬运会有特殊的要求，比如，在搬运过程当中，一些物品需要制冷或者加热等这些额外要求都会使物流成本增加。

3. 环境因素

环境因素主要包括：地理位置、空间因素与交通状况等。

（1）地理位置

此类因素主要指的是，物流系统当中，仓库、供货地点、目标市场或者企业制造中心的地理位置。

（2）空间因素

此类因素主要指的是，物流系统当中，仓库或者企业制造中心相对于供货点，或者目标市场的空间关系等。

（3）交通状况

交通状况主要指的是，物流系统当中，企业制造中心或者仓库、目标市场或者供货地点之间交通方式，以及拥堵情况。

如果企业和多个目标市场有空间关联，并且相互之间的距离还比较远，交通状况也比较差，那么一定会使包装以及运输等成本增加；如果在目标市场租用或者建立仓库，同样会使仓储以及库存持有成本增加。由此能够看出，物流成本会受到环境因素很大的影响。

4. 管理因素

管理成本本身，虽然与企业的生产与流通并不存在直接的数量依存关系，但是，却会对企业物流成本的大小产生直接影响。比如，节约差旅费、办公费等管理成本，能够相应地降低物流成本总水平。

除此之外，企业如果是利用贷款开展物流活动，那么一定会需要支付一定的利息（倘若是自由资金,就会有机会成本的问题存在）,资金利用率的高低，会对利息支出的大小产生影响，进而也会对物流成本的高低产生影响。

第二节　物流成本管理的产生与发展

一、物流成本管理的产生

起源于军事后勤的物流管理，最初阶段并不考虑成本，只重视军用物资供应的及时性和可达性。但是，当物流管理应用到企业中以后，开始越来越重视物流成本的管理，各个企业都在想方设法寻找降低成本的新途径，自然而然地物流管理进入了商业领域，并且成为劳动力、生产资料之后的第三利润源。企业也越来越重视成本管理，追求利润的最大化，由此，产生了物流成本管理，这是一种提高服务水平、降低成本的手段。

二、物流成本管理的发展

物流成本管理的发展和经济发展之间的关系是极为密切的，社会经济和生产力，以及科学技术的发展水平，共同决定了物流的发展。在经济发展的初级阶段，由于生产制造是企业的经营思想中心，因此，根本没有精力研究流通流域中的物流问题。

在经济快速发展，竞争越来越激烈的大背景下，企业开始向降低生产成本之外的领域寻找出路的时候，意识到了物流对企业降低成本所起的重要作用，而物流总成本的概念也开始被引入。

经济的不断发展等外部环境的变化，一方面，给企业自身带来了改善物流系统的推动力，另一方面，也促使政府对物流成本的管理政策进行修改，物流成本管理由此获得了发展，并开始有物流管理部门出现，而这促使物流成本管理具有组织性，并且开始采用外包制来提高竞争力和降低物流成本。

（一）国外物流成本管理发展情况

从国外企业物流成本的发展过程分析，通常情况下，可将其大致分为五个阶段，具体如下。

1. 物流成本认识阶段

在物流管理当中，物流成本管理占据着非常重要的位置，物流是第三方利润源[①]等观点充分说明了这一点。另外，在物流管理初期，人们关心的主要问题就是物流的成本问题。在物流领域当中，存在着广阔的降低成本的空间，正因如此，企业经营管理者才会重视物流的问题，可以说，物流管理就是从对物流成本的管理开始的。

需要注意的是，在此阶段，人们对物流成本的认识只停留在概念认识的层面之上，还没有做到依据管理的步骤来对物流成本实施全面、细致的管理。

2. 物流项目成本管理阶段

此阶段企业对物流成本有了一定的认知，并以此作为基础，然后以不同领域、部门或者产品所出现的特定物流问题为依据，来组织专门人员进行研究，并加以解决。但是，在持久把握物流成本以及物流成本管理的组织化程度方面，还存着很多不足。另外，物流管理组织就出现在这一阶段。

3. 引入物流预算管理制度的阶段

在设置了物流管理组织之后，就有了对物流成本系统、统一的把握，并

① 所谓“物流是第三利润源”，是指通过物流合理化，降低物流成本，成为在降低制造成本和扩大销售之后企业获取利润的第三种途径.

且开始引入物流预算管理制度。简单来讲，就是经由物流预算的编制、预算和实际情况的比较，来完成对物流成本的差异分析，进而，实现控制物流成本的目的。

需要注意的是，此阶段所编制的物流预算并不具备准确性，另外，对成本变动原因的分析缺乏全面性，而且对物流成本的把握只局限在对外支付费用，以及运费方面。

4. 物流预算管理制度确立阶段

此阶段推出了物流成本的计算标准，因而，物流预算以及它的管理至此有了较为准确、客观的依据，而物流部门也成为独立的利润中心或者成本中心。

5. 物流业绩评价制度确立阶段

在确立了物流预算制度之后，经过发展就会形成物流业绩评价制度。经由物流部门对企业业绩贡献度的把握，来完成对物流部门进行准确评价的工作。物流部门对降低物流成本的贡献度时期业绩评价的主要内容。

（二）日本的物流成本管理发展情况

不同国家的物流发展程度是不同的，而且对物流的研究程度同样是不同的，因此，对物流成本管理的发展的看法也是不同的。比如，日本的物流发展到今天，已经形成了物流成本和财务结算制度相连接的模式。

目前，在日本与物流成本管理相关的发展阶段问题，共有两种不同的学术观点存在，具体如下。

1. 以神奈川大学的唐泽丰教授为代表的观点

唐泽丰教授为代表的观点认为，日本的物流成本管理的发展可分为以下四个阶段。

第一，明确物流成本，从物流成本和销售额的比率的角度完成管理的阶段，也就是主要为定量掌握物流成本的阶段。

第二，采用物流预算制度，能够分析物流成本差异的阶段。

第三，正式确定物流成本的标准值或者基准值，从而使物流的管理，或者物流预算的提出能够有一个恰当，并且客观的标准。

第四，建立物流管理会计制度的阶段，在系统上使物流成本管理和财务会计连接起来，并对物流成本进行成本模拟的阶段。

如图 1–1 所示，为具体的发展历程。

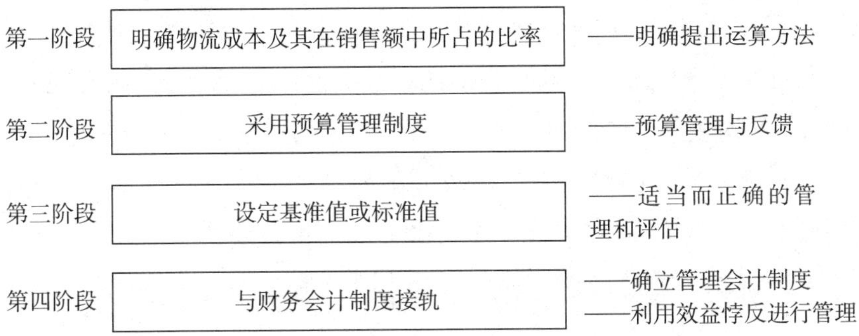

图1–1　日本物流成本管理的发展历程

唐泽丰教师认为，截止到现在，日本企业的物流成本管理基本上都处于第三阶段。

2. 以菊池康也教授为代表的观点

菊池康也教授在《物流管理》一书写道：日本物流成本管理的发展，可分为以下五个阶段。

第一，对物流成本的实际状况进行了解，也就是提高对物流活动的重要性的认识。

第二，物流成本的计算，即了解并且解决物理活动当中存在的各种问题。

第三，物流成本管理，即物流成本的预算管理与标准成本管理。

第四，物流收益评估，即评估物流对企业效益的贡献程度。

第五，物流盈亏分析，即对物流系统的改革，或者变化做出模拟模型。

菊池康也教授认为，目前，日本很多企业都处于第三阶段，物流部门的管理依据比生产部门和销售部门的管理落后。

（三）我国的物流成本管理发展情况

1979 年，我国学者第一次从日本将“物流”这一概念引入国内，因此，我国的物流成本管理起步是比较晚的。物流经过多年发展，在进入 21 世纪之后，在网络经济快速发展的推动下，电子商务开始对物流有了新的要求，并且使我国物流业和世界物流业的交流和合作变得更加紧密、频繁，进而，也促使我国物流也发展开始走向国际化。而且对于物流成本管理的方法和理论的研究也进入了一个全新的阶段，一些企业开始引入物流成本预算制度。

但是，需要注意的是，我国物流成本的预算缺乏准确性，很多物流成本依旧缺乏定额指标，而且对于变动成本的分析也缺乏全面性，因此，对物流成本的把握也只局限在运费等一些常见的基本指标，以及对外支付的费用方面。

截止到现在，我国物流成本管理的研究工作依据处于起步阶段，并未将专门的物流成本计算体系建立起来，并且缺少规范的计算。当然，最近几年，有很多企业已经在摸索和探讨物流成本的管理工作，而且还取得了一些不错的成果。

同时，我国政府也采取各项举措，积极减少物流成本，为我国的物流事业良性循环和发展打下了良好的基础。

根据交通运输部有关领导介绍，交通运输部把“降成本”作为行业供给侧结构性改革重头戏，完善收费公路政策，督促指导内蒙古、甘肃、青海、宁夏四省（区）在 5 月 31 日前全部取消政府还贷二级公路收费，组织山西、浙江、湖南等省开展高速公路分时段差异化收费试点。

同时，减少涉企收费，督促落实取消船舶登记费和船舶及船用产品设施检验费政策，会同国家发展改革委继续深化推进港口价格形成机制改革。降低企业制度性交易成本，推进对符合包装及数量条件的氢气等 12 种不燃、无毒、无腐蚀气体道路运输实现豁免。以增效促降本，大力推进多式联运发展，继续组织开展道路货运无车承运人试点工作，修改完善国家交通运输物流公共信息平台建设方案。

事实证明，通过上述系列举措，促进物流成本明显降低，2017 年上半年降低物流成本 356.26 亿元，完成年度目标的 45.5%。

第三节　物流成本管理的内容和方法

一、物流成本管理的研究内容

通常情况下，人们会以把握物流成本、分析物流成本作为手段，来进行物流成本管理。从本质上讲，物流成本管理依旧是一个成本管理体系，但是，与此同时，还存在物流管理的特性。

对于物流成本管理的具体研究来讲，其内容可分为物流成本分析模块、物流成本决策模块和物流成本控制模块这三个模块。

（一）物流成本分析模块

物流成本分析模块主要包括两方面的内容，一个为物流成本计算，另一为物流成本分析，而这一模块则是进行物流成本控制和决策的基础。

1. 物流成本计算

物流成本计算（实际上，是对物流成本计算执行情况的检验）具体指的是，在执行计划之后，以企业确定的成本计算对象为依据，并且要采取与之相适应的成本计算方法，依照规定的成本项目，来分配和汇总一系列的物流成本，进而，将各个物流活动成本对象的单位成本，以及实际总成本计算出来。经过物流成本计算，能够将物流活动当中的实际耗费真实的反映出来，与此同时，还能够将各种不同活动的实际指出和计划支出的差异反映出来。

2. 物流成本分析

物流成本分析具体指的是，在成本计算以及其他相关资料的基础之上，运用一定的方法，将物流成本水平的变动揭示出来，并将影响物流成本变动的各种因素调查清楚。通过物流成本分析，能够对成本计划的完成情况进行考核和检查，并从中总结经验教训，将实际和计划差异的原因找出来，及时发现问题，并且应调查出现问题的原因，最终，揭露出物流环节中的主要矛盾。

进行物流成本分析的方法有很多，因此，需要以物流特点、分析的目的，以及所掌握的资料的内容和性质为依据加以确定。目前，较为常用的方法有两种，一种为因素分析法，另一种为指标对比分析法。与此同时，物流成本分析的过程，同样是对前一阶段物流成本管理业绩的评价过程。

（二）物流成本决策模块

物流成本决策模块主要包括三部分内容，具体为：物流成本预测、物流成本决策和物流成本计划的制订。其主要指的是，企业以自身发展情况为依据，并利用已有的成本信息来对未来物流成本所做的预测，之后再从多个方案中选出一个比较满意的方案，并做出决策，最终，以此作为基础来完成物流成本计划的制订工作。作为物流成本控制准则和依据的决策模块，其可行性和科学性会对物流成本计划的实施产生直接的影响。

1. 物流成本预测

物流成本预测指的是，对本年度物流成本所进行的分析，即以相关物流成本数据和企业具体的发展情况为依据，运用一定的技术方法，对未来的物流成本水平，以及它的变动趋势做出科学的评估。其能够使物流成本管理的预见性和科学性显著提升。

在物流成本管理当中，很多环节都会有成本预测的问题存在，比如，流动环节的加工预测、仓储环节的库存预测等。

2. 物流成本决策

物流成本决策具体指的是，在成本分析和预测的基础之上，与其他经济、技术因素等相关资料相结合，运用一定的科学方法进行分析和研究，之后，再决定将采取哪种行动方针，与此同时，进行可行性分析，最终，从多种方案当中，选出一个让人满意的方案的过程。

如果从物流整个流程的角度分析，有装卸搬运设备、设施的决策、有流通加工合理下料的决策、配送中心新建、改建、扩建的决策等。编制成本计划的前提就是进行成本决策。

3. 物流成本计划

物流成本计划指的是，以成本决策所确定的方案，降低成本的要求、计划期的生产任务，以及相关资料为依据，经由一定的程序，运用一些方法，以货币的形式对物流各个环节的成本水平与耗费水平进行规定，与此同时，提出能够使成本计划顺利实现得到保障应采取的措施。

通过成本计划管理，能够在降低物流各个环节成本方面为企业提出更为明确的目标，增加企业的成本意识，推动企业加强成本管理责任制，挖掘降低成本的潜力，控制物流环节成本，使企业降低物流成本目标的实现得到保障。

物流成本计划包括多种计划体系，如长期计划（五年或十年）、中期计划（三年）、短期计划（半年或一年），或者年度计划、季度计划、月度计划等。

（三）物流成本控制模块

物流成本控制模块主要包括两方面的内容，一个是物流成本控制，另一个为物流成本信息反馈。其是以物流成本计划和控制过程当中的实时信息反馈为依据，对控制手段进行及时调整，以此来使计划的实现得到保障。与此同时，其也是对物流计划实施进行监督的阶段。

1. 物流成本控制

成本控制指的是，以计划目标为依据，来对成本发生和形成过程，以及影响成本的各种条件和因素施以主动的影响，以此来让物流成本计划的实现得到保障的一种行为。

物流成本控制的基本内容，主要包括以下几项。

第一，运输成本控制，比如，防止运输过程当中的差错事故；加强运输的经济核算等。

第二，库存持有成本的控制。

第三，装卸搬运成本的控制，比如，对装卸搬运设备的合理选择；减少装卸次数、缩短操作距离，提升被装卸物资纯度；合理规划装卸方法以及装卸作业过程等。

第四，包装成本控制，如实现包装尺寸的标准化、包装作业的机械化、运用成本计算将包装成本降低；选择包装材料的时候应当进行经济分析；有条件的时候进行组织散装物流等。

第五，流通加工成本的控制，比如，制定反映流通加工特征的积极指标；合理确定流通加工的方式以及加工能力；加强流通加工的生产管理等；

通过成本控制，能够将其中存在的问题及时的找出来，并采取相应的纠正措施，以此来让成本目标的实现得到保证。

2. 物流成本信息反馈

物流成本信息反馈指的是，对在物流过程当中，所发生的与成本有关的各方面的数据和资料进行收集、整理与汇总，并且其传输给相关部门与领导，让他们掌握真实的情况，并以此作为依据，来加强对物流成本的控制，进而，使物流成本目标的实现得到保障。

上述三个模块和各项成本管理活动内容之间，是一个相互依存、相互配合的整体，而不是各自孤立存在的。

二、物流成本管理的方法

物流成本管理的过程需要采用一系列的方法，而掌握这些方法能够为管理人员实现有效管理提供帮助。主要的物流成本管理方法包括：物流成本信息获取方法、物流绩效评估方法、物流成本预测与预算方法，以及物流成本分析方法等。

（一）获取物流成本信息方法

常用的物流成本信息获取方法，主要包括三种，分别为：会计核算方法、统计核算方法，以及混合核算方法。

1. 会计核算方法

获取物流成本信息，尤其是获取显性成本信息的主要方式，就是会计核算方法。其是一种通过报表、凭证、账户来对物流消耗费用给予系统、连续地记录的计算方法。采取此种方法，能够获得相对系统、准确、全面的成本信息。当然，这种方法也会有一定的缺陷，即此种方法计算不仅复杂，而且计算量还大，所以需要在不与现行财务会计制度相违背的前提之下，设计新的凭证、报表与账户体系。

2. 统计核算方法

统计核算方法指的是，在不对当前财务会计核算体系产生影响的基础之上，经过对相关物流业务的原始单据和凭证进行再次的归类整理，之后，再进一步剖析现行成本核算资料，并从中抽出物流成本的部分，然后，再依照物流管理的要求来重新汇总、归类与分配上述费用，最终，依照不同物流成本核算对象加工成为物流管理所需要的成本信息。

由于统计计算不需要对物流成本做出连续、系统与全面的结果，因此，在运用方面会较为方便、简单与灵活。但正是由于这点，因而，所得到的信息的准确度也会受到很大的影响，比较容易流于形式。除此之外，如果只在期末进行一次物流成本的归类统计，那么所花费的时间也是很多的，这对于分析人员来讲工作量还是很大的。

3. 混合核算方法

更好地进行物流成本管理是物流成本核算的目的，因此，企业可以依据物流成本管理的不同目的以及要求来完成相应成本计算项目的设置，并以成本计算项目所需的数据为依据，来完成成本费用科目的明细科目的设置。但如果会计科目设置的过细，就会造成企业会计工作的负担变得更重，而这是不经济的。在这种情况下，企业应在设置会计科目之前，对物流成本核算可能给企业带来的收益进行考虑。另外，物流成本核算科目的增加，也意味着会计操作成本的增加。

在上述前提之下，企业进行物流成本核算最好的方法就是统计和会计方式相结合的方式。此种方法的要点在于：物流成本中的一部分通过统计方法进行计算，另外一部分则通过会计核算反映出来。其虽然会设置一些物流成本账户，但是，却不会和会计方式那样全面系统，而且这些物流成本账户并不纳入现行财务会计成本核算的账户体系当中。另外，这种方法采用的是帐外计算，并且具备辅助账户记录的性质。

（二）物流成本分析方法

一般情况下，物流成本分析会借由统计分析的方法来分析已经获取的成本，以及它的相关数据。比较分析法、因素分析法，以及趋势分析法是使用频率比较高的三种分析方法。

1. 比较分析法

比较分析法指的是，对已经获取的成本、相关数据进行纵向，以及横向的比较、分析，而了解成本结构的变化特点与特征则是选择此种方法的目的。比如，比较企业当年实际开支的物流费用和原来编制的物流成本预算，以此为依据，来对成本计划的完成情况进行评价。

2. 趋势分析法

趋势分析法是通过对财务报表当中各种类型的相关数字资料，将两期（或者多期）连续的相同指标，抑或是比率进行环比对比与定基对比，由此得出它们的增减变动方向、幅度与数额，而将企业经营情况、现金流量，以及财务状况变化趋势揭示出来则是实施这种方法的目的。

3. 因素分析法

元素分析法指的是，对已经获取的成本以及相关数据进行影响因素分析，而剖析成本结构、规模的变化原因，以及它的影响程度，则是实施此种方法的主要目的。

（三）物流成本预测方法

物流成本预测指的是，以物流成本和各种技术经济因素的依存关系为依据，与发展前景和采取的措施相结合，与此同时，利用一定的科学方法，来对未来物流成本的水平和变化趋势做出科学的评估。运输成本、信息成本、配送成本、仓储成本，以及包装成本等为物流成本预测的主要内容。

（四）物流成本预算方法

物流成本预算指的是，以货币形式以及其他数量形式，来将相关企业未来一定时期之内全部的物流活动的行为计划，以及相应措施的数量说明反映出来。通过这种方法，能够建立成本目标，并且使计划目标变得更加具体化、明确化，除此之外，其还是控制日常物流活动的标准和评价物流绩效的依据，而且还能够协调企业的物流活动。通常情况下，物流成本预算会运用统计和会计的方法，并依照物流的职能、物流的流程，或者物流成本项目进行编制。弹性物流成本预算和零基物流成本预算，则是采用比较多的两种预算方法。

（五）制定物流成本计划（优化）方法（方案）与管理控制方法

物流成本管理的方法主要包括：活动优化法、责任管理法、综合评价法与比较分析法等。企业应当以管理的实际需要作为依据，来选择合理的方法并加以利用，这样能够使物流成本有效地降低。

1. 比较分析法

比较分析法是企业将自己现时物流成本和可比项进行比较之后，对两者的差异以及产生差异的原因进行分析，进而将改进措施确定下来的管理方法。以下为几种较为常用的比较分析方法。

（1）计划与实际比较

这种比较，其实就是将企业当年实际开支的物流费用和原来编制的物流预算加以比较。倘若有明显的超支情况，就需要及时找到原因，这样才会对明确企业物流管理当中存在的问题有利。

（2）纵向比较

纵向比较，其实就是将企业历年的物流成本和构成与当年的相同指标进行比较，了解其中发生了什么变化，倘若有比较大的增减变动出来，那么就需要对产生的原因进行分析，并提出具有针对性的解决措施。

（3）横向比较

横向比较，其实就是将相同时间之内，某企业的各部分物流费用分别的计算出来，比如，销售物流、供应物流、退货物流、生产物流等，之后，再进行横向比较，并将各个部分费用所占的比例明确下来，进而，再重点观察和分析对企业物流成本具有比较大影响的几种费用，这样的话，就能够做到有效地降低物流成本了。

2. 活动优化法

活动优化法指的是，通过物流过程的优化管理，来使降低物流成本这一目标实现的一种管理方法。因物流过程是创造空间性和时间性价值的一个经济活动，因而，为了使其能够提供最佳的价值效能，就一定要使物流各个环节的合理化，以及物流过程的通畅和迅速得到保障。

在实践过程当中，可以先对企业中的各项活动运用优化方法，之后，再对整个物流系统进行模拟，并采用最行之有效的数理分析方法来完成物流系统的组织，从而使其变得更加合理。例如，运用线性规划、非线性规划，制定出最优运输计划，由此将运输成本降低；运用存储论将经济、合理的库存量确定下来，以此将存储的优化实现；运用系统分析技术，来完成货物最佳配比与配送线路的选择，以此来将物流配送的优化实现。

3. 综合评价法

综合评价法指的是，在物流成本分析的基础之上，研究企业由物流活动所产生的综合效益，并从中发现问题、解决问题，进而，加强物流管理的一种方法。一般情况下，综合评价法会运用统计研究中综合评价的技术和理论方法。因素分析法和指标对比法是实际物流成本绩效评价工作中使用最为广泛的两种技术方法。

4. 责任管理法

责任管理法指的是，明确物流成本管理的重任主体的方法。在企业当中，划分出多个责任中心，并由这些责任中心来负责自己所能够控制的物流成本。比如，一般情况下，企业销售物流都是由销售部门制定销售物流计划的，其中包括提出方案、订出原则。倘若某一企业对销售非常重视，那么就可能决定当天订货、次日送达。这样的话，如果订货量大，物流部门送货成本就小；

如果送货量小，批次多，那么就会使物流成本增加，而这其中的物流成本的上升就需要由销售部门负责。但是，在物流过程中，如果其他情况没有发生变化时，物流成本的费用支出增加了，那么此时就应当在物流部门内容查找支出增加的原因。

5. 提升科技含量

物流行业的蓬勃发展，带来的是对大量人力资源的依赖。目前，我国的物流成本中，人力成本占据总成本的 50% 以上，因此，物流行业想要发展，必然要发展新科技，拜托对大量人力资源的以来。

具体而言，就是要在分拣、运输等各个需要大量人力的环节，可以采用机器人分拣，从而有效提升效率以及准确率。

第四节　物流成本管理的意义与作用

一、物流成本管理的微观作用

在企业总成本当中，物流成本所占的比重是很大的，因此，对于企业来讲，物流成本并不是一个小数目。企业竞争力的强弱和利润水平的高低，都会对物流成本的高低造成直接影响。由于现在物流成本在很多企业中所占的比重并不算小，因此，企业为了继续发展下去就一定采取措施，如增加销售额、加强物流成本管理来降低成本，因此，人们也就越来越重视物流成本管理。

如果从微观的角度分析，进行物流成本管理能够为企业带来的经济效益，主要体现在两个方面，具体如下。

（一）降低成本，提高利润

在产品成本当中，物流成本所占的比例是比较大的，因此，在不改变其他条件的情况下，物流成本的降低就相当于将企业的利润空间扩大了，并且使利润水平也提升了。

经济学的原理告诉人们，在充分竞争的市场环境之下，市场的供求关系是决定产品价格的最主要因素。但是,价格的背后体现的依旧是产品的价值量，简单来讲，就是产品当中所凝结的人类抽象劳动的数量。行业平均必要劳动时间则决定了商品的价值，而不是由个别的劳动时间决定的。

当某一企业的物流活动效率比所属行业的平均物流活动效率要高，并且物流成本比所属行业平均物流成本要低时，物流成本的降低就能能够部分转化为企业的“第三利润”，反之，企业的利润水平将会下降。

正是有这种和降低物流成本相关的超额利润存在，并且降低空间还很大情况，才导致企业积极地进行物流成本管理，与此同时，也致力于物流成本的降低。

（二）增强竞争优势

物流成本已经成为评价企业物流活动优劣的共同尺度，并且会以货币的形式表现出物流活动，然后在同一平台上来比较物流活动，进而，对各个活动在企业当中地位有更清晰的认识。

降低物流成本意味着能够使企业在产品价格方面的竞争优势增强，企业也能够以相对来讲较为低廉的价格在市场上将自己的产品销售出来，从而扩大自己的销售额，与此同时，也会使企业获得更多的利润。

市场竞争的主要手段就是价格竞争。在进货价格与销售价格都不变的情况下，物流成本的降低能够使企业盈利增加；倘若进货价格和盈利保持不变，那么物流成本的降低就能够使商品的销售价格降低，这样就能够将企业的竞争力有效提升了。

另外，降低物流成本同样意味着企业在质量和时间方面竞争力的增强。以物流成本计算的结果为依据，除了能够了解到在企业生产总成本中物流成本所占的份额之外，还能够将物流活动中存在的问题找出来，也就是理想状态和现实状态之间的差距，通过进一步分析问题，从而实现物流的合理化。

与此同时，通过和物流成本的预算的比较，并以结果作为依据，来重新评价、调整与分析物流计划，以此更好地控制物流成本。因此，从某种程度上讲，加强物流成管理，是提供服务质量以及企业物流管理水平的一项重要激励因素。

通过物流成本管理，能够使物流流程得到有效改善，使不必要的物流环节被削减，使低效率的作业得以有效减少。另外，还能够使企业流动资金的占用减少，使服务质量和响应速度提升，并且使资金的周转速度加快。由此能够看出，提升企业竞争实力的一项重要措施，就是降低物流成本。

二、物流成本管理的宏观意义

从宏观上讲，物流活动的成本对一个国家而言也不是一个小数目，在 GDP 中其所占的份额也是比较大的。

以陕西省为例，根据有关部门统计，2017 年上半年物流成本在各行业的份额如下[①]：一季度，全省社会物流总额 9752.06 亿元，同比增长 18.9%，比上年同期提高 12.5 个百分点。其中，工业品物流总额 4791.79 亿元，增长 19.8%，比上年提高 15.8 个百分点，占全省物流总额的 49.1%；农业品物流总额 150.1 亿元，增长 1.4%，比上年回落 9.8 个百分点，占全省物流总额的 1.5%；外部流入（含进口）货物物流总额 4769.36 亿元，增长 18.5%，比上年提高 10 个百分点，占全省物流总额的 48.9%；单位与居民物品物流总额 26.11 亿元，增长 37.2%，比上年提高 1.9 个百分点。

从宏观的角度来讲，物流成本管理能够给社会和行业所带来的经济效益，主要体现在两个方面，具体如下。

（一）提高经济运行质量和总体竞争力

在经济全球化以及信息技术高速发展的今天，企业生产资料的获取和产品销售的范围变得越老越打，而且在物资流通、社会生产，以及商品交易及

① 参见《西安日报》，2017年6月5日。

其管理这些方面都在不断地发生变革。可以说，物流成本管理水平的高低，会对物流成本水平产生直接影响，进而，对产品成本产生影响。

对于我国工商企业来讲，在各个国家的企业均在追求成本最小化，抑或客户服务的差异化时，可利用高质量的现代物流系统，来将物流成本降低，与此同时，使物流管理得到改进，最终，使企业及其产品参与国际市场活动的竞争力提升。

倘若全行业的物流效率都有了提升，那么物流成本平均水平就会降低到一个全新的水平，此时，这一行业在国际上的竞争力也会增强。对于一个地区的行业来讲，则能够将其在全国市场内的竞争力提升。

（二）加速产业结构的调整，支撑新型工业化

作为一种聚集经济的区域经济指的是，各种生产要素（商流、资金流、人流等）聚集在一起的规模化生产，其特征为生产的批量化和连续性。合理的物流系统，在此种经济的发展历程中具有基础性的作用。而加强物流成本管理，能够有效促进现代物流的发展，使区域经济的增长方法得以改变。我国传统的工业化道路具有两个明显的特点。

第一，为追求高速度。

第二，为呈粗放式运作。

我国工业的特点反映在物流方面，就是物流成本占据 GDP 的比重过高。在成品中物流成本所占的比例过高，并且产品库存过大。现在我国正处于工业化中期这一阶段，因此，加强物流成本管理，能够有效促进区域经济增长方式的转变，还能够引导企业走向新型的工业化道路，与此同时，还能够使运用集约式经营方式来提高效率和效益的目标实现。

通过上述内容可知，实现新型工业化的强大支撑为发展物流成本管理。加强以物流成本作为手段的物流管理，能够优化区域产业结构，促进信息的产业形态的形成。从本质上讲，现代物流产业为第三产业，与此同时，也是现代经济分工与专业化高度发展之后的产物，它的发展能够积极地促进第三产业的发展。

除此之外，加强物流成本管理，还能够促进以城市作为中心的区域市场的形成和发展。通常来讲，商品集散和加工的中心是在城市，而且城市的基础设置和物流设施也比较齐全；消费不仅需求量大，而且也比较集中；信息和交通都比较发达，因此，和周围地区并不是对称的，所以以城市作为核心，再辐射到周边地区，从而带动其他地域形成一个商品流通的整体。

总而言之，加强物流成本管理，从微观角度讲，能够有效提升企业的物流管理水平，使企业的经营管理变得更加强大，并且还能够提升经济效益，增强企业的竞争力；从宏观的角度讲，则能够使物流成本对提高国民经济的总体运行质量和竞争力的阻碍作用降低，促进作业结构的调整，支撑新型工业化，并使人们的生活水平提升。

第二章　物流成本的核算

物流成本核算是物流管理环节中的重要问题，本章从各个方面对物流成本的核算进行了探讨和研究，并且对现在状态下的物流成本核算存在的问题进行了分析，并且在上述基础上提出了相应的对策。

第一节　物流成本核算的特点与原则

一、物流成本核算的特点

物流成本是物流企业在经营物流业务的过程中所发生的耗费，它既是物流企业经营决策的重要依据，也是降低成本、增加盈利需要考虑的一个重要因素。物流成本核算具有以下特点。

1. 物流成本核算主体层次多

核算主体可以包括物流企业，也可以包括物流委托企业，也可以包括两个企业组成的共同体。

2. 物流成本核算对象复杂

物流成本包括运输、装卸等多种成本，其中涉及人力、物力等多个方面，尤其是特殊产品的物流，核算对象更加复杂。

3. 物流成本核算确认计量多样化

物流成本核算一般来说，以物品本身重量以及路途远近作为计量方式，但是特殊物品，例如活禽、生猪、药品、易燃易爆等物品，其计量方式相当复杂。

4. 物流成本核算项目多样化

物流成本核算不仅包括运输、装卸等费用，还包括冷藏、保卫等一系列费用。

二、物流成本核算的原则

物流成本核算的一般原则如下：客观性原则、相关性原则、一贯性原则、可比性原则、及时性原则、权责发生制原则、历史成本原则以及重要性原则。物流成本核算的目的物流成本核算的目的是要促进企业加强物流管理，提高管理水平，创新物流技术，提高 物流效益。具体地说，物流成本核算的目的可以体现在以下几个方面。

（一）成本核算对象明确

确定成本核算对象是物流企业设置物流业务成本明细账、归集和分配物流业务费用、计算物流业务成本的基本前提。明确物流企业的物流业务成本核算对象，也就是明确物流企业在物流业务经营过程中所发生的资源耗费的承担对象。物流企业与客户签订的物流业务合同相当于制造企业的一份产品订单，可以将物流企业承接的每一项物流业务作为物流企业物流成本核算对象。考虑到物流企业所承接的物流业务合同业务运作的特点，还需要明确物流成本核算的明细对象。物流企业可以按照每一份物流业务合同和具体业务订单开设物流业务成本核算明细账。

（二）成本项目明确

物流企业经营过程中发生的所有费用按其属性可以划分为物流业务成本和期间费用两大类，前者属于物流劳务成本，后者属于期间费用直接计入当期损益。根据目前我国物流企业物流业务运作的组织管理，可以把物流企业运作物流业务的费用归为与物流业务相关部门的费用、物流方案设计费用、物流信息系统费用与履行物流业务合同费用四类。

（1）与物流业务相关部门的费用

物流业务管理职能部门所负责的物流业务的承揽工作实质上就是物流业务的前期开发工作，发生的费用包括办公场所相关费用、人员薪金相关费用、物流方案设计费用、承揽过程的业务费等。物流业务管理职能部门可以被理解为物流企业的物流市场营销部，其发生的费用与制造企业的营销费用属性相同，可以将物流业务上述前期开发费用作为营业费用处理。根据日前物流企业的业务运作现状，物流业务的作业职能部门无论是物流中心还是下属分支机构发生的机构费用、人员费用等都是因承做物流业务而发生的，所以应将其计入物流业务的成本。考虑到物流企业与交通运输企业的相关性，可以把这一类费用归属为营运间接费用，通过选择合适的分配标准分配计入不同的物流业务成本。

（2）物流方案设计费用

在物流企业自行设计物流方案的情况下，具体负责物流方案设计的职能部门一般是物流管理职能部门，物流方案设计所发生的人员工资、差旅费、咨询费、各种耗材等费用一般包含在物流管理职能部门的机构和人员相关费用中，很难分离出来，物流方案设计费用在发生时已作为物流管理职能部门费用计列为营业费用。如果通过专业物流咨询公司代为设计物流方案，物流企业所支付的物流方案设计费或咨询费，可以归属于所投标的物流业务，但这时能否中标尚未知，根据《企业会计制度》中有关研究与开发费用的处理规定，将其作为期间费用归为营业费用较为合适。

（3）物流管理信息系统费用

物流管理信息系统有自行开发投入与外购投入两种方式。由于物流管理信息系统的开发是否能够成功具有不确定性，并且物流管理信息系统自行开发与现行软件业的软件自行开发具有类似性，为此，可以把物流管理信息系统自行开发发生的耗费作为期间费用计列为管理费用。在物流企业从外部购入物流管理信息系统的情况下，根据目前企业把软件购置支出一般都作为期间费用计列为管理费用的实际操作。

（4）履行物流合同费用

物流服务包括基本服务与增值服务两部分。基本服务包括运输、仓储、装卸等；增值服务包括仓储等环节的贴标签、分包装或更换包装、生产性组装等。物流企业可以把履行物流合同的环节分为运输、仓储、装卸、增值服务等。

第一，运输费。在物流企业将物流业务合同中的运输服务全程外包的情况下，则该项物流业务的运输费均属于直接费用，支付给签约运输服务商的费用可以直接计入该项物流业务成本；如果外包运输服务涉及不同物流业务的运输，则应选择合适的分配标准将支付的运输费在不同物流业务之间进行分配。

第二，仓储费。在物流企业将物流业务的部分或全部仓储业务外包的情况下，需要支付给签约仓储公司仓储费。应选择合适的分配标准将仓储费分配给不同物流业务的成本中。

在物流企业利用自有的仓储设施设备提供仓储服务的情况下，所发生的仓储费用由三部分构成：仓储机构和员工的相关费用，仓储设施设备相关费用和各类仓储操作费。如果仅涉及单一的物流业务，应将所发生的所有仓储费用均直接归属于该项物流业务成本；如果同时服务于多项物流业务，则需要对这三种仓储费用进行分别处理。仓储机构和员工的相关费用可视为仓储管理费用属于间接费用，应选择合适的分配标准分配于不同的物流业务；仓储设施设备的相关费用和各类操作费用可视为仓储作业费用，根据成本效益原则，考虑是否有必要将其区分为直接费用和间接费用。

第三，装卸费。装卸作业与运输和仓储作业密切联系，物流企业可以对装卸作业进行单独运作也可以把装卸作业并同运输或仓储作业来进行运作根据装卸作业外包或自营情况，其成本计算方式与仓储费相同。

第四，加工增值费。在物流企业将物流业务涉及的加工增值服务和仓储等服务一同外包的情况下，根据加工增值服务费的重要性程度，外包的加工增值服务费可以合并计列在物流业务成本的仓储费、装卸费或运输费中，也可以将加工增值费单列计入物流业务成本中。

第五,其他费用。物流企业在履行物流合同过程中还会发生其他各类费用，如保险费、税费、事故损失与违约赔偿费等。保险费、税费、事故损失等费用通常都表现为直接费用，可以直接计入某一项物流业务的成本，违约赔偿费则比较特殊，应计列为营运间接费用中的违约赔偿费中，采用一定的方法分配于相关物流业务成本中。

（三）成本核算程序明确

根据对物流业务所发生的费用及其成本项目分析，物流企业可以设置“物流成本”、“运输共同费用”、“仓储共同费用”、“装卸共同费用”、“增值作业共同费用”和“营运间接费用”六个成本类账户对物流业务成本进行核算。“物流成本”科目用以核算物流企业经营物流业务所发生的各项费用；“运输共同费用”、“仓储共同费用”、“装卸共同费用”、“增值作业共同费用”等科目用以核算企业在履行物流业务的运输、仓储、装卸、增值作业等环节所发生的不能直接计入某一物流业务成本的各项间接费用；“营运间接费用”科目用以核算企业经营物流业务过程中所发生的不能直接计入某一物流业务成本的物流运作管理部门费用。

对于企业经营物流业务所发生的能够直接归属于某一物流业务的各项费用，包括运输费、仓储费、装卸费、增值服务费、保险费、税费、事故损失与违约赔偿费等，按规定的成本核算对象和成本项目归集，直接记入“物流成本”科目；对于不能直接归属于某一物流业务的各项费用，先在“运输共同费用”、“仓储共同费用”、“装卸共同费用”、“增值作业共同费用”和“营运间接费用”等科目中归集，期末选择合适的分配标准将归集的这些共同费用分配计入各物流业务应负担的成本。

第二节　物流成本核算的意义与问题

（一）物流成本核算的意义

企业物流成本核算在企业成本核算中占有重要的位置，是企业降低总成本获取利润的“第三个源泉”。物流成本是指伴随着企业的物流活动而发生的各种费用，是物流活动中所消耗的物化劳动和活劳动的货币表现，其由三部分构成：第一，伴随着物资的物理性活动发生的费用以及从事这些活动所必需的设备、设施的费用：第二，物流信息的传送和处理活动发生的费用以及从事这些活动所必需的设备和设施的费用;第三，对上述活动进行综合核算的费用。

由于对物流成本的把握不准确，给企业的物流成本核算带来许多损失，不利于发现企业物流运作中存在的非效率活动，也难以对企业物流成本进行纵向和横向的比较。因此，把握物流成本概念，不能只停留在对概念本身的理解上，还必须对物流成本的统计范围、计算方法以及物流成本分析方法等有一个全面的掌握。

（二）物流成本核算的问题

1. 会计基础工作薄弱

（1）核算主体界限不清

由于货运企业的运营方式与一般的其他企业比较有着较大的特殊性，经营权与所有权的分离不明显，尤其是在有些小货运企业中，对于各种车辆不是根据实际情况采取相应的核算方式，而是采用同样的成本核算方式，导致一些成本项目核算的不真实、不准确。

（2）建账不规范或不依法建账

由于货运企业经营方式的特殊性，会计核算有违规操作现象。有些货运企业采取承包、承租、挂靠经营方式，根本不设账，只以票代账，或者虽然设账，但往往在收方面只体现承包承租收、挂靠收等，成本核算也无法进行，导致账目混乱。

（3）内部管理制度缺失

由于货运企业承包、承租、挂靠等经营方式的特殊性，使得货运内部的牵制制度、稽核制度、定额管理制度、计量验收制度、财务清查制度、成本核算制度、财务收支审批制度等很不完善，或者即使订立有制度，但在实际工作中也难以贯彻施行，只能流于形式，导致整个会计制度的执行和会计核算的监督无法开展。

（4）会计机构设置与会计人员任用不符合会计规范要求

出于成本考虑，不少货运企业在会计机构设置上一般是层次不清、分工不太明确，有的企业干脆不设置会计机构。在会计人员任用上，最常见的做法就是任用自己的亲属当出纳，外聘“高手”做兼职会计，这些人往往在多个单位兼职，一般定期来做账，会计核算的准确性难以保证。

2. 计划价格的制度执行容易出现偏差

这种情况在原材料价格起伏变动频繁的时候体现得尤其明显。近年来燃料价格一直上涨，在制定计划价格时很难找到合理的价格标准，从而造成计划价格制度流于形式。

按现行制度规定，原材料日常核算可以按实际价格计价核算，也可以按计划价格计价核算。而对于燃料收发业务较多且计划资料较为健全、准确的货运企业，多采用计划价格对燃料进行收发核算。对燃料按计划价格核算的特点是：收发凭证按燃料的计划价格计价，原材料的总分类账和明细分类账均按计划价格登记。燃料的实际价格与计划价格的差异通过“材料成本差异”科目核算，月份终了，将发出的燃料的计划成本与材料成本差异调整为实际成本。

3. 消耗定额的制定与实施面临严峻考验

究其原因，主要有三点：第一，定额制定的依据不科学，与实际情况脱节；第二，定额考核涉及有关责任人经济利益，容易使责任人产生抵触情绪和逆反心理；第三，定额制定不够严格，对于脱离定额的，往往没有寻找具体原因进行责任划分。

第三节　物流成本核算制度与会计科目

一、物流成本核算制度

作为能够将物流企业的技术水平、生产水平，以及经营管理水平都反映出来的一项综合指标，物流成本是非常重要的。在物流成本当中，能够表现出机器设备利用的好坏，费用开支的效益，能源与原材料消耗的浪费和节约，劳动生产率的高低，以及服务质量的优劣等。对于提高企业的经济效益来讲，建立、健全原始记录，建立成本责任制，严格存货的检验、计量与手法领退制度具有非常重要的意义的，以此来加强物流成本的管理，进而推动企业充分挖掘增产、节约的潜力，最终，使物流成本的水平降低。

由于企业采取的成本核算制度是不同的，因此，生产经营成本的组成内容也是不同相同的。在会计核算当中，会有完全成本法、变动成本法与制造成本法这三种不同的成本核算制度，以下是对它们所进行的详细说明。

（一）完全成本法

我国在 1993 年 7 月 1 日起实行财务会计改革之前，所采取的一种传统成本核算制度，就是完全成本法。这种方法是将企业在生产经营过程当中，所发生的一切生产经营费用，其中包括：进而产品生产或者提供服务直接联系在一起的直接工资费用、直接制造费用、直接材料费用，以及企业行政管理部门为管理和组织上生产经营活动而发生的管理费用、财务费用与销售费用等，均分摊并计入服务或者产品的生产成本当中，进而，形成产品的完全成本。

（二）制造成本法

制造成本法指的是，将在产品生产或者提供服务的过程当中，所发生的生产经营费用区分为两个部分，具体如下。

第一部位，是和产品生产或者提供服务密切相关的直接工作费用、制造费用与直接材料费用，这些被称作“产品成本”，将会被记入生产或者服务的生产成本当中。

第二部位，是和产品生产或者提供服务关系并不十分密切的管理费用、财务费用与销售费用等，它们被称作是“期间费用”，将会被直接计入当期损益，并且不会被摊入产品或者服务的生产成本当中。

于 2007 年 1 月 1 日其施行的《企业会计准则》中规定，采用制造成本法来对产品或者服务生产成本进行计算，实际上，就是将产品或者服务的生产成本计算到生产车间一级截止，企业管理费用、财务费用与消费费用将会被另行计算，不再摊入产品或者服务的生产成本当中。而这对简化成本核算手续是很有帮助的，并且还能够减少产品和产品资金占用，并正确的反映和考核企业各级生产管理环节的成本水平和管理责任，与此同时，正确地完成成本的预测和决策。

（三）变动成本法

变动成本法将生产经营费用按照费用的习性分为两个部分，一个为变动费用，另一个为固定费用。

1. 变动费用

变动费用指的是，随着业务量的增减变动，其总额也会呈正比例变动的费用。例如，直接人工费用、机器设备维修和修理费用、包装费用等，均是和业务数量直接相连的，它们的总额也会随着业务数量的变动而发生变动。但是，产品单位成本当中的各项变动费用却是不会发生变化的，并且也不会受到数量变动的影响。

2. 固定费用

固定费用指的是，在一定业务量范围之内，随着业务数量增减，其总额并不不会发生变动的费用，比如，车间和厂部管理人员的工资、房屋建筑物等固定资产折旧等。但是，从产品单位成本方面分析，随着业务数量的增加，每单位产品成本分摊的固定费用份额则会相应地减少。

变动成本法的一个主要优点，就是在损益计算当中，会将生产费用和期间费用以费用的习性分为两种，一种为变动费用，另一种为固定费用，并通过对每一种产品的“边际增益额”的计算，来完成“本量利”分析，并将成本、营业利润、业务量之间相互影响的关系揭示出来，以此来正确的制定出最佳的产销经营规划和决策，并有效进行成本的控制与计划。

如表 2–1 所示，为三种不同的成本核算制度之间所进行的比较。

表2–1　三种不同的成本核算制度的比较

<table>
<tr><th>项目</th><th>完全成本法</th><th>制造成本法</th><th>变动成本法</th></tr>
<tr><td rowspan="6">生产成本</td><td>直接材料</td><td>直接材料</td><td>直接材料</td></tr>
<tr><td>直接人工</td><td>直接人工</td><td>直接人工</td></tr>
<tr><td>制造费用</td><td>制造费用</td><td>变动制造费用</td></tr>
<tr><td>销售费用</td><td></td><td></td></tr>
<tr><td>管理费用</td><td></td><td></td></tr>
<tr><td>财务费用</td><td></td><td></td></tr>
<tr><td rowspan="3">期间成本</td><td></td><td>销售费用</td><td>固定制造费用</td></tr>
<tr><td></td><td>管理费用</td><td>销售费用</td></tr>
<tr><td></td><td>财务费用</td><td>管理费用</td></tr>
</table>

之所以会采用完全成本法与变动成本法这两种方法，主要是为了满足企业内容经营管理的需要。为了编制对外财务会计报表，应当以国际工人会计原则，以及我国线性财务会计制度的规定为依据，采用制造成本法来完成总物流成本和单位物流成本的计算。

二、物流成本核算的主要会计科目

2006年2月15日，财政部公布了《企业会计准则》，规定只要是在中华人民共和国境内设立的企业均要执行这一准则。依照这一准则中的相关规定，企业的成本费用主要通过以下科目来完成核算任务。

（一）“生产成本”科目

“生产成本”科目核算的是企业在进行工业性生产（主要包括：生产各种产品（如产成品、提供劳务、自制半成品等），以及自制工具、设备与材料等）时，所发生的各项生产费用。此科目应当设置明细科目，具体为：基本生产成本”与“辅助生产成本”。

（二）“制造费用”科目

“制造费用”科目核算的是企业为生产产品和提供劳务而发生的各项间接费用，其中包括：办公费、机物料消耗费、水电费、折旧费、劳动保护费、修理费、工资和福利费，以及季节性和修理期间的停工损失等。另外，应将企业行政管理部门为组织和管理生产经营活动，而发生管理费用作为期间费用，并计入“管理费用”科目当中，并不在“制造费用”科目中进行核算。

一般情况下，会采取以下六种制造费用的分配方法。

第一，依照生产工人工资进行分配。

第二，依照生产工人工时进行分配。

第三，依照机器工时分配。

第四，依照耗用原材料的成本或者数量进行分配。

第五，依照直接成本进行分配。

第六，依照产品的产品进行分配。

通常情况下，由企业自行决定采取哪一种分配方法。只要确定了分配方法之后，就不能够随意变更。如果需要进行变更，就必须要在会计报表附注中加以说明。

对于“制造费用”科目来讲，应当以不同的部门、车间为依据来设置明细账，与此同时，还要以费用项目为依据来设置专栏，并进行明细核算。

（三）“劳务成本”科目

“劳务成本”科目核算的是企业对外提供劳务而发生的成本。此科目核算中并不包括企业接受的建造合理劳务所发生的成本。

（四）“主营业务成本”科目

“主营业务成本”科目核算的是企业因日常活动（包括销售商品、让渡资产使用权，或者提供劳务等），而发生的实际成本。

企业可以具体情况为依据，采取不同的方法（如个别计价法、先进先出法、移动平均法与加权平均法等），来将销售商品等的实际成本确定下来。一旦确定了方法，就不可随意变更了。如果需要变更，那么应当在会计报表附注中加以说明。

（五）“营业税金及附加”科目

“营业税金及附加”科目核算的是企业日常活动应当负担的税金以及附加，其中包括：资源税、土地增值税、消费税、城市维护建设税、营业税，以及教育费附加等。

（六）“其他业务成本”科目

“其他业务成本”科目核算的是企业除了主营业务成本之外的其他销售，或者其他业务所发生的支出，其中包括：因提供劳务、销售材料等而发生的相关费用、成本，以及相关税金及附加等。

（七）“销售费用”科目

“销售费用”科目核算的是企业在销售过程当中所发生的费用，其中包括：包装费、展览费、运输费、广告费、装卸费、保险费，以及为销售本企业商品所专门设立的销售机构（含售后服务网点、销售网点等）的职工工资以及福利费等经营费用。另外，本科目核算中也包括商品流通企业在购买商品过程当中，所发生的保险费、包装费、运输费、装卸费，以及运输途中的合理损耗、入库前的挑选整理费等。

（八）“管理费用”科目

“管理费用”科目核算的是企业为了管理和组织企业生产经营而发生的管理费用，其中包括：企业的董事会与行政管理部门在企业的经营管理中发生的，或者应该由企业统一负担的公司经费（主要包括行政管理部门职工工资、办公费、差旅费、修理费、低值易耗品摊销和物料消耗等）、咨询费（含顾问费）、董事会费（包括董事会成员津贴、会议费和差旅费等）、失业保险费、技术转让费、印花税、聘请中介机构费、劳动保险费、业务招待费、城镇土地使用税、车船税、排污费、研究与开发费、矿产资源补偿费、无形资产摊销、诉讼费、工会经费、职工教育经费、房产税，以及计提的坏账准备和存货跌价准备、存货盘亏或盘盈（不包括应计入营业外支出的存货损失）等。

（九）“财务费用”科目

“财务费用”科目核算的是企业为了筹集生产经营所需要的资金等，而发生的费用，其中包括：汇总损失（减汇兑收益）、利息支出（减利息收入），以及相关的手续费等。另外，“财务费用”科目核算范围中并不包括为购建固定资产的专门借款所发生的借款费用，在固定资产达到预定能够使用状态之前，按照规定应予资本化的部分。

如图 2-1 所示，为企业成本费用的核算程序。

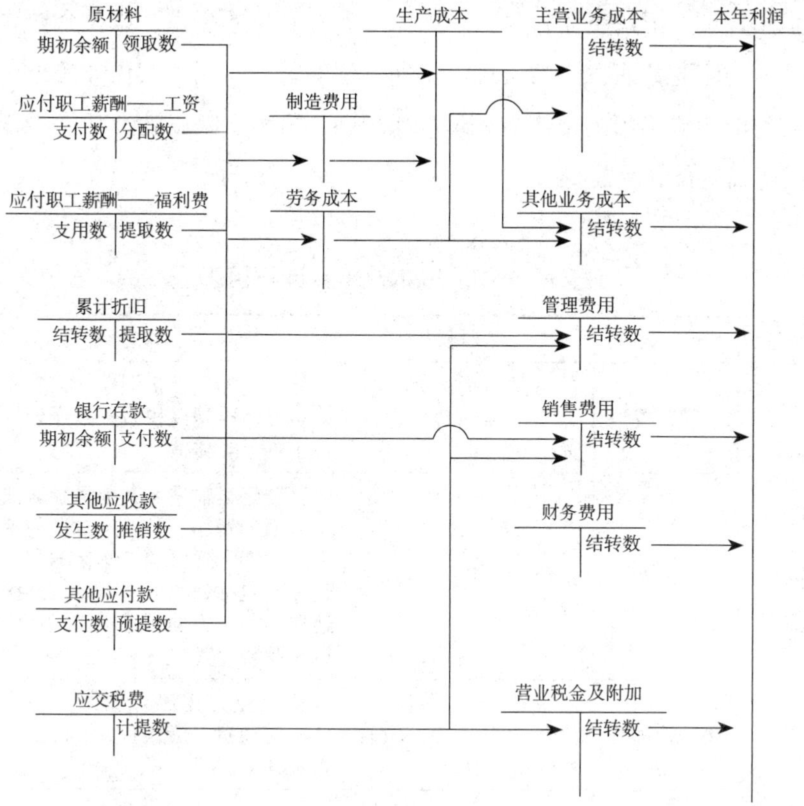

图2-1　企业成本费用核算程序

需要注意的是，《企业会计准则》还对企业进行成本费用核算设置的会计科目，以及相应科目的核算内容进行了设置，除此之外，企业必须依照相关的制度规定来核算对外提供的成本资料。

三、物流成本核算的科日、账簿设置

为了能够更加方便、准确地核算物流成本，企业可设置“委托物流费”与“物流成本”科目，以及相应账簿。这两个科目均包含在成本（费用）类科目中，并分别用核算、记录企业自身从事物流业务所发生的费用，以及企业委托第三方从事物流业务而发生的费用。本期发生的物流费用由其借方登记，计入成本对象的物流费用则由贷方登记。如表 2–2 所示，是以物流功能为依据所进行的明细科目的设置。

表2–2　物流成本核算会计科目表

<table>
<tr><th>一级科目</th><th>二级科目</th><th>三级科目</th><th>核算内容</th></tr>
<tr><td rowspan="4">物流成本</td><td>库存费</td><td>仓储费、折旧费、人力费、维护费、保险费、税费及利息</td><td>除核算仓储费、折旧费、人力费、维护费、保险费及税费外，还包括库存占用资金的利息</td></tr>
<tr><td>运输费</td><td>公路运输费、其他运输费、维护费和货主费</td><td>核算公路运输费、其他运输方式和货主方面的费用；公路运输费包括城市内运送费和区域间卡车运输费；其他运输费包括铁路运输费、国际国内空运费；货主方面的费用包括运输部门运作及装卸费</td></tr>
<tr><td>物流管理费</td><td>差旅费、交通费、会议费、交际费、教育费以及其他杂费</td><td>核算企业为物流管理所发生的差旅费、交通费、会议费、交际费、教育费及其他杂费</td></tr>
<tr><td>物流信息费</td><td>财务、管理信息系统</td><td>核算企业为物流管理所发生的财务、管理信息系统费</td></tr>
<tr><td rowspan="6">委托物流费</td><td>库存费</td><td></td><td>核算企业向外支付的库存费</td></tr>
<tr><td>运输费</td><td></td><td>核算企业向外支付的运输费</td></tr>
<tr><td>包装费</td><td></td><td>核算企业向外支付的包装费</td></tr>
<tr><td>装卸费</td><td></td><td>核算企业向外支付的装卸费</td></tr>
<tr><td>手续费</td><td></td><td>核算企业向外支付的手续费</td></tr>
<tr><td>管理费</td><td></td><td>核算企业办理委托事项发生的管理费</td></tr>
</table>

第四节　物流成本核算的内容、过程与方法

一、物流成本核算的内容

物流成本核算指的是，依照国家相关的法律法规、制度，以及企业经营管理的要求，来计算物流服务过程当中实际发生的各种劳动耗费，以此来提供有用，并且真实的物流成本信息的工作过程。如图 2–2 所示，为物流成本核算的主要内容。

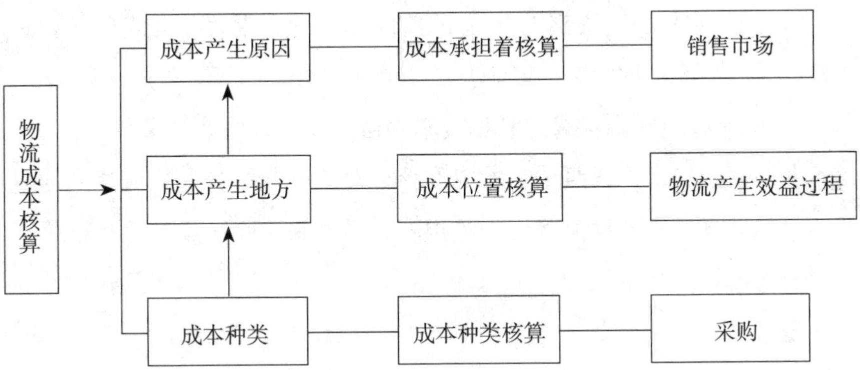

图2–2　物流成本核算的内容

二、物流成本核算的过程

物流成本核算指的是，依照成本核算的要求，逐步地分配和归集企业在生产过程当中所发生的各项物流费用，最终，将各项费用、物流总成本，以及各种成本对象的物流成本计算出来的全过程。

一般情况下，物流成本核算程序包括四个方面，具体如下。

（一）审核原始记录

成本核算依据的是相关的原始记录，比如，以领料登记表或者材料费用的领料，来计算工资费用的考勤记录与业务量记录等。为了使成本核算的正确性、合法性与真实性得到保障，成本核算人员必须要对有关的原始记录进行严格的审核。审核的内容包括：内容是不是已经填写齐全，签章是不是齐全，所消耗费用的用途和种类是不是与规定相符，数字计算是不是正确，费用是否应该开支，以及用量是不是超过了计划或者定额等，原始记录想要成为成本计算的依据，就必须要经过严格的审核，并且确定无误之后才能够被使用。

审核原始记录就必须要严格的控制和审核企业发生的各项支出，并且依照国家的相关规定，来确定应记入物流成本、生产成本，还是期间费用。即应在严格控制、审核各项支出的前提下，来对与规定和制度不相符的各种费用，以及各种损失、浪费等状况加以制止，或者追究经济责任。

（二）确定物流成本核算对象和成本项目

成本核算指的是，依照一定的成本核算对象归集、分配物流费用的过程。其中，成本核算对象即物流费用的承担者，具体来讲就是成本核算过程当中，归集、分配物流费用的对象，其并不是由人们主观确定的，而是由不同生产经营类型从客观上决定的。企业可以依照自己生产经营的特点，以及管理要求为依据，来选择相应的成本核算对象。在设置成本明细账、分配物流费用，以及计算物流成本之前，必须要先将成本核算对象确定下来。另外，不同的成本核算对象，还是区分不同成本核算方法的一个主要标志。

想要将成本的构成正确的反映出来，就必须要合理地规定成本项目。成本项目应以具体的需要和情况为依据来完成设置，一方面，要对加强成本管理有利；另一方面，也要使正确核算物流成本更加方便。一般情况下，企业会设置的成本项目包括：直接材料、动力及燃料，以及直接人工和间接费用等。在实际工作当中，为了让成本项目能够与企业的生产管理要求与经营特点更加契合，企业可适当地调整上述成本项目。

在调整或者规定成本项目的时候，应当对以下几个问题多加考虑。

第一，在物流成本当中，各项费用所占比重的大小。

第二，在管理方面，各项费用有没有单独反映、考核与控制的需要。

第三，某种费用专设成本项目所增加的核算工作量的大小。

对于在物流成本当中，所占比重较大的费用在，以及管理方面需要单独控制、考核与反映的费用，应当专门设立成本项目。如果是为了简化成本核算工作，那么就不需要专设成本项目了。

（三）确定物流成本计算期

可以按照年、月、日、周，或者经营周期来做为成本计算期，其具体含义为：汇集计算成本、费用的时间范围。从理论上讲，某项物流经营活动从开始到完成这一周期，，即为物流成本计算期，但是，由于物流经营活动是不间断的，因此，很难确定某一项物流经营活动的经营期，以及单独计算成本。在这种情况下，通常都需要以权责发生制原则为依据，以月份作为物流成本计算期。但是，对于一些经营期较短的物流活动，一般则会以经营周期作为成本计算期。

（四）进行成本归集和分配

以成本计算期为依据，并按照成本计算对象和成本项目归集进行物流费用的计算，并由此计算出依照成本项目反映的各种成本对象成本。

1. 设置和登记成本明细账

为了让成本核算的结果可靠真实，并且有据可查，成本计算的过程就一定要有完整的记录，也就是说，要通过相关的计算表或者明细账来完成计算的全部过程。只有正确的标志各种费用的分配表，以及归集的计算表，与此同时，登记各类相关的明细账，才能够将各种费用最后归集、分配到成本的明细账当中，并由此将各种对象的成本计算出来。

2. 成本归集与分配

物流成本计算其实就是成本归集与成本分配这两大工作的合集。首先，为成本归集，然后，为成本分配，并且两者之间是密切联系、交错进行的。

物流成本的归集指的是，按照一定的对象（比如，各种作业、产品或者各个部门、车间等），对企业生产经营过程当中的发生的各种物流费用进行成本数据的汇总或者收集。其中，收集某类成本的聚集环节，被称作成本归集点，应按照成本计算对象，来完成直接人工、直接材料的归集；应按照用途或者发生地点，来完成间接费用的归集，之后，再记入各个成本对象的成本当中。对所评价和考核的成本计算对象的选定，决定了物流成本如何归集和计算，而进行成本计算的基础为正确地确定成本计算的对象。

在有多个物流成本计算对象的情况下，为了求得各个成本计算对象的成本，对于不能够计入成本计算对象的费用，应当在依照费用发生的地点与用途归集之后，依据一定的分配标准完成分配。其中，成本的分配（亦称为间接成本的分派或者分摊）指的是，将归集的间接成本分配给成本对象的过程。对于成本分配来讲，需要使用某种参数作为成本分配的基础，其中，成本分配基础指的是，能够联系成本与成本对象的参数。其实有很多可供选择的分配基础，比如，采购价值、直接材料成本、人工工时、占用面积等。

三、物流成本核算的方法

此处的所讲的“产品”是广义的，其具体含义为企业的产出物，也就是最终的成本计算对象，其除了指企业生产的产成品之外，还可以是企业提供的劳务，比如，保管装卸、运输等，此时，“产品”指的就是企业最终完成的各项物流服务。

产品的生产经营和生产组织不同，所采用的产品成本计算方法也是不同的。由于计算产品成本的目的是加强成本管理，因此，还需要以不同管理要求为依据，采取不同的产品成本计算方法。企业只有以其生产经营的特点和管理要求依据，选择恰当的成本计算方法，才能够做到及时、正确的计算出产品成本，从而为成本管理提供可靠，并且有用的成本信息。以下三种为经常使用的产品成本核算方法。

（一）品种法

品种法指的是,一种以产品的品种（如劳务作业种类）作为成本计算对象，来归集生产经营费用，以及计算产品成本的成本计算方法。

1. 品种法的特点

（1）一般情况下，按照月定期进行品种法核算。

（2）品种法会直接以产品品种（即物流企业的劳务作业种类）作为成本核算对象，与此同时，会按照产品品种（去留企业的劳务作业种类）来开设明细账。

（3）品种法对期末费用有两种处理方法。

第一，期末不计算在产品成本当中，当期发生的物流费用即为完工产品的物流总费用。

第二，期末计算在产品成本当中，在月末需采取恰当的方法来将本期发生的费用在完成产品与未完工产品之间分配。

2. 适用对象

大量大批单步骤经营的企业比较适合品种法，对于多步骤大量大批经营的企业来讲，在品种单一的情况下，可以采用简单法里完成产品成本的计算。对于生产经营多品种的企业来讲，则需要以产品的品种为依据，来对成本明细账分别进行设置。

可用品种法中的简单法来计算物流活动的产品成本，这种方法通常运用在大量大批，并且单步骤的简单生产中，比如，运输作业等。

3. 品种法核算成本的程序

第一,以产品品种(物流企业的劳务作业种类)为依据,来设立成本明细账，并以各项费用的原始凭证以及相关资料为依据，来编制相关记账凭证以及等级有关明细账，以及编制各种费用分配表，用以分配各种要素的费用。

第二，以上述各种费用分配表以及其他相关资料为依据，登记辅助生产明细账、制造费明细账、基本生产明细账等。

第三，以辅助生产明细账为依据，完成辅助生产成本分配表的编制，以此来分配辅助生产成本。

第四，以制造费用明细账为依据，完成制造费用分配表的编制，并在各种不同产品之间分配制造费用，并以此为依据，登记基本生产成本明细账。

第五，以各产品的基本声场明细账为依据，完成产品成本计算单的编制，以及分配完工产品成本与在产品成本。

第六，汇编产成品的计算单或者成本汇总表，并结转产成品成本。

如图 2–3 所示，为品种法核算程序。

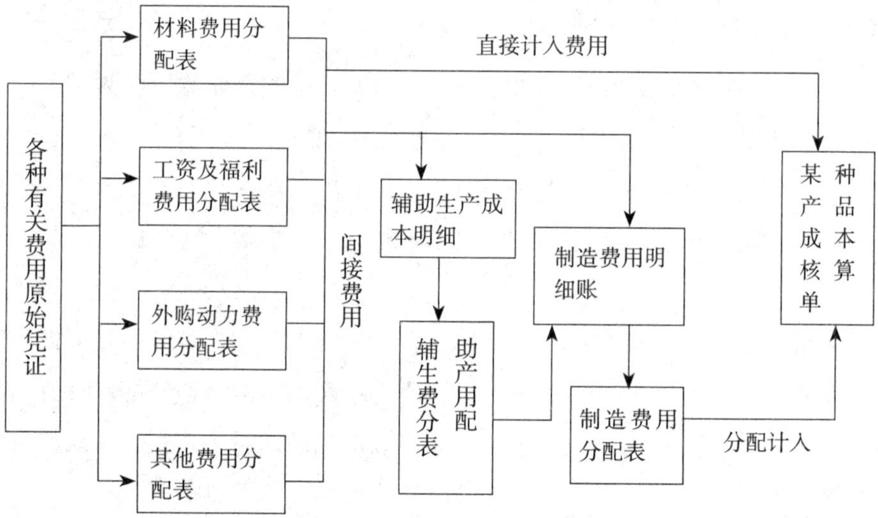

图2–3　品种法核算程序

（二）分批法

分批法是一种依照产品批别（如劳务作业的批次），抑或是客户的订单为依据来归集生产经营费用，计算产品成本的方法。

1. 分批法的特点

第一，产品成本的计算并不是定期进行的。成本计算期和核算报告期并不一致，而和生产周期则基本一致。

第二，通常情况下，计算月末产品成本并不需要在完工产品和在产品之间分配。

第三，产品的批别为成本计算对象，倘若客户的一张订单当中包含多种产品，抑或是只有数量比较大的一种产品时，同样可以实际情况为依据分为多个批次，这样就可以依照批次来核算物流成本了。倘若不同订单或者不同客户订的是同一种产品，但是数量都不大，此时，合为一个批次进行成本核算也是可以的。

2. 适用对象

此种方法适用于单件小批，在管理方面则为不要求分步骤计算成本的多步骤作业。

3. 分批法核算成本的程序

第一，按照产品批次（物流企业的劳务作业批次）设立成本明细账，并以各项费用的原始凭证，以及相关资料为依据，编制有关记账凭证，并且还要登记有关明细账，与此同时，编制各种费用分配表来完成各种要素费用的分配。

第二，以上述各种费用分配表，以及其他有关资料为依据，登记基本生产明细账、制造费用明细账，以及辅助生产明细账等。

第三，以辅助明细账为依据，完成辅助生产成本分配表的编制，并以此为依据，完成辅助生产成本的分配。

第四，以制造费用明细账为依据，完成制造费用分配表的编制，并在各种产品之间完成制造费用的分配，并以此作为依据登记基本生产成本明细账。

第五，以各产品批次基本生产明细账为依据，完成产品成本计算单的编制，并分配完工产品成本与在生产成本。

第六，汇编产品批次的成本汇总表，或者计算单，并结转产成品成本。

如图 2–4 所示，为分批法核算程序。

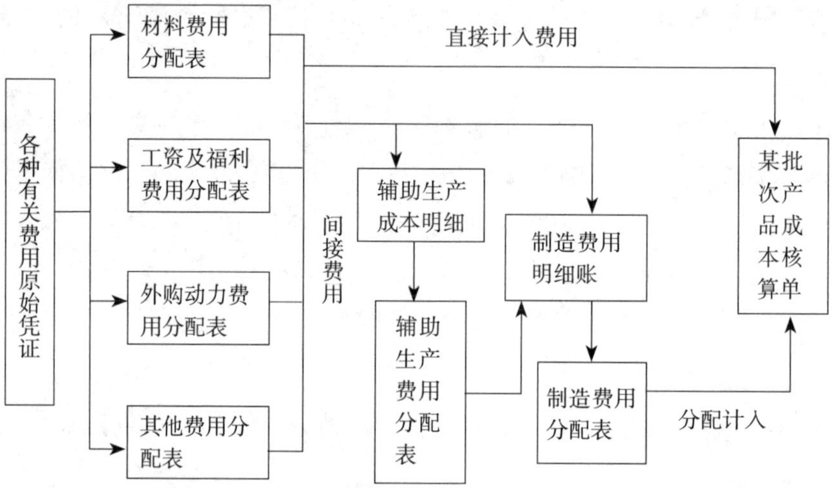

图2–4 分批法核算程序

（三）分步法

分步法指的是，一种依据产品（物流作业）的生产步骤，归集生产经营费用，计算产品成本的方法。此种方法还可分为两种，一种为逐步结转法，另一种为平行结转分步法。

1. 分步法的特点

第一，由于成本计算对象是各种产品的生产步骤，因此，应当按照产品生产步骤来完成产品成本明细账的设立。

第二，在每个月月末要定期计算成本，另外，计算期和产品的生产周期并不是一致的。

第三，以生产步骤作为成本的计算空间，也就是说，在各个生产步骤范围之内归集生产费用，并且依照步骤完成产品成本的计算。

第四，应采用一定的方法将本步骤归集的生产费用，在完成月末和产品在产品之间进行分配，以此将完工产品成本和月末在产品成本确定下来。

2. 适用对象

此种方法除了适用于多功能、多环节、综合性营运的物流企业之外，还适用于大量大批多步骤生产企业。

此类企业中，产品生产可分为若干个生产步骤的成本管理，通常会要求依照产品成本来计算成本，除此之外，还会要求依照生产步骤来计算成本，这样会更加便于分析与考核各种产品，以及各个生产步骤的成本计划执行情况。

3. 分步法的一般程序

第一，在与生产步骤所生产的产品品种相结合的情况下，依照各步骤来设置产品计算单。

第二，各步骤发生的用于产品生产，并且可以具体某一种产品的直接费用，应当直接计入此种产品成本计算单相应的成本项目当中；对于那些不能够直接计入的间接费用，可以依照一定的方法，分配计入各个步骤的产品成本计算单当中。

第三，月末以各步骤产品成本计算单汇集的生产费用为依据，采取适当的方法在各个步骤的完工成本和在产品之间完成分配，以此来计算各个步骤完工成本和月末在产品成本。

第四，依照完工产品产量和总成本，将完工产品的单位成本计算出来。

如图 2–5 所示，为逐步转接分步法（综合结转法）的核算程序。

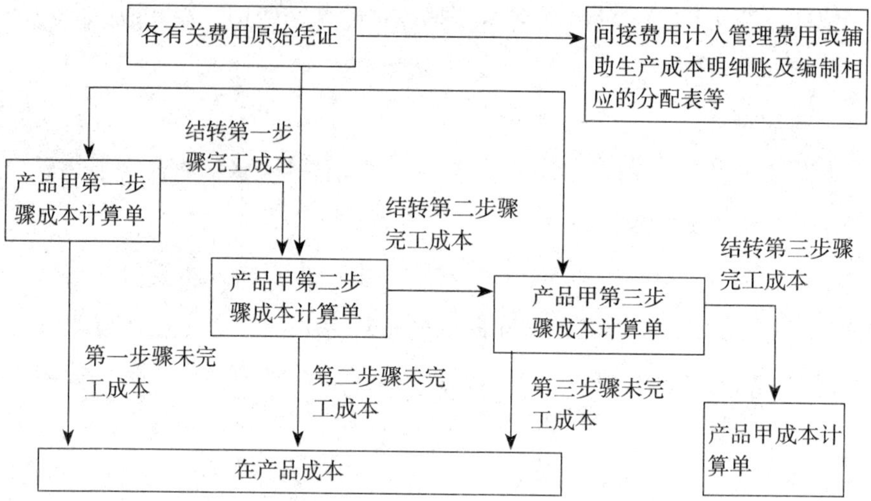

图2-5　逐步结转分步法（综合结转法）的核算程序

第三章　物流成本的分析、预测与决策

在物流成本管理当中，物流成本的分析、预测和决策都是非常重要的环节。其中，物流成本分析是其计算完成之后，进入物流成本决策之前需要做的重要管理工作，而物流成本预测和决策则是物流成本管理的关键性活动，因此，本章将详细介绍物流成本的分析、预测和决策。

第一节　物流成本的分析

一、物流成本分析的概念

利用物流成本计算数据，以及其他一些相关的资料，将本期实际物流成本指标和其他一些指标进行比较，其他指标主要包括：国内外同类企业的物流成本指标、目标物流成本指标、上期实际物流成本指标等，以此了解有关于物流成本的升降变动的情况、原因及因素，与此同时，分清楚责任到底是个人，还是单位的，被称为物流成本分析。

物流成本决策的基础，即为物流成本分析及其预测，企业能够以其所提供的素材，来将各种不同物流成本的决策制定出来，进而，实现将物流成本使用效益提高、将物流成本降低，以及使物流管理得到优化的目标。

二、物流成本分析的方法

目前，有很多进行物流成本分析的技术方法，如数学、会计或者统计的方法。以下则是在具体的物流成本分析中使用最为广泛的两种技术方法。

（一）指标对比法（亦称为比较法）

在具体的工作中使用的最为广泛的一种分析方法，就是指标对比法，即通过对比相互关联的物流成本指标，来将数量差异确定下来的一种方法。通过对比，能够发现问题、揭露矛盾，并寻找差距，对原因进行分析，从而为物流成本的降低及其使用效益的提升指明方向。

可以采用以下三种形式，来进行物流成本指标的对比分析。

1. 实际指标与计划指标对比

在分析物流成本的时候，可以通过对比计划成本指标和实际成本指标，来明确计划完成的程度，与此同时，也为以后的分析指明了方向。

2. 本期实际指标与前期实际指标对比

通过本期实际指标和前期实际指标，比如，历史最好水平或者 T 年同期的对比，能够将企业物流成本的动态和变化趋势反映出来，这对历史经验的戏曲，以及物流成本管理的改进都是很有帮助的。

3. 本期实际指标与同行业先进水平对比

通过对比本期实际指标和同行业先进水平，能够将本企业和先进水平的差距反映出来，这样就能够扬长避短，将降低物流成本的潜力挖掘出来，并且将其经济效益持续地提升。

在采取指标对比法时，需要注意的是，一定要重视对比指标之间的可比性，比如，对比指标采取的计价标准、计算方法、指标内容、计量单位等，均应当具备进行比较的条件与基础。在比较同类企业的物流成本指标的时候，还要考虑它们在技术经济方面的可比性。另外，将要进行对比的指标，无论是采用相对数，还是绝对数，其实都是可以的。

（二）因素分析法

分解某一个综合指标，并成为多个相互之间具有联系的因素，然后，对每个因素的影响程度分别进行分析、计划的一种方法，被称为因素分析性。

很多因素都会对物流成本的升降造成影响，概括来讲，主要包括以下两类。

1. 外部因素

来源于社会的外部因素，是由外部的经济条件与环境共同造成的。

2. 内部因素

内部因素，则由企业本身经营管理造成的。

上述这种分类方式，对企业各个方面工作质量的评价都是有利的。

如下所示，为此种方法的一般做法。

第一，将分析指标到底由几个因素共同组成的确定下来。

第二，将指标和各个因素之间的关系确定下来，比如，乘除关系、加减关系等。

第三，运用适当的方法分解指标，并成为多个因素。

第四，将每一个因素对指标变动的影响程度和方向确定下来。

因素分析法具体的计算流程为：以物流成本的计划指标作为前提，并以预定的顺序为依据，依次将各个因素的计划指标替换为实际指标，直至全部为实际指标，然后，对每次和前次的计算结果进行对比，这样就能够将某一个因素对计划完成情况的影响计算出来。

三、用于物流成本分析的指标

（一）各类物流成本

在分析物流成本的时候，首要任务就是要分析各类物流成本的数值，这样的话，就能够准确地将它们升降的原因找出来，从而为物流成本的降低，以及进行相关物流成本决策提供可靠的依据。

（二）企业物流成本的效益指标

物流成本的效益指标，主要包括两类，一类为物流营运能力，另一类为物流获利能力。其中，前者是各种财务目标（如利润等）实现的物质基础，后者的提高对推动营运能力的增强有帮助，由此可知，两类指标是相辅相成的。

分析物流成本效益指标，能够为企业掌握物流成本的效益状况，以及存在的问题提供帮助，进而，为提升物流成本效益，以及进行相关物流成本的决策提供可靠的依据，

1. 物流营运能力指标

追求利润最大化是物流经营最为基本的动机，而企业获得利润的基础则是其物流的营运能力。其中，物流的营运能力指的是，在外部市场环境需要的前提下，物流经由作业资源的配置组合，以及内部人力资源对财务目标的实现产生作用的程度。毋庸置疑的是，对于获利能力的持续增长来讲，营运能力的大小具有决定性的作用。

（1）人力资源营运能力指标

以人为核心展开的物流作业，其物流成本当中，人力资源获取占据了大部分的支出费用。对于物流营运能力来讲，物流作业人员的能力和素质起着决定性的作用，而劳动作业效率指标则是对人力资源营运能力进行衡量的指标，公式如下所示。

物流劳动作业效率 = 物流营业净额 ÷ 从事物流作业的员工人数的平均值

物流营业净额 = 物流营业额－物流营业折扣与折让

由上述公式可知，物流作业的效率越高，就说明每一个物流工作人员所创造的物流营业净额就越高，因此，就会有越好的人力资源利用率，这样的话，就会有越强的物流人力资源的营运能努力。

（2）作业资源营运能力指标

在企业物流成本中，获取将各项物流作业完成所需的作业资源占据了成

本中的大部分。其中，作业资源的营运能力包括两种，一种为构成物流总资产的各要素的营运能力，另一种则是物流总资产的营运能力。

①物流总资产营运能力指标

经由物流总资产的营运水平，能够将物流总资产的营运能力反映出来，即物流总资产的周转率，能够反映出其营运能力，公式如下所示。

物流总资产周转率 = 物流营业额净额 ÷ 平均物流资产总额

另外，还可以用周转天数，来表示物流总资产的周转率，两者的关系如下所示。

物流总资产周转天数 = 计算期天数 ÷ 物流总资产周转率

在上述公式当中，应当以不同的计算期为依据，来确定平均物流资产的总额，与此同时，公式当中的平均物流资产总额应当和物流营业额净额同属于一个计算器，也就是说，应当在时间上保持一致性。

以下为年平均物流资产总额的计算公式。

年平均物流资产总额 =（1/2 年初 + 一季度末 + 二季度末 + 三季度末 +1/2 年末）/4

当物流总资产占用的资产波动处于比较大的状态时，年平均物流资产总额可以通过采取加大数据采集密度的方式来计算；当处于波动比较下，即相对稳定的状态时，可采用以下公式来计算。

平均物流资产总额 =（期初物流资产占用额 + 期末物流资产占用额）/2

物流总资产周转率，将全部物流资产的营运能力综合、全面地反映出来，也就是说，其越高就说明在一定的计算期之内，就会有越多的物流总资产周转的次数，进而，就会有越短的周转一次的天数，以及越快的周转速度，因此，也就会有越高的物流总资产的营运能力。

需要注意的是，物流总资产周转率和周转天数，这两个指标能够将物流总资产的营运能力反映出来。具体来讲，即物流总资产周转天数越多，就说明营运能力越多；其周转率越高，则说明营运能力就越强。

②物流流动资产营运能力指标

物流总资产是由两个部分组成的，一个是流动资产，另一个则是固定资产。为了对其营运能力以及影响因素进行深入的剖析，就一定要分析固定资产以及流动资产的周转情况。

由于物流营业额的直接来源是物流流动资产的周转额，因此，在分析物流流动资产时，应重点分析其对实现营业额所做的贡献。物流流动资产周转率，以及周转天数，能够将物流流动资产营运能力反映出来，其计算公式如下所示。

物流流动资产周转率 = 物流营业额净额 ÷ 物流流动资产平均占用额

物流流动资产周转天数 = 计算期天数 ÷ 物流流动资产周转率

在以上公式当中，物流流动资产平均占用额和其平均资产总额的计算方法是一致的。

企业物流流动资产的营运能力，通过物流流动资产周转率能够反映出来。

第一，由于物流营业利润率乘以物流流动资产周转率，等于物流流动资产利润率，因此，在一定时期之内，物流营业利润率确定的情况下，物流流动资产周转的速度越快，就会有越高的物流流动资产周转率（也会有越短的物流流动资产周转天数），进而有更高的物流流动资产利润率，而它对财务目标也会有越大的贡献。

第二，物流流动资产占用额和其资金周转速度之间的关系是非常密切的，在物流营业额确定不变的状况下，资产周转速度越快，占用额就会越少，因此，资产周转天数就会变短，那么速度就会加快，从而使企业对物流流动资产的占用降低，最终，使物流流动资产的营运能力提升。

和物流总资产营运能力指标是一致的，即具有越高的物流流动资产周转率，就表示其具有越强的营运能力；周转天数越多，则说明其营运能力就会越弱。

③物流固定资产营运能力指标

物流固定资产的周转，并不是物流作业的主要收入来源，物流流动资产的周转才是，但能够将物流流动资产周转实现的基础，则是物流固定资产。物流固定资产的作业经营能力，以及利用效率，在很大程度上由物流流动资产周转速度的快慢、周转额的大小，以及投资规模决定。在这种情况下，对物流固定资产营运能力（即其作业经营能力以及利用效率）的考察是很有必要的。

物流固定资产周转率为其反应营运能力的指标，以下是物流固定资产周转率的计算公式。

物流固定资产周转率 = 物流营业额净额 ÷ 物流固定资产平均占用额

=（物流流动资产平均占用额 ÷ 物流固定资产平均占用额）× 物流流动资产周转率

在上述公式当中，应当以物流固定资产原值为依据，来完成物流固定资产平均占用额的计算，原因在于，这样能够将由于不同企业采用的折旧年限，或折旧方法的不同所产生的差异剔除掉，进而让企业能够针对这一指标进行分析、研究。

物流固定资产营运能力指标，能够对企业是不是可以以相对节约的物流固定资产投资，来达成尽量快的周转速度，以及尽量大的物流流动资产规模，进而，让企业以其作为手段，将更多的物流营业额实现。这一指标越高，就说明物流固定资产具有越强的营运能力。

2. 物流获利能力指标

希望通过物流系统获利，是企业支付物流成本的最终目的和动力。其中，物流获利能力指的是，投入物流系统的资金，也就是物流成本的增值能力。一般情况下，能力的高低是由来源于物流系统的收益反映出来的，以下是其具体的几项指标。

（1）物流作业利润率

以下公式表述了物流作业的利润率。

物流作业利润率 = 物流利润 ÷ 物流营业净额

对于物流能够带来的利润，是可以成为多个不同的层次的，具体包括：毛利润、经营利润、营业利润、税前利润、利润净额。因利润净额，或者税前利润当中包含有非营业利润因素，所以在上述的公式当中，建议使用营业利润与经营利润，所得出的指标就能够将获利能力更为直接的反映出来。

由于物流作业利润是正向指标，因此，这一指标越大，就说明此项作业具有越强的获利能力。

（2）物流作业的成本利润率

物流作业的成本利润率用以下公式表述：

物流作业成本利润率 = 物流利润 ÷ 物流成本

在对物流作业成本利润率进行计算的时候，一定要对物流成本和利润间的匹配关系多加注意，原因在于，成本和利润是一致的，同样可以分为很多不同的层次。

经营成本 = 经营费用 + 营业税金及附加

营业成本 = 经营成本 + 管理费用 + 财务费用 + 其他业务成本

税前成本 = 营业成本 + 营业外支出

税后成本 = 税前成本 + 所得税

想要将物流成本的获利能力有效的揭示出来，就必须要将物流成本和利润相互对应起来。

在实践过程中，经营成本利润率指标具有最高的重要性，其将主要物流成本的利用效果反映了出来。将这一指标和其他物流成本利润指标相互配合使用，能够使企业发现物流系统当中的问题。

在各项收益以及税率一定的情况下，经营成本利润率很高，但是，税前成本的利润率很低，这说明在物流系统当中，营业外支出、财务与管理费用的支出均过多，因此，需要控制这些成本。

如果税前成本利润和经营成本利润率都很低，并且具有很小的差异，那么就说明物流成本太高，而这也将会是以后控制的重点。

如果税前成本利润和经营成本利润率都比较高，就说明物流系统的成本管理的效果是比较不错的。

由于物流作业成本利润率为正向指标，因此，这一指标是越高，越说明成本管理越好。

（3）物流作业的资产利润率

物流资产获利能力的高低，可通过物流作业资产利润率这一风向标反映出来。以下是其具体的指标。

①物流总资产利润率

以利润层次的不同为依据，可将物流总资产利润率分为三类，具体如下。

物流总资产息税前利润率 = 息税前物流利润总额 ÷ 平均物流资产总额

物流总资产利润率 = 物流利润总额 ÷ 平均物流资产总额

物流总资产净利润率 = 物流利润净额 ÷ 平均物流资产总额

由于物流总资产利润率，主要是以资金来源的角度来评价物流资产的使用效益的，因此，无论是债权人，还是所有者，都很重视这一指标。

只要物流总资产的息税前利润率比负债利息率大，那么就能够保证债权人的债务本息的偿还。

对于所有者来讲，比较高的物流总资产息税前利润率，只能够避免，抑或是降低不能偿还债务本息的风险，另外，为了使资本得到保值、增值的目标得到保障，还需要分析物流总资产净利润率，以及物流总资产利润率。

②物流流动资产利润率

由于物流利润的主要来源，就是获取物流流动资产支出的物流成本与其周转，因此，流利润增长的基础是不是处于稳固状态，能够通过物流流动资产的利润率揭示出来。

对物流流动资产获利能力进行考察的指标，主要包括两项，其公式如下所示。

物流流动资产经营利润率 = 物流经营利润 ÷ 物流流动资产平均占用额

物流流动资产营业利润率 = 物流营业利润 ÷ 物流流动资产平均占用额

相较于物流流动资产营业利润，其经营利润率更加重要。

③物流固定资产利润率

因物流流动周转获利的物质基础为物流固定资产，所以还需要对物流固定资产的利润率进行考察，公式如下所示。

物流固定资产经营利润率 = 物流经营利润 ÷ 物流固定资产平均占用额

=（物流流动资产平均占用额 ÷ 物流固定资产平均额）× 物流流动资产经营利润率

物流固定资产营业利润率 = 物流营业利润 ÷ 物流固定资产平均占用额

=（物流流动资产平均占用额 ÷ 物流固定资产平均额）× 物流流动资产营业利润率

上述三大类的指标，全部都是正向指标。

（4）物流作业的净资产利润率

用以下公式来表示物流作业的净资产利润率。

物流净资产利润率 = 物流利润净额 ÷ 物流净资产

将物流系列利润的最大化实现，是企业支出物流成本的最终的目的。如果想要实现这个目的，就必须要先将物流净资产利润率最大限度地提升，由此可知，物流获利能力指标的核心，实际上，就是物流净资产利润率，且此项指标为正向指标。

因商品流通企业，以及商品制造企业的利润、收入来源，并不是单一的，而是多方面，所以很难将由物流作业所带来的利润、收入从中分离开来，在这种情况下，就需要采取内部转移价格的形式，来获得有关于物流作业的利润、收入，与此同时，利用上述各指标来分析企业的物流成本效益。

向客户提供物流服务，为物流服务商的主要业务，而物流作业则是其主要的利润、收入，因此，是可以直接使用上述各项指标的。

第二节　物流成本的预测

一、物流成本预测概述

（一）物流成本预测的原理

以物流成本和各项技术经济因素的依存关系为依据，并与采取的各种措施以及发展前景相结合，与此同时，利用一些科学方式，来科学地估计与预测出未来期间物流成本水平，以及其变化趋势，被称为物流成本预测。

物流成本能够进行预测的原因在于，一直以来，事物的发展都表现出一定的特征，抑或是呈现出一定的规律，而这些就是预测的理论依据，亦被称为预测原理。预测原理主要包括：概率原理、惯性原理、相关原理、类推原理等。在预测物流成本的时候，对于不同的对象，应当以预测原理为依据来选择不同的预测模型进行预测。

1. 惯性原理

一般情况下，事物的发展变化过程都会表现出一定的延续性，而这种表现则被称为“惯性现象”。研究对象的惯性越大，就说明其具有越强的延续性，也就越不容易受到外界因素的干扰。时间序列分析预测方法的理论依据，就是惯性原理。

2. 类推原理

很多具有相似特性的客观事物，它们的变化同样具有相似的地方。通过分析类似事物之间具有联系的这一规律，并以已知的某事物的变化特征为依据，对有相似特性的预测对象未来状态进行推断，被称为类推预测。以这种原理为依据的预测方法，适合用在两种事物的发展特征，或者发展规律具有相似性，与此同时，在发展时间方面，两事物之间又有前后差别的场合。

3. 相关原理

世界上没有一种事物的变化是孤立的，都是在其他事物的影响之下发展的，而事物之间相互影响的作用，经常表现出一种因果关系。揭示研究对象变化规律和特征，以及预测其未来状况有效途径，就是对其和相关事物的影响程度与依存关系进行深入的分析、研究。统计预测或者回归预测方法的理论依据，即为相关原理。以此种原理为依据的预测方法，适用于事物之间在统计学上具有明显相关性，抑或是有明确因果关系存在的预测场合。

4. 概率原理

因预测对象会受到多种因素（科技、社会、经济等）的影响，从而使它的未来状况具有了随机性。也就是说，影响因素越多，就会有越复杂的关系，那么就会更加难以估计预测对象的未来状态（可称为是一个随机事件）。在这种情况下，这一事件发生的可能性的大小，可以用概率来表示。在预测的过程当中，经常会采用数理统计方法，以及概率论来解出随机事件出现各种不同状态的概率，之后，再以概率判断准则为依据，对预测对象的未来状况进行判断。

（二）物流成本预测的内容与分类

1. 物流成本预测的内容

运输成本、配送成本、物流信息成本、包装成本、仓储成本，以及流通加工的预测，为物流成本预测的主要内容。

2. 物流成本预测的分类

（1）按对象的范围划分

以对象的范围依据，可将物流成本预测分为以下两种。

①宏观预测

对大系统所进行的总体、综合的预测，被称为宏观预测，比如，对整个流通领域物流成本所进行的预测。其在进行预测时的要求为：在物资流通的整个过程当中，对整个流通领域所消耗的成本进行预测。

②微观预测

对具体、个别的物流企业物资流通过程当中，所支付的成本进行预测，被称为微观预测，比如，基层企业所做的运输成本、配送成本、生产成本、仓储成本的预测等。

（2）按时间的长短划分

以时间的长短为依据，可将物流成本预测分为以下两种。

①短期预测

短期预测通常指的是，一年或者一年以内的预测，由于其预测的时间比较短，因此，就会有比较少的影响及不确定因素，所以也就会有相对来讲较为准确的预测结果。

②长期预测

长期预测一般指的是一年以上的预测，因其预测的时间较长，且会受到多种不确定因素的影响，因此，通常不会有较为准确的预测结果。在这种情况下，就需要经常搜集新的数据或者信息，来修补、晚上预测的方案及结果。

（3）按预测目的所用方法不同划分

以预测目的作用的方法为依据，可将物流成本预测分为两种，一种为定性预测，另一种定量预测，具体表述见本章第二节。

（三）物流成本预测的步骤

企业在预测物流成本的时候，为了使预测结果的客观性得到保障，一般情况下，可将预测步骤分为以下几步。

1. 确定预测目标

预测目标的确定是首要任务，而企业对原来的生产经营活动想要达成的总目标，则决定了物流成本预测的目标。只有确定了目标之后，才能够进行接下来的工作，即明确预测的具体内容，并以此为依据，搜集所需的必要材料，以及确定预测的方法。

2. 搜集和审核预测资料

由于物流成本指标是一项综合性的指标，因此，会涉及企业的各个方面，比如，生产组织、经营管理与生产技术等。所以在预测物流成本之前，就需要掌握全面、大量且有用的各种情况和数据，与此同时，还需要审核推算以及加工整理这些原始资料，目的就是取其精华，去其糟粕。之后，需要分析已经调整、审核之后的数据，并将统计图形画出来，以此来对统计数据的分布和性质进行观察、统计，并将其当作选择适当预测模式的依据。

3. 选择预测模型并进行预测

在预测的过程中，一定要分析、研究已经收集到的相关资料，并对预测对象特性进行深入的了解，与此同时，还要以各种预测方法的性能、适用条件，以及预测的目标为依据，将合适的预测模型挑选出来，以此将相关变量之间的规律性联系揭示出来。预测的可靠性和精准度，会受到预测方法是否选择得当的直接影响。

4. 分析评价

验证预测结果的可靠性、准确性，被称为分析评价。多种因素都会影响预测的结果，比如，预测人员的分析判断能力、预测方法本身的局限性等，因此，不一定能够将预测对象的未来状况准确的描绘出来。除此之外，在预测期限之内，影响预测对象的各种不同外部因素也会具有新的变化的可能性，因此，需要对各种影响预测精确度的因素进行分析，并且要对这些因素的影响范围、程度进行研究，只有这样，才能够估计出预测误差的大小，评价预测的结果。

需要注意的是，虽然预测误差是不能够避免的，但是，如果超出了误差的允许范围，就需要对产生误差的原因进行分析了，并以此作为依据，来确定是不是要修正预测模型。在分析评价的前提下，一般还是需要修正原来的预测值的，然后再得到最后的预测结果。

5. 提交预测报告

把预测的最终结果编制成为报告和文件，并上交给上级有关部门，而这些文件将作为拟定策略、编制计划，以及制定决策的依据。预测报告的内容主要包括：对预测研究的主要活动过程的概括，列出主要的数据和资料，预测目标、对象及其相关因素的分析结论，预测模型的建立和方法的选择，以及模型预测值的修正和评价等。

二、物流成本预测的方法

虽然目前有许多预测物流成本的方法，但是，大致上可将其分为两类，一类为定性预测法，即以调查为基础的经验判断法；另一类为定量预测法，即以统计资料作为基础的分析计算法。

（一）定性预测法

定性预测法的优点包括：时间短、耗时低，并且容易应用。它具体指的是，预测者以已经掌握的直观材料和历史资料为依据，运用个人的分析判断能力以及丰富的经验，对事物的未来发展做出程度和性质方面的判断，之后，再以一定的形式将各方面的意见综合起来，并将其作为预测未来的可靠依据。

目前，专家调查法、综合判断法、用户期望法，是主要的定性预测方法，其中，专家调查法是最常用的一种方法。

专家调查法是为了将专家会议法的缺点克服掉，所产生的一种专家预测方法，亦被称为德费尔法[①]。专家在预测过程当中，相互之间并不认识，也没有交往，这样就能够很好克服不能充分发表意见，以及权威人物的意见影响其他人意见等弊病的发生。在这种方法中，专家就能够将自己的预测意见充分表达出来了。

德尔菲法以系统的程序为依据，并采取匿名的方法发表意见，具体来讲，就是专家之间不发生横向练习，也不进行互相讨论，只能够和调查人员发生关系，在经过多轮次调查专家对问卷所提问题的看法，以及反复修改、征询与归纳之后，汇总成为一个基本的一致的看法，来作为预测的结果。此种方法的优点在于比较可靠，并且具有广泛的代表性。

（二）定量预测法

借助历史统计的资料，并运用一定的数学模型，经由分析和计算来将物流成本的未来发展，以及数量上的变化趋势确定下来。其主要包括：因果分析法、学习曲线法、高低点法、时间序列分析法，以及回归分析法等。

1. 学习曲线法

在坐标纸上面绘制出已经数量化的学习效果，其中，练习次数（或者产量）用横轴表示；学习效果（或者单位产品所消耗的时间）用纵轴代表，而绘制出来的曲线，即为学习曲线。

学习曲线分为两种，一种为狭义的曲线，即作业人员个人的学习曲线，

① 德尔菲法（Delphi Method）是在20世纪40年代由O·赫尔姆和N·达尔克首创，经过T·J·戈登和兰德公司进一步发展而成的。德尔菲这一名称起源于古希腊有关太阳神阿波罗的神话。1946年，兰德公司首次用这种方法来进行预测，后来该方法被迅速广泛采用。

亦被称为人员学习曲线；一种为广义的曲线，即工业某一产品，或者某一行业的产品寿命周期的学习曲线，并且是一种管理水平提高、技术进步等相融合，由很多人共同努力绘制的曲线，亦被称为生产进步函数。

学习曲线法指的是，在一个合理的时间段之内，连续地进行具备固定模式的重复工作，而工作效率则是会依照一定的比率递增，进而让单位任务量耗时所呈现出来的曲线是向下的。实际上，是在以下两种因素的共同作用下，产生的学习曲线效应。

（1）熟能生巧

操作会在连续进行具备固定套路的工作中变得更加熟练，因而，将单位任务量完成的工作时间也会变得更加短。

（2）规模效应

实际上，无论是生产 10 件产品，还是 100 件产品，所需的各生产环节之间的转换时间，以及生产准备时间都是相同的，由此可知，一次生产的产品越多，单位生产的效率就会越高，因为分摊到每件产品的转换与准备时间都变少了。

学习曲线法指出，应当尽可能地对性质相同的事务进行处理，比如，一次性将所有沟通电话打完，一次性将所有家务做完等。这样的话，一方面，对工作熟练程度的提升有利；一方面，还能够通过批量作业使中间环节占用的时间和准备工作的时间有效减少，进而实现提高效率的目标。

2. 时间序列分析法

依照时间的顺序（比如，月、季、年），对预测目标的历史数据进行排列，并构成数列，之后，对其随着时间的变化趋势进行分析，来推断出预测目标的未来值，被称为时间序列分析法，亦被称为外推法。客观情况变化不大的定量分析，是其比较适用的情况。主要包括：指数平滑法、移动平均法、简单平均法，以及加权平均法等。

第三节　物流成本的决策

一、物流成本决策概述

决策是经营的重心，而经营则是管理的重心，可以说，对于实现经营目标来讲，合理的决策为其提供了行为的起点，由此可知，使成本控制行为的有效、合理得到了保障，是成本决策所起的最主要的作用。

（一）物流成本决策的概念

为了将成本管理目标实现，运用一定的决策方法和技巧，与此同时，还成本预测提供的成本信息相结合，并从多个成本备选方案当中，将最优化成本方案选择出来的行为过程，即为成本决策。

物流企业的成本决策，会涉及企业的各个领域，如资本运作、生产经营等。选出最优方案是成本决策分析的最终目的，而经济效益的高低则是选优的主要标准。另外，对于竞技效益的高低而言，研究、本息成本指标则是影响它的决定性因素。

在日常的生活中，人们常常都需要做出决策，以此来规划自身的行为。通常情况下，正确的决策，能够产生正确的行为，进而得出满意的结果；如果决策失误了，就会出现一些没有办法挽回的经济损失。基于这种情况，一定要对物流企业的成本决策行为有一个正确的认识，因为其对企业竞争优势的增强，以及预测目标的实现都有着非常正面的作用。

1. 成本决策是企业成本计划工作的前提条件

想要完成成本执行计划的编制，并能够保证其目标利润的实现，就必须要进行物流企业成本决策，并且还要从中选出一个最具可行性的方案。需要注意的是，如果成本计划是没有经过成本决策定下的，那么其决策就会具有盲目性，而这优惠使计划的执行得不到控制，这对有效地控制成本支出是很不利的，最终，也很难实现目标利润。

2. 成本决策是其他经营决策的重要依据

在物流企业中，除了成本决策之外的经营决策，则为其他经营决策，主要包括：利润、技术、筹资及投资决策等。企业未来成本的最低耗费水平，能够通过成本决策的结果直接反映出来。低消耗、高收入是在进行其他经营决策时必须要遵循的原则。以成本决策的最低成本水平为依据，来分析、比较目标成本的分解和设定，进而实现企业资源的优化配置，与此同时，对企业的经营管理方案也要进行适时的重订或者修订，从而实现企业“以最低成本支出，收获最大经济收益”的终极目标。

3. 成本决策是企业目标利润实现的重要保证

在一定的条件之下，企业的费用水平和成本水平会限制其利润水平，成本费用和利润的变动方向是相反的。在其他因素保持不变的基础上，费用和成本升高，相应的利润就会降低，反之亦然。因此，成本决策分析，能够将企业成本在市场竞争当中所处的地位揭示出来，进而从更高层面来掌控成本控制的主动权，进而调整企业的产品、生产与技术结构。因此，企业如果想要将未来的目标利润实现，就必须要让未来的费用和成本达到最优的状态，倘若无最低成本作为保障，那么是无法实现目标利润的。

4. 成本决策是企业提高管理水平的一个促进手段

成本决策，对市场风险的降低，交易成本的减少都是有利的。预测管理的战略决策是没有办法对未来环境的变动趋势有一个周密、详尽的把握的，因此，想要有更为准确的判断，就必须要通过具体的决策来为企业计划期的经营环境确定最低耗费目标，进而，才能够成本有一个更好的控制。趋利避害，将企业的经营管理水平提升，其实就是成本决策的一个重要用途。

（二）物流成本决策的具体步骤

企业管理的整个过程，都需要科学的成本决策的渗透。一般情况下，企业都会依照以下步骤来完成成本决策。

1. 确定决策目标

如果成本决策缺乏明确的目标，就会造成决策过程的混乱，及其结果的无效，而成本最低化则是成本决策的总目标。需要注意的是，在确定目标时，决策目标应当匹配经营管理的可能性，另外，还要具备目标的约束条件，与此同时，目标要具体化，并尽量量化。

2. 拟订备选方案

拟定备选方案，实际上，就是以目标要求为依据，来分析、设想预测资料及其相关信息，一定质量和数量的可行性方案，是成功决策的重要保障。另外，备选方案必须具备经济合理性和技术先进性。需要注意的是，在拟定过程当中一定要做到扬长避短、量力而行，一定要将现有的人力、物力、财力都放在最为充分、合理的位置之上。

3. 选择最优方案

应在分析、评价各个备选方案，并对每个方案能够达到的经济效果和成本水平进行论证之后，选出最优的方案。其中，评价标准是不是恰当、合理，为选择的关键，尤其是在多目标决策当中，一定要对择优标准的综合性和多重性给予充分的重视。

4. 方案的实施准备

在确定了最优方案之后，还需要对其他相关性的系统之外的所有环境因素进行考虑，比如，社会生态环境的改变、国家产业政策的变化等，只有对这些因素有了充分的考虑之后,才能够将决策作为最后方案来实施。除此之外，在实施之前，还需要以选定的方案为依据，拟定各个环境的措施，以此使进一步落实决策目标得到保障。

二、物流成本决策的方法

（一）本量利分析法

在变动成本计算模式的基础之上，以图文和数字化的会计模式，来将各种变量，如固定成本、变动成本、销售额、销售量，以及单价、利润等之间内在规律性的联系揭示出来，并为会计预测、决策和规划提供必要的财务信息定量分析方法，被称为成本一产量（或销售量）一利润依存关系分析，简称本量利分析法，亦称为 CVP 分析与量本利分析（VCP 分析）。

本量利分析法的适用范围如下。

其重点研究的是销售数量、成本、价值和利润之间的数量关系。在管理会计当中，其提供的方法与原理被广泛应用，与此同时，在企业进行控制、计划与决策时，其又是一个重要工具。

（二）差量分析法

差量在决策分析当中指的是，不同备选方案之间的差异，其又可细分为三种，即差量利润、收入与成本。差量分析指的是，在对不同方案的各种差量进行充分分析的前提下，选出最优方案的一种方法。

差量分析法的适用范围如下。

医院的经营活动业务量增加的各种决策（比如，门诊量增减、病房增减等）价格决策，也就是分析开展新项目服务数量和价格的关系；设备购置问题决策；药品制剂生产产量、医用产品生产决策，会比较常使用差量分析法。

如下为此种方法的决策步骤。

第一，对备选方案的差量收入进行计算。

第二，对备选方案的差量成本进行计算。

第三，对备选方案的差量利润进行计算。

第四，对各种方案进行比较，并选出最优方案。

（三）边际贡献分析法

当企业生产只受到某一向资源的约束，比如，机器台时、某种原材料等，与此同时，还清楚了解备选方案当中，各种产品的单位贡献边际，以及单位产品资源消耗额，如工时定额、材料消耗定额的基础上，可以依照以下的公式来将单位资源所能够创造出来的贡献边际指标计算出来，并且将其当作决策评价的指标。

单位资源贡献边际＝单位贡献边际 ÷ 单位产品资源消耗定额

单位资源贡献边际是一个正指标，以其做出决策的判断标准为：哪一个方案的这一项指标大，哪一个方案就是优秀的方案。

边际贡献分析法的适用范围如下。

在生产经营决策当中，互斥方案的决策比较常用这种方法，比如，对多种产品生产进行分析决策、新产品开发的品种决策，以及对亏损产品是不是要停产的分析决策等。

（四）经济批量法

在销售或者生产有保证的情况下，从消耗成本最小的这个目标出发，而确定的每批产品投产，抑或是材料的采购数量，被称为经济批量。在确定这些的时候，一方面，要考虑产品、材料的保管费用；另一方面，也需要考虑产品投产产生的准备费用或者材料的采购费用。

经济批量法的适用范围如下。

企业确定生产间隔期、确定批量，以及短期筹资决策等。

（五）线性规划法

线性规划法是解决多变量最优决策的方法，与此同时，也是在各种相互关联的多变量约束条件之下，规划或者解决一个对象的线性目标函数最优的问题，也就是说，给予一定数量的资源、物力与人力，怎样应用能够获得最大的经济效益。当约束条件，抑或是资源限制表现为线性等式（或不等式），目标函数则表现为线性函数的时候，就可以采用这种方法进行决策了。

线性规划法的使用范围如下所示。

工程设计、经济规划、科学研究、经营管理，以及工程设计、生产安排等各个方面所提出的大量问题。

以下为线性规划法的决策步骤。

第一，将影响目标的变量确定下来。

第二，将实现目标的约束条件找出来。

第三，将能够让目标函数达到最优可行解，也就是这一线性规划的最优解找出来。

（六）决策树法

决策树法利用了概率论的原理，与此同时，也利用了一种树形图作为分析工具。它的基本原理，就是运用决策点来代表决策问题，用概率分枝来代表方案可能出现的各种不同的结果，用方案分枝代表可供选择的方案。其对各种方案在各种结果条件之下损益值的计算比较之后，来为决策者提供决策依据。

决策树的适用范围如下。

利用决策树来对生产方案进行评价。

以下为决策树的决策步骤。

第一，将决策树图绘制出来，以从左到右的顺序来画决策树，实际上，画的过程其实就是对决策问题进行再一次分析的过程。

第二，以从右到做的顺序，将各个方案的期望值计算出来，与此同时，将结果写在相应方案节点的上方。需要注意的是，是沿着决策树的反方向，从右到左计算出期望值的。

第三，对各个方案的期望值的大小进行对比，并进行剪枝优选。与此同时，在舍去备选方案枝上面，用“=”记号加以隔断。

第四章　物流成本的预算与控制

本章详细介绍了物流成本的预算和控制，具体内容包括：概括描述了物流成本的预算和控制物流成本预算的编制、物流标准成本控制、物流功能成本控制、物流目标成本控制，以及物流综合成本控制等。

第一节　物流成本预算与控制概述

一、物流成本预算概述

（一）物流成本预算及其作用

所有以货币形式，以及其数量形式反映的，和企业未来相关的一定时期之内，全部物流活动的行动计划，以及相应措施的数量说明，被称为物流成本预算。其主要有两种职能，一项为预算编制，另一项为预算控制。

现代物流成本预算管理和传统的预算之间有着显著的差异。

现代物流成本预算管理，是以物流成本核算和利率分析为依据，而形成的活动驱动因素来对未来所做出的预算。在成本管理当中,可以纳入资源获取、生长率增长、流程变革，以及能力利用，这样做的目的则是将这些用于组织变化当中的预算。

传统的预算则比较重视主要变量和趋势的解释，以及数据的确认这些工作，通常情况下，都是由企业管理者来完成这些工作的，与此同时，还会提供能够体现财务绩效、可预见的指导体系。

物流成本预算具有多方面的作用，主要包括以下几点。

1. 建立成本目标，明确实现目标的路径

物流成本预算，一方面，是物流成本计划的定量反映，另一方面，也是明确显示和建立物流系统将要实现的近期成本目标。另外，总的物流成本预算，能够使计划目标的可比性增强，在计划执行的过程当中，也能够作为一种依据来适时、有效的为管理层提供偏差信息，这样更便于他们采取有效的措施，最终达到减少损失或者扩大收益的目标。

除此之外，物流成本预算，还能够让计划目标变得更加明确，这样更有利于组织和个人的把握和理解，并为他们了解自己在企业当中所处的作用和地位提供帮助，从而加强了计划目标的激励性、指导性。

2. 协调企业的物流活动

对于现代物流预算来讲，需要对其多方面的要素进行综合、全面的考虑，只有这样，才能够将预算管理对企业物流管理，甚至全部企业管理的前瞻性以及指导性充分地发挥出来。另外，只有将企业物流的总体战略目标一层一层的分解到物流当中的各个经营环节、物流部门，以及人员方面，最终，才能够将具体目标落到实处。换句话讲，在方向上，各个经营环节、个人与部门的具体目标，都需要和总体经营目标一样，而这才能够让总体经营目标获得实现的可能。

经由物流成本预算的编制，能够有机地结合起各个目标，如各个组织层次、个人、部门及经营环节，而且还能够将这些目标之间的数量关系明确下来，这对其通过正式渠道加强沟通与协调也是有利的，最终，达到使企业获得最大经济效益的目标。

3. 提供控制日常物流活动的标准

在日常的物流活动当中，各个物流活动是不是和预定进程相符，是不是能够将计划目标实现，以及进展到什么程度，其实都是要以一定的标准为依据，来进行判断和分析，这样的话，就能够更便于及时采取有效措施。当出现了物流成本预算之后，相关单位和部门就可以依照它，并通过对比、计算，及时提供实际执行结果与预算标准之间的差异数额，与此同时，对原因进行分析，并采取相关的、有效的措施，从而使预算目标和任务的顺利实现得到保障。

4. 确定评价物流工作业绩的依据

作为物流系统成本计划的数量反映，物流成本预算一方面，是考核物流部门绩效的标准；另一方面，也是控制物流活动的重要依据。其在将组织各个环节、部门，以及个人行动目标确定下来的同时，也会使它们应当承担的经济责任得到进一步的明确，从而使他们具备可考核性，并且还能够被客观评价。另外，在实际应用过程中，通过分析、比较实际数和预算数，能够对各个部门、环节、个人的经济责任，以及计划任务的完成情况进行检查。

（二）物流成本预算的类型与内容

以不同的要求和目的为依据，物流成本预算可以被多个不同的类型。在目前的企业管理中，主要有以下几种常用的类型。

1. 以预算的角度进行划分

从预算的角度划分，可以预算分为以下两种

（1）统筹预算

统筹预算指的是，调整和规划企业全部的物流费用。企业物流成本预算是可以将全部的物流活动都反映出来的。

（2）分散预算

分散预算指的是，对某一个物流运作领域来进行成本预算，其只能够将局部的物流活动反映出来。

目前，预算管理的大趋势，就是从分散预算发展为统筹预算。

2. 以预算期限的长短进行划分

从预算期限的长短为依据，可将预算分为两种，具体如下。

（1）短期预算

短期预算指的是，以年度为期限的预算。

（2）长期预算

超过一年期的预算，则可以被称作长期预算。

过去，在进行物流成本预算的时候，通常都是以年度作为期限的，但是，由于现代物流运动一般都是长期的工作，因此，对于企业的长远发展来讲，长期预算对其是更有利的。

3. 以预算对象的连续性进行划分

从预算对象的连续性角度划分，可将预算分为两种，一种为有期限预算，另一种为项目预算，具体表述如下。

（1）有期限预算

有期限预算指的是，只是对一定期限之内的物流成本所进行的预算，而不是对整个物流项目所有方面所进行的成本预算。

（2）项目预算

项目预算指的是，以物流项目作为分析的对象，并对其全部时期的物流成本和费用进行所进行的考察。由此能够看出，这种预算是一种战略性、综合性的预算活动。

4. 以预算分析研究的目标进行划分

从预算分析研究的目标的角度进行划分，可将预算分为三种，具体如下。

（1）形态别预算

形态别预算指的是，以物流费用形态为依据所进行的预算。由于其是一种服从于决算目的的一种分类方式，因此，其和决算会计是有关联的。

（2）活动别预算与范围别预算

对于物流管理，尤其是对物流流程和活动的成本管理来讲，如果只进行形态别预算是远远不够的，此时，就需要进行活动别预算和范围别预算。在企业物流管理当中，这两种属于责任会计范畴的预算具有非常重要的作用。

5. 以预算对象的特性进行划分

从预算对象的特性的角度进行划分，可将预算分为两种，一种为固定费用预算，另一种为变动费用预算。对于把握企业运作过程当中哪些活动开支的费用和物流量、业务量是密切相连的是很有帮助的。这样就能够使管理者尽可能地减少一些没有必要的开支。

对于部门管理人员来讲，物流成本预算最重要的作用，就是其能够帮助管理人员在进行业绩评价时区分哪些为不可控制的成本，哪些为可以控制的成本。其中，前者指的是，物流管理者并不拥有费用决策权限，所以对费用支出的结果也不需要负责的物流成本；后者指的是，物流管理者有决策权限，并且还要为成本支出以及绩效负责的物流成本。从总成本当中将可控物流成本分解出来，并将责任落实下去，同时有效地管理、追踪各种活动和责任者，为此种类型预算的目的所在。

对于物流成本预算来讲，应当以物流系统绩效考核和成本控制的需要为依据，分解到各个物流成本项目、部门及物流功能等当中，与此同时，还需要在日常成本核算的过程当中，分别对这些形式的物流成本进行核算，而这对比较物流成本预算和实际成本发生额之间的差异是有利的，进而使预算管理的目的实现。由此能够看出，物流成本预算编制的内容，应当类似于物流成本核算的内容。

物流成本为了使实际物流成本管理的需要得到满足，还能够以各种不同的划分标准为依据，来进行分类核算。与之相适应的是，物流成本同样能够依据各种不同的标准来完成编制工作。

如图 4–1 所示，反映了物流成本预算的细化编制内容。

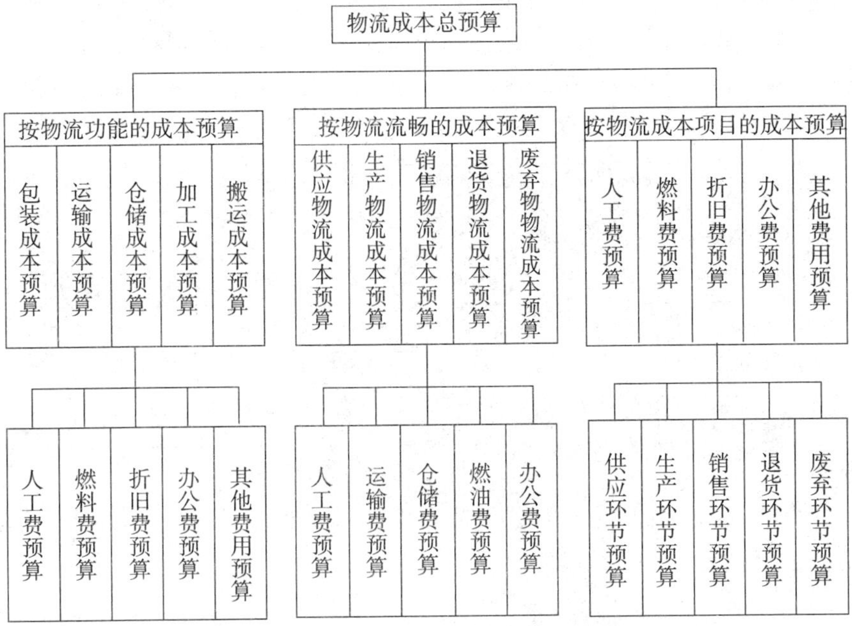

图4-1 物流成本预算的编制内容

（三）物流成本预算的编制路径

通常来讲，物流成本的核算形式，以及物流系统绩效的考核形式，共同决定了物流成本预算的编制对象。在实际管理当中，编制物流成本预算的路径主要有以下几种。

1. 按物流流程进行物流成本预算

以物流系统的流程依据来进行物流成本预算的编制指的就是，将计划期内各个物流领域当中的物流成本支出数目都预算规划出来，并以此作为物流运营者将物流成本降低的一个标准。此处以制造企业作为进行解释，其包括的内容有：销售物流、废弃物物流、生产物流、退货物流及供应物流成本预算等。

如表4–1所示，采取以上半年的物流成本统计数据作为基础，并且在对成本的控制节约目标，以及物流作业量的变化进行了考虑之后，所制定的新一年各个物流流程的物流成本。

表4-1 按物流流程的物流成本预算（单位：万元）

成本项目	上年实际数	预计增减比率（%）	本年预算金额
供应物流成本	1000	10	1100
生产物流成本	1500		1500
销售物流成本	2000	–5	1900
退货物流成本	100	40	60
废弃物物流成本	200	–10	180
总计	4800		4740

在上述编制物流成本预算的过程当中，需要对以下几个方面的问题给予充分的重视。

第一，确定预计增减比率，这一增加比率需要考虑物流业务量的变化，当业务量预计增加的时候，通常情况下，物流成本预算也会有一定程度的增加，与此同时，还需要考虑物流成本降低和控制的因素，所以在编制物流成本时，确定预计增加比率是非常重要的因素。

第二，应当采取一定的技术方法，来细化每一项的物流成本预算，比如，将供应物流成本预算细化成为办公费、材料费、折旧费、人工费等。

第三，对于不同流程的成本预算处理来讲，即可以只依照年度进行编制，也可以依照月份、季度分别编制，之后再完成年度预算的编制。倘若企业具有比较大的物流业务量，并且不同月份的物流业务量的变化也非常显著，此时就应当依照月份来完成预算的编制。

2. 按物流的职能编制物流成本预算

以不同物流职能为依据所编制的费用预算，主要包括：配送、仓储、运输及包装成本预算等。此类预算可以将预算同物流部门，以及其工作人员有机地结合，与此同时，还能够将职业不同的物流成本指标具体落实到各个物流部门当中，而这些对责任的明确，以及物流部门与其物流人员降低物流成本的积极性的提高是很有利的。此时只要比较预算和实际，就能够获知各个物流部门对预算执行的情况了。

（1）包装成本预算的编制

在商品包装过程当中，所产生的费用，即为包装成本。其还细分为以下两种费用。

①直接包装费

和商品包装业务量大小直接相关的各种费用，被称为直接包装费，主要为直接经费、直接材料费和直接人工费。由于在包装件数的增减的同时，直接包装非也会随之成比例增减，因此，通常认为此种费用为变动费用。确定某一类商品包装成本预算的公式如下。

②间接包装费

由间接经费、人工费以及材料费组成的间接包装费指的是，和各种商品相关的共同费用。此类费用多数属于固定费用，也有少部分属于半变动费用，比如，水费、电费、煤气费等。在确定某种商品的间接包装费时，可以用企业间接包装费总额依照一定的分摊标准来计算出一个分比率，之后，再分别乘以各种商品的分配标准数，比如，销售收入、包装商品的产值、包装的件数等。

（2）运输成本预算的编制

运输成本主要包括两个部分，一部分为营业运输费，另一部分为自备运输费。

①营业运输费

利用营业性运输工具进行运输所支付的费用，被称为营业运输费。

②自备运输费

利用自备运输工具进行运输所发生的费用，被称为自备运输费。由于此种费用的发生情况很复杂，其中，包括变动运费（维修费、轮胎费、燃料费等）和固定运费（如养路费、运输工具的折旧费与保险费等），因此，为了能够有效地控制预算，需要在编制之前清晰地分辨出哪些是固定运输费，哪些是变动运输费。由于这两种费用在多个方面（如支付形式、项目构成与支付对象）都有比较大的差异，因此，必须要做到区别对待，并且要分别编制预算。

由于运输费是直接以劳务费的形式支付给承运单位的，因此，其实际上是一种完全变动的费用，而这种费用的编制也是比较简单的。比如，企业采取汽车运输，那么就可以依照汽车标准运输费乘以运输吨公里数，来计算确定运输费，火车、航运、水平，可以此类推。

（3）仓储成本预算的编制

在物流成本预算当中，仓储成本预算也是其主要的构成部分。以所使用的仓库是不是归属于本企业，还可将仓储形式细分为两种，一种为营业仓储，另一种为自备仓储。由于两种仓储的支付费用内容和形式的差别很大，因此，绝不可以以同种方式对待，进而，在编制此类预算时，也需要分别编制两种预算。

①营业性仓储预算

倘若企业采取营业性仓储储存商品，那么就需要向仓储企业支付一笔保管费用就可以了。对于委托仓储的单位而言，其所支付的仓储费实际上就是保管费。通常情况下，由仓库网点所处的地理位置、保管条件优劣，以及储存商品价值的大小来决定保管费用的多少。

②自备仓储预算

由于自卑仓储费用所包括的内容比较多，并且计算起来比较复杂，因此，其预算的编制也比较复杂，而且在完成自备仓储预算的编制时，首要任务就是要区分仓储费用是变动的（库存物流损耗、挑选整理费、转库搬运费、临时工人的薪酬、检验费等），还是固定的（管理人员的薪酬、维修费、保险费、折旧费、其他费用（如煤气费、水费、电费）等）。可以根据上年统计数据在预算期的变化，来计算自备仓储的预算，之后，再编成预算表。

3. 按物流成本项目编制物流成本预算

物流成本项目，主要包括：折旧费、物流人员的薪资、租金、维修费、燃料费、材料费，以及其他各种杂费等。一般来讲，以此种形式编制的物流成本预算，会和现行的财务会计核算系统接轨，而这是对一定时期之内物流系统成本财务状况的分析、评价是有利的。当然，此种编制方式也是有缺陷的，即对物流系统的管理不利，因为这样很难将责任人确定下来。

二、物流成本控制概述

物流成本控制指的是，在物流活动当中，企业以物流成本标准为依据，来严格地审核实际发生的物流成本，并从中找出浪费，与此同时，采取降低成本的有效措施，从而将预定的物流成本目标实现。另外，应当以物流成本的类别和特性，来完成物流成本的控制。

现代物流成本控制指的是，企业所实施的全员、全方位、全过程与全环节的控制，并且其还是技术和经济，以及商品使用价值和价值相结合的控制。物流成本控制在现代企业当中所处的地位是很高的，其一方面，突破了传统物流成本管理，并且将物流成本局限在了“唯成本而成本”的研究领域当中；另一方面，也将重心转移到了企业整体战略这个更加广阔的研究当中。

（一）现代物流成本控制意识

现代物流成本控制意识指的是，企业管理人员对物流成本的控制和管理都给予了充分的重视，并充分地意识到了物流成本在合理范围内具有不断降低的潜力。虽然在相关指标不变的情况下，将物流成本支出的绝对额降低，能够使企业的收益有所增加，而且单纯的物流成本降低的确是有限的，但是，在各项经济指标不确定的情况下，有时将物流成本支出的绝对额增加，却能够使企业的收益有所增加。

由上述内容可知，现代企业物流成本控制的内容，不是只有孤立的降低物流成本，从效益和成本的对比当中获得物流成本的最小化才是它的目的。需要注意的是，想要形成现代完成意义上的物流成本意识，就必须要依靠组织措施、战略构筑的配合才可以，其具体表现在以下两个方面。

第一，将物流成本降低的工作拓展到各个部门，从而形成全员式、全企业降低物流成本的格局，进而形成贯穿与企业各个部门的物流成本控制意识。

第二，从战略布局的高度来定位物流成本的降低，也就是说，从选择开发项目种类，以及进行可行性研究就可以思考物流成本，进而形成具有长期发展观的成本意识。

通俗来讲，成本效益理念指的是就是“为了省钱而花钱”，简单来讲，就是为了未来能够获得更多的收益,而支付了在短期看来非常高昂的费用。总之，树立现代物流成本控制意识，运用成本——效益分析，能够使企业获得更大的收益，因此，必须要为未来的“增效”树立起物流成本效益理念。

以下五个方面为物流成本控制的现代化的主要表现。

1. 物流成本控制思想革新化

对于过去的算账、报账型成本管理模式来讲，只依靠企业采取部分，对发挥员工的积极性并不看重；只采用手工操作，对先进的控制手段也不关心，因此，就需要进行物流成本控制观念的革新，并且还要树立起一系列新的观念，比如，法制观念、竞争观念、开拓观念、经营观念等。

2. 物流成本控制组织合理化

如果没有物流成本控制组织合理化的保障，企业是很难组织好现有的人力、物力和财力的，那么也就很难将最大的总体效益发挥出来。物流成本控制组合合理化，具体来讲，就是要将物流成本控制责任制度建立起来，要实行“分级控制、统一领导”的原则。以此来让目标物流成本的实现得到保障。

3. 物流成本控制方法科学化

应引进国外现代化成本控制方法的同时，认真的总结我国物流成本控制的优秀经验，并做到相互融合、提高。截止到现在，采取的主要包括：责任成本法、目标成本法、作业成本法与标准成本法。

4. 物流成本控制手段电子化

将电子计算机应用在物流成本控制当中，一方面，能够代替一些繁重的事务性劳动；一方面，还能够使信息处理的速度变得更快，并且还能够将物流成本管理信息系统建立起来，从而让管理人员能够及时、正确的做出各种决策。

与此同时，还应当将一些先进的显示监控装置、先进的检测手段推广到物流成本控制当中，以此来加强对物流流向和消耗的控制，并为物流成本的计算和控制创造一个良好的条件。

5. 物流成本控制人才专业化

想要推动物流成本控制，使它的现代化能够早日实现，就必须要培养出一支可以和物流成本控制现代化需要相适应的专业人员队伍。

总而言之，在物流成本控制中，管理思想是灵魂；人才是关键；方法和手段是条件，而组织则是保证，由此可知，只有做到了五方面的相互配合，同步前进，才能够真正地推动物流成本控制的现代化。

（二）物流成本控制的基本程序

企业生产经营的全过程都会有物流成本控制的体现。物流成本控制应包括的基本程序有以下四项。

1. 制定成本标准

物流成本标准，既是对各种物流资源消耗和费用开支规定的数量限度，也是物流成本控制的准绳，除此之外，还是对实际物流成本水平进行衡量、检查、评价的依据。其应当包括物流成本计划当中规定的各项指标，但是，一般来讲，物流成本计划中的一些指标多较为综合，不能够使具体控制的要求得到满足，此时，就需要规定一系列具体的标准，通常会采用计划指标定额法、分解法与预算法等，来确定这些标准。

在采取上述几种方法时，必须要经过充分科学计算和调查研究，才能够采取上述几种方法来确定物流成本控制标准，除此之外，还需要正确处理流量成本指标和其他技术经济指标的关系，比如，生产效率、质量等，进而从完成企业的总体目标出发，来进行综合平衡，必要的时候，要应当在多种方案中选择更为适用的方案。

2. 监督物流成本的形成

以控制标准为依据，来经常性的监督、检查和评比由物流成本形成的各个项目，其一方面，需要对指标本身执行情况进行检查；一方面，还需要对影响指标的各项条件（如工人工作环境、技术水平，以及物流设备、设施、工具等）进行监督、检查，因此，物流成本的日常控制需要和企业整体作业控制等有机地结合进行。

物流相关工资费用、物流相关间接费用，以及物流相关直接费用的日常控制，为物流成本日常控制包括的主要方面，这些控制除了需要专门的人员监督与负责之外，还需要让费用发生的执行者实行自我控制，另外，在责任制当中同样需要进行规定。只有这样，才能够将全体职工的积极性调动起来，从而让物流成本的日常控制具有坚实的群众基础。

3. 及时揭示并纠正不利偏差

揭示物流成本差异，具体来讲，就是确定、核算实际物流成本脱离标准的差异，并对差异的成因进行分析，与此同时，将责任的归属明确下来。另外，对于物流成本差异产生的原因，需要分清轻重缓急，并以此为依据提出相应的改进措施，予以贯彻实施。

通常情况下，在纠正重大差异项目时，会采用以下程序加以纠正。

（1）提出降低物流成本的课题

通常情况下，降低物流成本的课题会从各种物流成本超支的原因当中提出来，而这些课堂最先应当是那些可能实行、各方关系，并且成本降低潜力大的项目。另外，还要将课题的要求提出来，比如，课题的内容、理由、目的、根据，以及预期达到的经济效益等。

（2）讨论和决策

在选定了课题之后，应当将相关人员和部门发动起来进行讨论和研究，对于重大课题，则需要提出多种不同的解决方法，之后，在分析、对比这些方案，择优选取方案。

（3）确定各种具体内容

将方案实施的步骤、方法，以及负责执行方案的人员和部门确定下来。

（4）贯彻执行确定的方案

在执行的过程当中，同样需要对方案进行及时的检查、监督。当实现方案之后，还需要对方案实现之后的经济效益进行检查，与此同时，对其是不是实现了预期的目标进行衡量。

4. 评价和激励

对物流成本目标的执行结果进行评价，与此同时，以物流成本控制的业绩为依据进行奖罚处理。

（三）物流成本控制必须遵循的原则

遵循以下各项原则，是为了将更加有效的实行物流成本控制。

1. 经济原则

此处所将的“经济”，其实指的是节约，具体来讲，就是对人力、物力、财力的节约。遵循这一原则能够将经济效益有效的提升，由此可知，在物流成本控制当中，这一原则为需要遵循的最基本原则。

2. 全面原则

在物流成本控制当中实行全面性的原则，具体来讲，有三个方面的含义，具体如下。

（1）全过程控制

对于物流成本控制来讲，其不仅包括生产过程，还包括投资、设计，以及用户服务成本的全过程。

（2）全方位控制

物流成本控制，除了控制各项费用发生的数额之外，还控制费用发生用途和时间，并且非常重视物流成本开支的合法性、经济性与合理性。

（3）全员控制

物流成本控制，除了需要有专职物流成本管理人员和机构参与其中之外，还需要广大职工参与其中，只有这样做，才能够更加有效、深入地进行物流成本控制。

3. 责、权、利相结合原则

如果想要真正地发挥出物流成本控制的效益，就必须要贯彻实施责、权、利相互结合的原则。企业管理当局在要求企业内部各单位，以及部门完成物流成本控制职责，与此同时，也一定要赋予它们一定的权利，即在规定范围内决定某项费用是不是能够开支。倘若企业缺乏此种权利，那么就会无法完成物流成本的控制。除此之外，还必须要定期的评价物流成本的业绩，并以此作为依据，来完成适应的奖励或惩罚，进而调动起职工进行物流成本控制的主动性和积极性。

4. 目标控制原则

企业管理当局将既定的目标作为对人力、物力、财力管理，以及将各项重要经济指标顺利完成的基础，简单来讲，就是依照目标物流成本，来指导和约束企业的经济活动，尽可能做到以最小的物流成本来获得最大的利益。

5. 重点控制原则

重点控制指的是，控制超出常规的关键性差异，目的就是保证管理人员能够将有限的精力能够集中到一些偏离标准的重要事项上面，而这对物流成本控制的工作效率的提升是很有利的。企业在进行日常控制时，采取的一种专门方法就是重点控制。这种方法在西方国家，尤其是在物流成本指标的日常控制上应用的比较广泛。

（四）成本控制的内容

以控制的时间为依据，可将物流成本控制分为以下三个环节。

1. 物流成本事前控制

这一环节指的是，在提供物流作业或者物流活动之前，事前审核、规划那些对物流成本有影响的经济活动，并将目标物流成本确定下来，也被称为物流成本的前馈控制。

2. 物流成本事中控制

这一环节指的是，在物流成本形成的过程当中，随时随地地对比实际发生的物流成本和目标物流成本，以此为依据及时发现差异，并采取必要措施进行纠正，从而使实现物流目标成本得到保障，亦被称为物流成本的过程控制。

应当在物流成本目标的归口分级管理的基础上，来进行物流成本事中控制，与此同时，还要依照物流成本目标随时检查、审核所有生产经营耗费，从而将所有可能产生的浪费扼杀在摇篮中，与此同时，还要将各种成本偏差的信息反馈给相关责任单位，这对它们及时采取纠正措施是很有利的。

3. 物流成本事后控制

这一环节指的是，在形成物流成本之后，对实际物流成本的考核、计算和分析，亦被物流成本的后馈控制。

物流成本事后控制，是通过比较实际物流成本和一定标准，来将物流成本的浪费或者节约确定下来，并且还要进行深入分析，将物流成本浪费，抑或是节约的主客观原因调查清楚，将其责任归属确定下来，并以此为依据来对相应的责任单位进行奖惩以及考核。从某种意义上讲，物流成本事后控制的意义并不是消极的，大量的物流成本控制工作有赖于物流成本事后控制来实现，而且控制的事前和事后是相对的，本期的事后控制，可以是下期的事前控制。

第二节 物流成本预算的编制

一、物流成本弹性预算的编制

固定预算法[①]是传统的编制预算方法，其主要缺陷为：当实际发生的业务量和预期的偏差比较大时，各项变动成本实际发生数和预算数就会失去可比性。可是，目前市场形势又处于变化非常多的情况，所以非常有可能出现这种偏差，因此，就会造成固定预算无法发挥出其应有的作用。

为了使传统编制预算的缺陷得到弥补，并且使实际数和预算数的可比性有保障，就应当以实际业务量的变动为依据，来调整原预算数，随之就产生

① 固定预算法指的是，根据固定业务量水平（如产量、运输量、销售量）编制出的预算.

弹性预算（亦称为滑动预算或者变动预算）。

在进行成本预算编制时，预先估计出在计划期内业务量可能发生的变动，并以此为依据，编织出一套能够与多种业务量相适应的成本预算，以便于分别反映在各业务量的情况之下，应当支出成本水平的一种预算，被称为弹性预算。随着业务量的变化，此种预算也会发生变化。

（一）弹性预算的基本原理

弹性预算的基本原理为：将成本依照成本性态分为两大部分，一部分为变动成本，另一部分为固定成本。因后者在其想关范围内，总额通常不会随着业务量的增加而发生变化，因此，在以实际业务量为依据来调整预算的时候，只要对变动成本进行调整就可以了。具体计算公式如下。

$y=a+bx$

式中：y——成本总额（元）

a——固定成本总额（元）

b——单位变动成本（元 / 单位业务量）

x——计划业务量（单位业务量）

（二）弹性预算的编制步骤

在进行弹性预算的编制时，首要任务就是对合适的业务量的计算单位的选择，以及将一定的业务量范围确定下来，之后，再以各项物流成本项目和业务量的数量关系，将固定成本和变动成本区分开，并以此作为依据，对各项目的单位预算或者预算总额加以分析、确定，最后，通过一定的形式将其表达出来。

1. 选取和确定业务量计量单位

应当以直观性强、代表性强作为原则，来选取业务量的计量单位。例如，可以选用吨公里作为运输成本预算的单位，可以用材料采购量作为供应链物流成本预算的计量单位等。

2. 确定业务量的变动范围

在确定业务量变动范围的时候，应当使业务量实际可能变动的需要得到满足。通常来讲，正常业务量的60% ~ 120%，为所确定的业务量的范围，抑或是将历史上最低业务量作为业务范围的下限；最高业务量作为其上限；除此之外，还可以将对预算期业务量的悲观预测作为业务量的下限，乐观预测作为其上限，之后，再在这个范围之内划分呈若干个等级，这样编制出来的预算是比较实用的。

3. 确定各项费用与业务量之间的关系

以业务量和成本特性之间的关系作为依据，将企业生产成本划分两个类别，一个为变动成本，另一个为固定成本，之后，再一步步地将业务量和各项费用之间的关系确定下来。

4. 编制出弹性预算

将各种业务量水平下的预测数据计算出来，与此同时，采用一定的方式表示出来，进而，形成某一项业务的弹性预算。通常情况下，可以用公式法或者列表法（最为常用的一种方法）来表示物流成本的弹性预算。

（三）弹性预算的特点

通过总结上述与弹性预算相关的内容，发现其具有以下几项特点。

第一，可以依照不同的业务水平，来完成弹性预算的编制，并且还能够以实际业务量为依据，对其随时进行调整，即弹性预算具有伸缩性。

第二，由于弹性预算能够以不同业务量为依据，进行事前编制，或者以实际为业务量为依据，进行事后调整，因此，适用范围广是这种预算的优点。另外，只要各项编制预算的依据（如标准价格等）不发生变化，这种预算就能够一直适用下去。以成本为依据，可将弹性预算的编制分为以变动成本，或者以固定成本为前提的，因此，也就能够将成本增加的正常和非正常因素分清楚，这对成本的控制和分析都是很有利的。

二、物流成本零基预算的编制

在成本费用预算的编制过程中，对过去会计期间发生的费用数额，或者费用项目并不予以考虑，将一切预算支出都看作是以零作为出发点，以此来对预算期内各项费用的内容，以及开支标准进行规划的一种方法，被称为零基预算，亦被称为“以零为基础编制计划和预算”。

（一）零基预算的基本思路

依照预算编制的程度的不同，可将预算分为两种，一种为调整法，另一种为零基法。

1. 调整预算法

一般情况下，过去都会采取调整法来进行预算编制，此种方法是以上半年预算的实际执行情况为依据，并对预算期内各种不同因素的变动加以考虑，相应的减少或者增加与项目相关的预算数额，以此将未来一定时期内收支的预算确定下来。由于此种方法是以前期预算的实际执行结果作为依据的，因此，会被既成事实所影响，从而容易导致预算当中一些不合理的因素长期被执行下去，进而导致不合理费用的支出持续存在，最终，导致预算无法发挥出它应有的作用。美国彼得 · 派尔为了克服这种缺点，于 20 世纪 60 年代提出了零基预算法。

2. 零基预算法

零基预算对所有预算都是以零作为起点，也就是从根本上考虑预算的必要性，以及其数额的多少，因此，此种方法会与实际情况更加切合，也更能够让预算充分地发挥出它控制实际支出的作用。

零基预算要求预算主管对所有方案和项目重新进行系统地评价，将各个项目之间的优先级建立起来，并设立一条“资金控制线”来将与条件不符的项目排除出去，是零基预算的目的。

（二）零基预算的特点

第一，其是以零作为起点，并以成本发送对预算单位实现的必要性为依据，来将各项预算确定下来。

第二，其对所有业务活动，都要进行成本——效益分析。

第三，其要先从业务活动本身考虑问题，并在一个个分析每一项业务活动之后，再完成成本支出水平和收益率的确定。

第四，其对所有业务都会不分新旧的同等看待，并进行统一安排，全部都以成本效益分析为依据，来确定业务的重要程度，然后以重要程度为依据，来确定开支的增减。

（三）编制零基预算的基本步骤

零基预算编制，一般按照五个步骤进行，具体如下。

1. 划分和确定基层预算单位

一般情况下，企业当中的各个基层业务单位，会被看作是能够独立进行编制预算的基础单位。

2. 编制本单位的费用预算方案

首先，企业将总体目标提出来；然后，各个基层预算单位以自身的责任目标，以及企业的总目标为依据，从零出发，编织出本单位为了实现上述目标的费用预算方案。在方案当中，一定要对提出项目的作用、目的、性质，以及需要开支的费用数额进行详细的说明。

3. 进行成本效益分析

基层预算单位，应当以下达的“预算年度业务活动计划”为依据，来将预算期内需要进行的费用开支以及业务项目确定下来。另外，管理层则需要分析、比较每一个项目所得的收益和所需的费用，并对轻重进行权衡，以此区分出层次，划分出等级，挑出先后顺序。

通常情况下，基层预算单位的业务项目分为以下三个层次。

层次一：为必要的项目，也就是那些必须要进行的项目。

层次二：为需要的项目，也就是那些对项目效益、质量的提高有帮助的项目。

层次三，为那些改善工作条件的项目。

对基层预算单位各个项目费用开支的先后顺序、合理的程度，以及对本单位业务活动的影响进行判断。

4. 审核分配资金

以预算项目的等级、次序和层次，项目的轻重缓急次序，以及预算期内能够动用的资金来源为依据，完成资金的分配，并将预算落实下去。

5. 编制并执行预算

在确定了资金分配的方案之后，就需要制定零基预算的正式稿，在经批准之后下达给下属单位。

由于此种预算方式对所有物流业务活动，以及它的费用开支都像企业创立之初一样，也就是说，以零作为起点来考虑预算的重要程度和必要性，之后，再对企业的物流预算资金进行重新分配，因此，其能够有效地压缩经费的开支，使资金的合理性和适用效果有效提升。

三、物流成本滚动预算的编制

一年通常都是物流成本预算的预算期限，这样更便于和会计年度相配合来分析、评价预算执行的结果。但是，在实际应用中，此种固定以一年为期限的预算会有一些缺陷。

第一，因无法准确预测预算年度当中靠后月份的物流经营活动，所以在编制物流预算时，企业只能够大致的推测与估计预算成本，很有可能导致预算数额与实际情况不符，从而导致预算执行困难重重。

第二，执行一段时间固定期间的预算之后，通常都会导致管理人员只考虑剩余月份的物流经济活动，所以就会缺少一些长期打算。

但是，滚动预算方法不同，其需要预算自始至终都要保持十二月的时间跨度，并且要求前几个月的预算应定完成、详细，后几个月的预算则不必如此详细。另外，每过一个月，抑或是一个季度，就需要以新的情况为依据，对后几个月的预算进行修改、调整，使其变得详细、细化，然后再在原有预算期末补充一个月，抑或是一个季度的预算，以此循环下去。

此种预算方法和企业持续经营的一般假设是相符的，还能够让预算具备完整性和连续性，从而为管理者通过动态预算过程，来全面、详细的考虑企业未来一段时间的物流经营活动提供帮助。除此之外，此种方法还与人们对事物的认识过程相符，其允许修正和调整预算，以此来适应正在变化的实际情况，进而使预算的有效性和科学性提高。

如图 4–2 所示，为滚动预算编制的示意图。

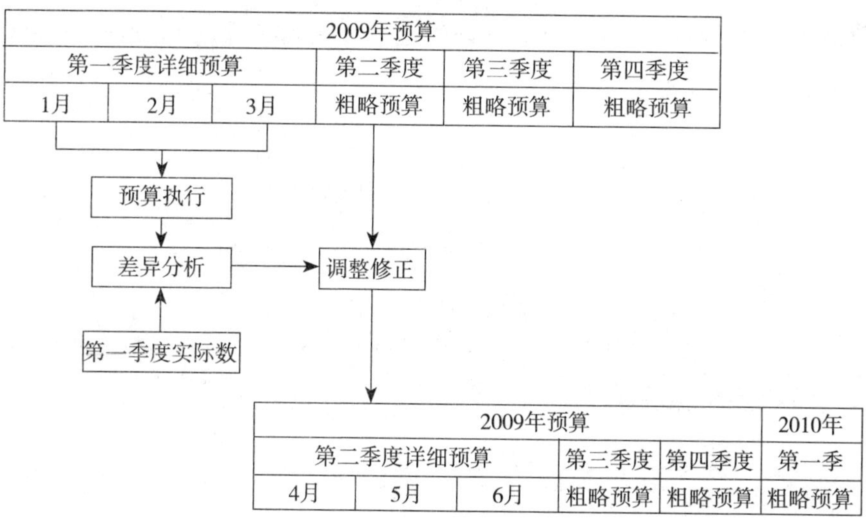

图4–2　滚动预算

四、物流日落预算法

最初，日落预算法是作为美国行政机构改革的新型手段出现的，构筑效率化、简洁的政府机构则是它的宗旨，此后，此种方法被逐渐应用当企业管理当中。以现时点为决策出发点，是日落预算法和零基预算的相同点，但是，两种方法具有不同的关注点与实施手段。

物流零基预算法，是现场管理者以年度预算作为单位，来对所承担的业务进行分析、预算，而现场管理人员或者业务管理者是它的实施主体，并且此种方法的预算时间跨度比较短，具体的业务活动则是其主要的关注对象。

物流日落预算法，则是企业高等管理者对 3 ~ 5 年期的物流体系与政策所进行的整体分析、预算。企业高等管理决策者是其实施的主体，且预算的时间跨度比较长，而整个业务体系或者物流政策则是此种方法关注的对象。

上述两种方法在相互补充、促进中，构成了一个完整的管理框架和预算体系。其中，日落预算经由公司层面所进行的预算、分析，将物流业务动作的范围和体系圈定了下来，并在此前提之下，完成零基预算，这样就能够在很大程度上提升企业的管理效率。

第三节　物流标准成本控制

一、标准成本法的概述

（一）标准成本法的产生和发展

在最初阶段，标准成本是独立在会计系统之外的一种计算工作，其是在泰勒（科学管理之父）的生产过程标准化思想的影响之下产生的。经过多年发展，经由世界性管理学术会议于1970年左右传入中国，而我国也有一些企业，比如，宝钢、鞍钢等采取了此种方法，并逐渐形成了较为科学的标准成本制度。

作为西方管理会计重要组成部分之一的标准成本法，其具体含义为：以预选制定的标准成本作为基础，并它和实际成本加以比较，以此为依据，来分析、核算成本差异的一种产品成本计算方法，与此同时，也是一种评价经济业绩、加强成本控制的成本控制制度。以标准成本为依据，反映与记录产品成本的形成结果和过程，并借助于现实来完成对成本的控制。

准确来讲，标准成本一词具有两种含义，具体如下。

含义一

标准成本指的是“单位产品的标准成本”，亦被称为“成本标准”，其是以产品的标准单价和标准消耗量为依据计算出来的，具体计算公式如下。

单位产品标准成本 = 单位产品标准消耗量 × 标准单价

含义二

标准成本另一种含义为：“实际产量的标准成本”，其是以实际产品产量和成本标准为依据计算出来的，具体计算公式如下。

标准成本 = 实际产量 × 单位产品标准成本

（二）标准成本的分类

1. 依据生产技术和经营管理水平进行划分

依照标准制定时所依据的经营管理水平，以及生产技术，可将标准成本分为以下两种。

（1）理想标准成本

在最优的生产条件之下，利用现有设备和规模所能够达到的最低成本，被称为理想标准成本。这种成本是一种生产要素的理想价格、可能实现的最高生产能力的利用水平[①]，以及理想的业绩标准[②]。提供一个非常完美的目标，并将成本下降的潜力揭示出来，为理想标准成本最主要的用途。

（2）正常标准成本

在具有良好效率的前提下，以企业的正常生产能力为依据，以有效的生产经营条件为基础，与此同时，以适用期的各种条件（合理的耗费价格、生产能力可能利用的程度等，以及耗费量）为依据，制定出与这一时期的实际

① 最高生产能力的利用水平指的是，理论上可能达到的设备利用程度，只扣除不可避免的机器修理、改换品种、调整设备的时间，而不考虑产品销路不畅、生产技术故障造成的损失.

② 理想的业绩标准指的是，生产过程中毫无技术浪费时的生产要素消耗量，最熟练的工人全力以赴工作、不存在废品损失和停工时间等条件下可能实现的最优业绩.

情况相切合的标准成本。这是一种在正常条件之下，企业经过努力能够达成的成本标准，其具有以下几项特点。

第一，由于其是采用科学的方法，并以过去实践和客观实验为依据经过充分研究之后制定出来的，因此，具有科学性和客观性。

第二，其是一种应当发生的成本，并且能够作为评价业绩的尺度，成为敦促员工努力争取的目标，因而，具有激励性。

第三，其将各种意外情况和偶然性都排除的同时，还保留了目前条件下不可避免的损失，从而能够有效表示出正常情况之下的消耗水平，因而，具有现实的特性。

第四，在管理有效性水平以及工艺技术水平没有大变化情况下，正常标准成本是可以持续使用的，并不需要对其进行修订，由此可知，其具有稳定的特性。

2. 按照标准成本适用期进行划分

以标准成本的适用期为依据，可将其分为两种，一种为基本标准成本，另一种为现行标准成本，其中，前者因为并不依照各期的实际情况进行修订，所以不适宜直接对成本控制的有效性，以及工作效率进行评价。

（1）现行标准成本

以预计的标准成本（如使用期间应发生的效率、价格，以及生产经营能力的利用程度等）为依据，所制定成本，被称为现行标准成本。一般情况下，企业的生产经营条件发生变化之后，成本标准同样会发生变化，通常一年制定一次。除此之外，此种标准还有其他用途，比如，用以对存货与销货成本计价，用于对成本控制的有效性和工作效率进行直接评价，以及成为评价实际成本的依据。

（2）基本标准成本

以上一年度（或者过去某一年度）的实际成本为参考条件，所制定的标准成本，被称为基本标准成本。确定了此种标准之后，除了产品的制造，或者生产的方法有大变化之后，一般情况下，直接人工、直接材料、价格标准，以及制造费用的数量标准都不会发生变化。不可否认的是，此种标准成本并不能够将成本控制的作用有效地发挥出来。

二、物流标准成本的核算

（一）物流标准成本核算的程序

第一，为各个成本计算对象制定单位产品，抑或是服务的标准成本，亦称为单位标准成本。

第二，以单位标准成本与实际业务量为依据，将服务或者产品的标准成本计算出来。

第三，对实际成本进行汇总，并且要计算出来。

第四，将实际成本和标准成本之间的差异计算出来，倘若企业将后者纳入会计核算体系当中，就需要对其进行相关的账务处理了。

第五，对差异产生的原因进行分析。

第六，向相关责任单位与责任人反馈为什么会产生成本差异。

（二）物流标准成本的制定

通过科学方法，如运用技术测定、调查分析等，制定出在有效经营条件之下，能够实现的成本，被称为物流标准成本。在完成物流成本控制的时候，首先，应将物流标准成本制定出来，其主要包括三大部分，具体为：物流间接费用、直接材料费用，以及直接人工费用标准成本。在制定的过程当中，每一项目的标准成本都应该分为两种，一种为价格标准，另一种为用量标准，前者主要包括：小时制造费用分配率、原材料单价、小时工资率等；后者主要包括：单位产品人工小时、单位产品消耗量等。

1. 直接材料标准成本的制定

直接在物流活动当中（比如流通和包装加工），所使用的各种材料所消耗的成本，被称为直接材料标准成本，其主要包括两个方面，一个为标准单位成本，另一个标准用量。

直接材料标准成本 = 标准用量 × 标准单价

材料标准用量，第一，要以技术文件为依据来研究产品，并且要将所需要的各种材料，以及可能代用材料列出来，与此同时，还要对这些材料的质量、种类和库存情况进行说明。第二，通过分析过去用料经验的记录，以及技术分析或者实际测定等方法，来科学地制定用量标准。

标准单价，应当以事先预计的单位成本为依据，主要包括：检验费用、正常耗损、发票价格、运费等来获得材料的完全成本，并且需要在咨询采购部门之后再制定标准单价。

2. 直接人工标准成本的制定

直接用在物流活动过程当中的人工成本，被称为直接人工标准成本。

直接人工标准成本 = 标准工时 × 标准工资率

制定产品直接人工工时标准指的是，在现有的条件之下，提供某一项物流作业服务所需要的时间，其中包括：必要间歇和停工时间、提供服务或者直接加工操作不可或缺的时间。

标准工资率指的是，标准工资总额和标准总工时的比率。倘若采取计时工资制，那么标准工资率指的是，每一标准共时应当分配的工资；倘若采取的是计件工资制，那么其指的是预定的每件产品支付的工资除以标准工时。另外，应当以所在车间情况、工种，操作工人技术等级等情况为依据，分别对工资标准率加以确定。

3. 物流间接费用标准成本的制定

物流间接费用可分为两部分，一部分为固定的，另一部分为变动的。这两部分都是以标准分配率和标准用量的乘积来计算的，其中，前者指的是，物流间接费用的价格标准；通常由工时表示的后者指的是，在现有经营管理水平与物流运作条件之下，单位服务的标准工时。

（1）变动物流间接费用标准成本的制定

变动物流间接费用标准成本 = 单位物流服务直接人工标准工时 × 每小时变动物流间接费用的标准分配率

每小时变动物流服务费用的标准分配率 = 变动物流服务费用总额 ÷ 物流直接人工标准总工时

（2）固定物流间接费用标准成本的制定

固定物流间接费用标准成本 = 单位物流服务直接人工标准工时 × 每小时固定物流间接费用的标准分配率

每小时固定物流服务费用的标准分配率 = 固定物流服务费用总额 ÷ 物流直接人工标准总工时

（三）物流标准成本差异的计算与分析

企业物流实际成本和标准成本之间的差别，被称为物流标准差异。其中，实际成本大于标准成本，被称为不利差异（亦称为超支或者逆差）；小于标准成本，被称为有利差异（亦称为顺差或者节约）。

如图 4–3 所示，为物流成本差异的内容。

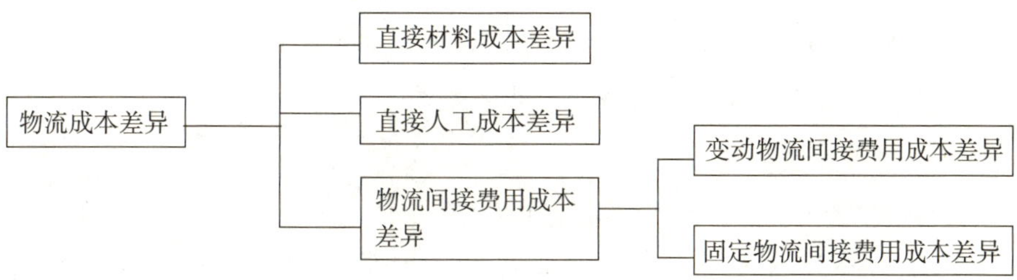

图4–3　物流成本差异的内容

其中，固定成本差异为固定物流间接费用；变动成本差异则包括：物流直接人工、物流直接材料及变动物流间接费用成本差异。

以下为成本差异的计算公式。

成本差异 = 实际成本 — 标准成本

= 实际数量 × 实际价格 — 标准数量 × 标准价格

=实际数量 × 实际价格—实际数量 × 标准价格+实际数量 × 标准价格—标准数量 × 标准价格

=（实际数量一标准数量）× 标准价格 +（实际价格—标准价格）× 实际数

= 数量差异 + 价格差异

1. 直接材料成本差异分析

形成直接材料成本差异的原因，主要包括以下两个。

第一，为材料价格与标准（价差）脱离。

第二，为材料用量与标准（量差）脱离。

相关的计算公式如下所示。

材料价格差异 = 实际数量 ×（实际价格一标准价格）

材料数量差异 =（实际数量一标准数量）× 标准价格

直接材料成本差异 = 价格差异 + 数量差异

材料价格差异，通常都是在采购过程当中形成的，之所以会发生这种情况，是由于多种原因造成的，如采购时舍近求远使运费和途耗增加、承接紧急订货造成额外采购、未按经济采购批量进货、供应厂家价格变动、违反合同被罚款、未能及时订货造成的紧急订货等。

材料数量差异，通常是在材料耗用的过程中形成的，造成这种差异的原因包括：新工人上岗造成多用料、工人用料不精心、操作疏忽造成废品和废料增加、工具或者机器不适用造成用料增加等。多用料在某些时候也并不是生产部门的责任，比如，加工工艺变更、购入材料规格不符、质量低劣等同样会使数量差异增大。

2. 直接人工成本差异分析

直接人工实际成本和标准成本之间的差额，被称为直接人工差异，其被区分为两个部分，一个为“价差”（亦称为工资率差异），另一个为“量差”（亦称为人工效率差异），其中，前者指的是，实际工资率与标准工资率脱离，它的差额通常会以实际工时来计算确定的金额；后者折指的是，以标准工资率为依据来计算确定的金额。

相关计算公式如下所示。

工资率差异 = 实际工时 ×（实际工资率一标准工资率）

人工效率差异 =（实际工时一标准工时）× 标准工资

直接人工成本差异 = 资率差异 + 人工效率差异

出勤率变化、直接生产工人升级（或降级）使用、使用临时工或加班、奖励制度未产生实效、工资率调整等，都是造成工资率差异的原因。

设备故障较多、工具或机器选用不当、产量太少无法发挥批量节约优势、工作环境不良、新工人上岗太多、作业计划安排不当、工人情绪不佳或经验不足等，则是导致直接人工效率差异的原因。

3. 物流间接费用成本差异分析

在部分变动和固定物流间接费用的时候，计算物流间接费成本差异的方法类似于直接人工成本差异的计算。

（1）变动物流间接费用成本差异分析

实际变动物流间接费用和标准物流间接费用之间的差额，被称为变动物流间接费用的差异，以下是与其相关计算公式。

变动物流间接费用耗费差异 = 实际工时 ×（变动物流间接费用实际分配率一变动物流间接费用标准分配率）

变动物流间接费用效率差异 =（实际工时一标准工时）× 变动物流间接费用标准分配率

变动物流间接费用成本差异 = 变动物流间接费用耗费差异 + 变动物流间

接费用效率差异

部门经理需要对形成变动物流间接费用的耗费差异负责，他们有义务将变动物流间接费用控制在弹性预算限额之内。

这种差异形成的原因和直接人工效率差异形成的原因一致。

（2）固定物流间接费用成本差异分析

固定物流间接费用主要和日常的管理、维护，以及企业的运营能力有关，和业务量并不存在直接关系。通常情况下，会通过预算来将固定物流间接费用的数额确定下来。在实行标准成本法之后，固定物流间接费用差异，会有实际发生额和预算数额、标准成本的差异存在。以不同的考虑因素为依据，经常会采用以下两种方法进行分析。

①二因素分析法

固定物流间接费用差异被此种分析方法两种，一种为耗费差异，另一种为能量差异。具体计算公式如下。

固定物流间接费用耗费差异 = 固定物流间接费用实际数—固定物流间接费用预算数

固定物流间接费用能量差异 = 固定物流间接费用预算数—固定物流间接费用标准成本

=（运营能量工时—实际产量标准工时）× 固定物流间接费用标准分配率

②三因素分析法

物流间接费用的成本差异，被三因素分析法分为三个部分，即效率差异、闲置能量差异与耗费差异。其中，耗费差异的计算和二因素分析法一致，不同之处在于，其将后者当中的“能量差异”分解成为以下两个部分。

第一，为实际工时没有达到标准能量，从而形成闲置能量差异。

第二，为实际工时与标准工时脱离，从而形成的效率差异。

相关计算公式如下。

耗费差异 = 固定物流间接费用实际数一固定物流间接费用预算数

闲置能量差异 =（运营能量工时一实际工时）× 固定物流间接费用标准分配率

效率差异 =（实际工时一实际能量标准工时）× 固定物流间接费用标准分配率

第四节　物流功能成本控制

一、物流成本控制的概念

物流成本控制指的是，在物流活动当中，企业以物流成本标准为依据，来严格地核审实际发生的物流成本，并从中发现浪费，以此作为依据，采取降低物流成本措施来将预定的物流成本目标实现的过程。

在进行物流成本控制时，需要以物流成本的类型和特性为依据，在其进行的过程当中，对其进行事先规划，事中监督、限制与指导，事后分析，并且要总结各种经验与教学，持续不断的提出各种不同的改进措施，进而使不断的降低企业物流成本的目标实现。

加强企业物流成本管理的重要手段之一，就是物流成本控制，其贯穿于企业生产活动的全部。以物流成本发生的时间为依据，可将物流成本控制分为三个阶段，即事前、事中与事后成本控制，即成本控制循环当中的设计、执行与考核阶段。

（一）物流事前控制

物流事前控制（亦被称为物流成本的预防控制与前馈控制）指的是，在物流活动发生之前，以及分析、研究物流活动的成本功能关系的基础之上，将企业对目标成本和物流功能的要求明确下来，并从根本上将过剩功能剔除出去，从而有效地降低成本。与此同时，还在对物流成本形成各种因素分析的基础之上，以物流成本类型与个性为依据，分别采取相应的方法来约束成本的开支，以此有效的预防浪费和偏差的发生。

（二）物流成本事中控制

物流成本事中控制指的是，在物流成本的形成过程当中，随时对比实际发生的物流成本和目标成本，从而及时发现差异，与此同时，采取相应的措施来进行纠正，从而使物流成本目标的实现得到保障，其为物流成本的控制阶段。

（三）物流成本事后控制

物流成本事后控制指的是，在物流发生之后，来分析、评价物流成本预算的执行情况，并总结经验教学，提供改进措施，以此为之后的物流成本控制，以及新的物流成本的制定提供依据。

二、物流成本控制的基本程序

（一）制定物流成本标准

物流成本标准应当包括物流成本计划当中所规定的各项指标。在实践过程当中，制定物流成本标准的方法有很多，比如，计划指标分解法、定额法、标准法、预算法等。企业在使用这些方法的时候，应当进行科学计算与调查研究，并且要从完成企业的总体目标出发，选择和企业自身情况相符的方法。

（二）监督物流成本的形成过程

有标准之后，就要以此作为依据，来对物流成本形成的各个项目进行日常管控，比如，需要经常性的监督、检查与评比员工的工作效率、设备设施的使用效率，以及业务流程的优化等。另外，除了要对指标本身的执行情况进行检查之外，还要对影响指标的各项条件进行检查。

（三）计算分析差异并及时揭示和纠正不利偏差

揭示物流成本差异，其实就是核算、确定实际物流成本脱离标准的差异，以及对差异的成因进行分析，并将责任的归属明确下来。在面对造成物流成本产生差异的原因时，一定要做到分清轻重缓急，并及时提出整改意见。如果是重大差异，则需要进行专题研究，即明确研究目标，制定研究步骤，选择解决方案，与此同时，还要找专业人员来实施管理，这样才能够做到及时的纠正重大偏差。

（四）成本绩效评价和激励

通过对成本的分析、计算，来对物流成本控制目标的执行情况进行评价，并与企业员工工作绩效管理办法相结合来实施奖励。

第五节　物流目标成本控制

目标成本法指的是，以市场作为导向，对独立制造过程的产品进行成本管理，以及利润计划的一种方法，与此同时，其也是一种全人员、全过程、全方位的一种成本管理方法。在产品生命周期的研发，以及设计夹断将产品的成本设计好，则是实施此种方法的目的。

一、目标成本法的特点

（一）一种全人员、全过程、全方位的成本管理方法

全人员指的是，从高层经理到中层管理人员，再到一线生产员工和基层服务人员。

全过程指的是，从供应链产品生产，直至售后服务的所有活动，其中包括：制造商、供应商以及分销商在内的各个环节。

全方位指的是，从生产过程管理，直至质量控制、员工培训、后勤保障、财务监督、企业战略等企业内部各个职能部门的各个方面的工作，以及企业竞争环境的评估、知识管理、供应链管理等。

全过程是指从供应链产品生产到售后服务的一切活动，包括供应商、制造商、分销商在内的各个环节。

目标成本法会在作业成本法的基础之上，对物流成本、物流作业的效率，以及人员的业绩进行考察，并且还会将每一项物流作业对整体目标的贡献、每一项资源的来龙去脉都要弄清楚。

（二）一种对企业的未来利润进行战略性管理的技术

目标成本法秉承的观念是战略性成本管理，这种管理方式追求的是在不对企业竞争地位造成损害的前提之下，有效降低成本的途径，主要体现在以下两个方面。

第一，倘若在降低成本的同时，还将企业的竞争地位削弱了，那么这种成本降低的策略就是不可取的。

第二，倘若成本的增加对企业竞争实力的增强是有帮助的，那么此种策略则是可取的。

目标成本法就是以目标成本作为依据，以实现目标利润作为目的，来对企业的各种经营活动所发生的各种支出进行全面管理的一种方法。

（三）对企业物流成本实施系统化管理

目标成本法的范围并不局限于事中、事后的成本管理，而是将企业的全部经营活动当作是一个系统，对事前的成本预测、成本的形成以及事后成本分析进行全过程、全方位的一种管理，并且会将所有经营活动耗费都放在成本控制之下，与此同时，事前与事中控制则是它的工作重点，之后，对这些进行及时分析，并采取积极有效的措施消除不利因素，加强成本控制的地位。

二、目标成本法实施程序

对于物流目标成本的制定来讲，必须要遵循一定的程序，而这一程序可能会由于企业物流活动的具体内容的不同，而所有不同，但是，从大体讲，可将其分为以下几个阶段。

（一）初步确立物流成本目标

在实践过程当中，通常会采用“倒扣法”（亦称为倒扣测算法）来制定物流目标成本。其指的是：在事前已经确定了目标利润的基础上，先预计产品的售价，以及销售收入，之后，再将价内税与目标利润扣除掉，所剩的金额就是目标成本的一种预测方法。

倒扣法，能够预测多产品（或者单一产品）条件下的产品目标成本，还能够预测企业新生产的产品，此时，新产品目标成本的预测和单一产品目标成本的预测计算公式是一样的，具体如下。

单一产品生产条件下产品目标成本 = 预计销售收入一应缴税金一目标利润

多产品生产条件下全部产品目标成本 = Σ预计销售收入一Σ应缴税金一总体目标利润

必须要在与客户的订单，以及市场销售预测等相结合的前提下，才能够确定公式当中销售收入。应缴税金指的是，应缴流转税金，其必须要依照国家的相关规定进行缴纳，因增值税属于价外税，因此，此处所讲的应缴税金并不包括增值税，通常情况下，目标利润的计算公式如下所示。

目标利润 = 先进（指同行业或企业历史较高水平）的销售利润率 × 预计的销售收入

= 先进的资产利润率 × 预计的资产平均占用额

= 先进的成本利润率 × 预计的成本总额

其中，“先进”指的是，同行业或者企业的历史较高水平。

（二）物流目标成本的可行性分析

判断与分析初步测算出来的物流目标成本是不是切实可行的，即为物流目标成本的可行性。

1. 对已有的和可比的物流项目

目标成本的可行性分析，通常情况下，都会以企业实际成本及成本变化趋势为依据，并且在对本企业成本节约能力进行了充分考虑的基础上，从价格变动、动力消耗定额，以及材料、燃料等方面来考虑对成本的影响。与此同时，从劳动生产率提高超过平均工资增长对成本的影响等方面，来对是不是达到了目标成本进行测算，倘若没有达到，就需要采取一些新的节约措施。

2. 对新开发的物流项目

目标成本可行性分析，另一个任务就是对所提供的服务程序设计、服务项目等是否与目标成本的要求相符进行分析。在新项目的设计阶段，设计成本通常都会比目标成本小，不然的话，就会因设计不合理而导致物流服务成本过高，当到了实施阶段后，就很难控制了。

进入实施阶段之后，应当以设计妥当的业务流程以及物流目标成本为依据，对各个业务环节，相关管理部门的各种费用开支进行全方位的分析，并且要在现有企业内部资源条件与管理水平、外部经济环境条件下，分析是不是使目标成本的要求得到了满足，是不是需要对目标利润进行重新调整，以此将与企业发展相符的目标成本确定下来。

（三）物流目标成本的分解

设计的物流目标成本，经由可行性分析之后，依照企业的组织结构，将其自上至下进行逐级分解，并落实到相关的责任中心，被称为物流目标成本的分解。一般情况下，是很难一次就完成物流目标成本的分解的，需要持续不断地进行修订，某些时候还可能需要对原来设立的目标进行修改。以下是进行物流目标成本分解时比较常用的几种方法。

1. 按管理职能分解

以管理部门为依据对物流成本目标进行分解，比如，将工资成本分配给劳动部门、将燃料动力费用分配给后期部门、将运输费用分配给运输部门等。

2. 按管理层次分解

以管理层次依据，对物流成本目标进行分解，如以总公司、分公司、业务部门、班组、个人这种层次进行分解。实际上，这是一种自上而下的过程，分解内退包括三项，分别为工、料、费。

3. 按成本的经济内容分解

以成本的经济内容为依据，来分解物流成本目标，具体来讲，就是将物流服务成本分解为两种，一种为固定成本，一种为可变成本。之后，再将前者分解为日常费、修理费、办公费、折旧费等项目，后者分解为直接材料、直接人工，以及各项变动费用。

（四）物流目标成本的分析修正与考核

物流目标成本的分析，就是在比较了实际业务量计算出的目标成本和实际可控成本之后，将成本差异计算出来，以此来对目标成本的完成情况进行检查，并从中将成本差异产生的原因找出来，与此同时，再采取一定的成本控制措施。目标成本能够顺利进行下去的保障，就是对目标成本所进行的考核。一般情况下，都会采用财务指标和非财务指标相结合的办法来进行考核，并经由合理、公平的评价机制，来将员工对成本持续改进的积极性充分的激发出来。

第六节　物流综合成本控制

一、责任成本法的概述

以具体的责任单位（个人、单位或者部门）作为对象，以其所承担的责任为范围所归集的成本，被称为责任成本，即特定责任中心的全部可控成本[①]。可控性是确定责任成本的关键，其并不会受到发生区域的影响。责任成本是以谁负责、谁承担的原则为依据，以责任单位作为计算对象来归集的，而责任单位和各种成本费用之间的关系则是其要反映的内容。

责任成本法指的是，一种介于变动成本和制造成本之间的成本方法，也有一些人称其为“变动成本和吸收成本法相结合的成本方法”，或者“局部吸收成本法”。责任成本法依照可控原则，可将成本归属于不同的责任中心，也就是说“谁能控制，谁就负责”，除了需要将可控的变动制造费用分配给责任中心之外，也可以将可控的固定间接费用分配给责任中心。

（一）责任成本法的意义

1. 可从总体上有效控制成本

对于明确各部门的成本控制在责任范围、合理划分和确定各部门的责任成本，进而，从总体上对成本进行有效的控制来讲，采取责任成本法都有着很重要的意义。

2. 使成本的控制有了切实保障

在建立责任成本制之后，因将各个责任人、责任成本、责任部门都和它自身的经济效益紧密地结合，这样的话，就能够将降低成本这一目标具体落

① 可控成本指的是，在责任中心当中，能够为该责任中心所控制，并且为其工作好坏所影响的成本.

实到各个部门，以及个人的头上，从而使他们能够将成本管理自觉地纳入本部门，抑或是个人的本职工作范围之内，最终，得以将成本管理落实到实处。

3. 使成本的控制有了主动力

在将责任成本制建立起来之后，能够促进企业内部的各个部门，以及个人主动寻找一些能够使成本降低的方法，并且还会积极采取新能源、设备、材料及工艺，来有效地降低成本。

（二）成本责任单位的划分

通常情况下，只要在成本管理上需要、责任能够分清，并且其成本管理能够单独进行考核的单位，均可以划分成为责任单位。一般情况下，可依据物流活动当中特定的经济任务，来完成责任单位的划分。企业物流部门或者物流企业的内部各个环节，都是相互交叉且紧密地衔接在一起的。

1. 横向责任单位

横向责任单位指的是，为了使生产经营管理上的需要得到满足，企业所设置的平行职能机构。他们之间关系并不是隶属关系，而是协作关系，比如，设计部门、生产部门、销售部门、供应部门、劳资部门等。

2. 纵向责任单位

企业以及它的职能部门为了和分解管理的需要相适应，自上而下层层设置的各级单位或者部门，被称为纵向责任单位。这些单位之间虽然存在着隶属关系，但是，由于它们在成本的可控性方面有属于自己的职权和责任，因此，区分责任单位是很有必要的。比如，运输单位的纵向责任单位为：公司总部、分公司、车队、单车。

二、责任成本法的内容

（一）判别每一项成本费用支出的责任归属

1. 判别成本费用责任归属的原则

如果某责任中心有权决定是不是使用某种劳务或者资产，那么其就应当负责这些劳务和资产的成本；如果，某一责任中心通过自己的行为可以对一项成本进行影响，那么此中心就要负责这项成本；虽然某一管理人员并不能够直接决定某项成本，但是，如果上级要求其要参与相关的事项，这样其就会对此项成本的支出有重要影响，那么他就需要对这一成本承担责任。

2. 制造费用的归属和分摊方法

一般情况下，将发生的直接人工费用和直接材料归属到不同的责任中心中会较为容易，制造费用的归属则较为困难。通常情况下，会以以下五个步骤来处理归属问题。

第一，直接记入责任中心。

第二，依照责任基础进行分配。

第三，在受益基础进行分配。

第四，归属到某个特定的责任中心当中。

第五，不进行分摊活动。

（二）责任成本的计算方法

为了将各个单位责任的执行情况明确下来，就必须要定期的考核和计算责任成本，只有这样，才能够做到正确的评价各责任单位的工作。责任成本的计算方法主要有两种，一种为直接计算法，另一种为间接计算法。

1. 直接计算法

直接计算法指的是，直接汇总加和责任单位的各项责任成本，以此来求得次单位责任成本总额的方法。以下是其计算公式。

某责任单位责任成本 = 该单位各项责任成本之和

这一方法的优点在于，计算结果较为准确；缺点则是工作量会比较大。这一方法可以用于任何一个责任单位。

2. 间接计算法

间接计算法指的是，以本责任单位的物流成本作为基础，并将这一责任单位中的不可控成本扣除点，然后，再加上从其他责任单位转来的责任成本的一种计算方法。以下是它的计算公式。

某责任单位责任成本 = 该责任单位发生的全部成本—该单位不可控成本 + 其他单位转来的责任成本

此种方法的优点在于，不需要一笔一笔的将各责任单位的责任成本计算出来，所以计算量会比较小；缺点则是在运用这种方法的时候，需要注意确认什么是该单位的不可控成本，以及什么是其他单位转来的责任成本。

（三）责任成本对单位业绩的评价与考核

在实际工作当中，业绩报告与责任预算，则是对责任单位的责任成本进行评价、考核的依据。另外，对责任单位业绩的考核会涉及多个问题，比如，成本控制报告、奖惩与差异调查等。纠正偏差、改进工作，则是考核的目的。

1. 班组责任成本的计算与考核

班组长负责班组责任成本，而且各个班组应该在各月月末编制班组责任成本业绩报告，并交给车间。在报告当中，应当将班组各项责任成本的差异数、实际数和预算数列出来，以便于进行分析。

例如，以下为甲生产车间下 A 生产组的业绩报告，并且已经获知间接计算法是 A 班组的责任成本计算方法（表 4–2）。

表4–2　责任成本业绩报告

责任单位：甲车间 A 班组　　× × × × 年 × 月　　单位：元

项目		实际	预算	差异
直接材料	原料及主要材料	12000	12200	—200
	辅助材料	11710	11500	+210
	燃料	11580	11550	+30
	其他材料	2450	2460	—10
	小计	37740	37710	+30
直接人工	生产工人工资	16300	15200	+1100
小计	生产工人福利费	2120	100	+20
	18420	17300	+1120	

续表

项目		实际	预算	差异
物流间接费用 小计	管理人员工资 及福利费 折旧费 水电费 其他间接费用	12140 11450 2680 11350	12000 10660 3000 11500	+140 +790 —320 —150
	37620	37160	+460	
	合计	93780	92170	+1610
其他费用 加：修理费	减：折旧费 废料损失	11450 150	10660 ——	+790 +150
	5300	5000	+300	
	责任成本	87480	86510	+970

由表 4–2 中看出，A 班组当月的责任成本为 87480 元，超支 970 元，由此可知，其当月的责任成本执行的情况是比较差的。但是，从各成本项目上分析，在“直接材料”中，“原料以及主要材料”和“其他材料”一共节约了 210 元；在“制造费用”中，“水电费”和“其他制造费用”一共节约了 470 元。

“直接人工”实际比预算超支 1120 元，经过调查发现主要是企业提高计件工资单价导致的；而由企业机修车间转来的修理费 5300 元，还需要进行进一步的分析，看是由机修车间提高了修理费用，还是由于本班族对设备操作不当导致的。

应当进一步分析节约的项目，找出其中的原因，并加以巩固。

2. 车间责任成本项目的计算和考核

车间责任成本，同样需要以业绩报告形式汇总，并定期（通常情况下，以月作为周期）上报给企业总部。

表4-3　责任成本业绩报告

责任单位：甲车间　　××××年×月　　单位：元

项目	实际	预算	差异
A班组责任成本	8780	8610	+970
B班组责任成本	6830	6790	+140
C班组责任成本	76890	77880	—990
合计	233300	232280	+1020
甲车间可控成本：			
管理人员工资	24500	24300	+200
设备折旧费	22960	23000	—40
设备维修费	22430	22500	—70
水电费	5600	5200	+400
办公费	3000	2500	+500
低值易耗品摊销	6980	6800	+180
合计	85470	84300	+1170
本车间责任成本合计	318770	316580	+2190

通过表 4–3 能够看出，在甲车间的三个班组中，成本业绩最好的是 C 班组。另外，甲车间当月责任成本超支 2190 元，其中，下属的三个班组一共超支了 2010 元，因此，其成为成本控制的重点对象。

需要进一步对甲车间可控成本的超支项目进行分析，并从中找到原因，而且要采取相应的措施予以控制。

3. 企业总部责任成本的计算和考核

企业总部责任成本，还应当包括所属各个管理部门的责任成本，因此，在收到各部门报送的业绩报告之后，企业总部财务部门应当将其汇编成公司的责任成本业绩报告。如表 4–4 所示，为报告的格式。

表4-4　××公司责任成本业绩汇总表

××××年×月　　　　　　单位：元

业绩报告	实际	预算	差异
甲车间业绩报告			
A班组责任成本	87480	86510	+970
B班组责任成本	68930	67890	+1040
c班组责任成本	76890	77880	—990
车间可控成本	85470	84300	+1170
甲车间责任成本合计	318770	316580	+2190
乙车间业绩报告			
……	……	……	……
供应科业绩报告			
……	……	……	……
总部责任成本业绩报告	131500	132000	—500
责任成本总计	1223450	1221400	+2050
销售收入总额	1455450	1445300	+10150
盈利及盈利净增额	232000	223900	+8100

表4–4显示，这个公司的销售收入实际数比预算数超出10150元，在将责任成本超支数2050元抵减之后，其盈利额实际数比预算数净增8100元。需要进一步分析销售收入的增长原因，看其是不是和成本增加有关等。

第五章　物流财务绩效评价

在物流财务管理当中，物流财务绩效评价是非常重要的一项内容，因此，本章将对物流财务绩效评价进行详细介绍，主要内容包括：物流财务绩效评价的含义和形式、条件和要求、步骤和标准，以及方法和指标体系等。

第一节　物流财务绩效评价的含义与形式

一、物流财务绩效评价的含义

人力资源管理专家并没有对绩效考核给出明确的定义，一般认为，绩效评价主要包括两个步骤，分别为界定工作本身的要求，以及评价实际工作绩效和提供反馈。

以德斯勒所论述的要求为依据，可将物流财务绩效评价定义如下。

作为物流财务管理的重要内容，物流财务绩效评价是由一定的人员对员工，或者企业在一个物流财务管理周期之内，做出的相关物流财务管理工作所进行的评价，并且还会给出改进与反馈方案的过程。为了将物流财务管理的整体绩效提高，就是物流财务绩效评价的最终目的。

物流财务绩效评价共包括两方面的评价，即“绩”与“效”，对物流财务进行绩效评价，除了会评价其管理水平的高低之后，更应该由此来制定出对物流财务管理有利的标准。

二、物流财务绩效评价的形式

有时因为评价物流财务绩效财务的角度不同（如从客体、目的或者分析的主体角度进行评价），导致物流企业财务绩效评价的形式也是不同的。对于准确分析物流企业的财务状况，以及分析目标来讲，明确不同物流财务绩效评价形式的用途与特点是很有意义的。

通常情况下，可从以下几个方面来划分财务绩效分析的形式。

（一）以分析主体为依据进行划分

依照分析主体的不同可分为两种，一种为内部分析，另一种为外部分析。

1. 内部分析

内部分析主要指的是，物流企业内部经营者对物流企业财务状况的分析，亦被称为内部物流财务绩效评价。判断与评价物流企业财务是不是顺利、正常，为内部分析的目的，比如，通过收益性分析，来对物流企业资本保值、增值能力以及盈利能力进行评价。

2. 外部分析

外部分析主要指的是，政府部门以及物流企业外部投资者等，以及各自的分析目的或者需要为依据，对物流企业的相关情况所进行的分析，亦被称为外部物流财务绩效评价。其中，政府相关部门主要是看物流企业的经营是不是符合规范，以及对社会的贡献情况如何；投资者关心的则是物流企业资本的保值和增值状况，以及它的盈利能力和发展后劲。外部分析在现代物流企业制度条件之下，是作为物流财务绩效评价的基本或者重要形式而存在的。

需要特别指出的是，两种分析并不是完全隔离或者孤立的。想要使财务绩效分析的准确性得到保障，那么内部分析应当在外部分析的角度进行，而外部分析同样应当参考或者考虑内部分析的结论，这样的话，就能够很好的避免片面性分析的出现。

（二）以分析的范围与内容为依据进行划分

依照分析的范围和内容的不同分为两种，一种为全面分析，另一种则为专题分析。

1. 全面分析

在一定时期内，物流企业生产经营各方面的情况所进行的综合、全面、系统的评价和分析，即为全面分析。将物流企业在生产经营当中带有普遍性的问题找出来，对物流企业在当期的问题和成绩进行全面总结，为协调各部门关系做好下期生产经营安排提供依据或者奠定基础，为全面分析的目的。一般情况下，会在年中进行全面分析，并以此为依据，形成全面、综合的财务绩效分析报告，并且还需要汇报给股东代表大会或者职工代表大会。

2. 专题分析

专题分析指的是，依照分析目的或主体的不同，来对物流企业生产过程当中的某一方面的问题进行所进行的较为深入的分析。比如，经营者对生产过程当中的某一方面存在的突出问题所进行的分析。此种分析能够将物流企业在某方面的财务状况及时、深入的揭示出来，另外，还能够为分析者提供详细的资料信息，这对解决物流企业的关键性问题来讲，具有相当重要的作用。

只有将上述两种分析有机地结合，才能够在物流财务绩效评价当中深入、全面的将其存在的问题揭示出来，才能够对其各方面的状况有正确的评价。

（三）以分析的目的与范围为依据进行划分

以分析的目的与时期为依据可分为三种，分别为：趋势分析、现状分析与潜力分析。

1. 趋势分析

趋势分析指的是，对物流企业某个财务绩效评价指标的变动情况，或者某个时期各单位时间的总体财务绩效状况所进行的分析，以此来对物流企业财务管理的发展趋势进行评价。作为财务绩效分析的一个基本形式，趋势分析除了对评价过去有利之外，对指导现在以及预测未来都是有利的。此种分析能够被广泛应用在不同的分析目的和分析领域当中。

2. 现状分析

作为财务绩效分析最主要，也是最基本形式的现状分析指的是，对物流企业当期财务活动进行的分析，以此对物流企业当期的各项财务活动与各项经营状况进行评价。现状分析将物流企业的盈利与经营状况最为真实地反映了出来，从而为经营者、投资者，以及其他相关部门和人员提供了做出决策与了解物流企业的直接依据。除此之外，其还能够将物流企业财务管理水平在同行业，或者在社会各个部门当中所处的地位反映出来，并找出自己的不足和差距，另外，为物流企业改进财务管理工作，以及制定正确的财务控制目标提供可靠的依据。

3. 潜力分析

潜力分析指的是，在现状分析和趋势分析的基础之上，与物流企业经营目标和资源变动状况相结合，对物流企业未来的发展能力所进行的判断和估价。无论是对于经营者，还是对于投资者来讲，潜力分析都是非常重要的，而且决策的正确性也是由潜力分析的正确性决定。需要注意的是，潜力分析一般都会和风险分析紧密地联系在一起，因此，如果是依照潜力分析来进行决策，那么就必须要考虑潜力的风险程度，而这会使潜力分析的复杂性和难度增大。

由上述三种形式的特点和含义能够看出，三种分析之间是相互联系的，在进行物流财务绩效评价时，是不可以将三者割裂开来的，如果隔离使用，只会得到平面的结论。

第二节　物流财务绩效评价的条件与要求

一、物流财务绩效评价的条件

只有搞清楚了财务绩效评价的前提条件，才能够为财务绩效评价奠定下坚实的理论基础。

（一）统一的财务会计制度

会计核算和报表资源为财务绩效评价的基本资料依据。对于不同的会计制度来讲，可能会有不同的会计核算和报表方法，而且会计账户和报表所反映的内容也可能会不同等，这些是使财务绩效评价，特别是外部财务绩效评价变得更加困难。

（二）产权清晰的企业制度

由于财务绩效评价能够为物流企业利益的各个方面提供服务，因此，其越来越受到人们的重视。但是，物流企业只有在权责分明，并且产权清晰的制度之下，才能够使各个方面的义务和权利得到确认，才能够实现多元化的财务绩效评价，才能够更加突出财务绩效评价的必要性。

物流企业在传统的计划经济体制之下，其中的债券者、投资者、经营者等之间的关系是很模糊的，可以说是责任不明、产权不清，人们对财务绩效评价也并不重视和关心。但是，在市场经济条件之下，随着现代物流企业制度的建立与逐步完善，物流企业产权也在变得越来越清晰。不同的人会以不同的角度关心物流企业的经营和生产，进而使财务绩效评价主体变得更加多元化，而这也促使财务评价的方法和内容变得更加完善。

（三）完善的信息披露体制

进行物流企业财务绩效评价的基础，即为物流企业信息，倘若无法获得准确、及时、完备的信息，那么就无法保障财务绩效评价的正确性，因此，必须要完善信息披露体制。物流企业想要做到这一点，除了需要在会计报表当中按照会计准则系统、全面地将物流企业的财务和经营状况反映出来之外，还需要充分的披露出手续和程度的变动，这样才能够使会计报表的使用者更为准确的分析其对物流企业财务成果和状况的影响。除此之外，还需要将健全的信息市场建立起来，让信息网络变得更加完善，而且还要让财务绩效评价可以及时、充分的获得各种各样的分析信息。

二、物流财务绩效评价的要求

在将财务绩效评价条件理清楚的前提下，为了使其理论变得更加完善与健全，使财务绩效评价实务做得更好，一定要对以下几点多加注意。

（一）创造与完善财务绩效评价条件

如果想要发展和完善财务绩效评价的方法和理论，首要任务就是必须让这些条件得到满足，抑或采取措施创立、完善这些条件。在财务绩效评价的条件当中，信息披露问题是最为关键的，而且也是评价是不是能够有效、积极开展起来的主要问题。截止到现在，我国信息披露体制依旧不够畅通与健全，因此，需要人们在制度方面对信息披露的时效性、准确性和完整性做出相应的具体规定，这样才能够为财务绩效评价提供有用的信息。

（二）学习与掌握财务绩效评价方法

想要做好物流财务绩效评价，还需要一位对财务绩效评价理论和方法都掌握得很好的分析师，如果他没有达到一定的理论和实践水平，那么即便是再好的分析信息或者资料，也很有可能会得出错误的分析结论。由此可知，和物流企业相关的所有单位或者个人，均需要持续不断的掌握和学习财务绩效评价的各种方法和理论，其中包括：经营者、宏观管理者、投资者等，尤其是一些主要的参与者和决策者，更应该系统的掌握和学习这些方法和理论。

（三）建立与健全财务绩效评价组织

在物流企业蓬勃向前不断发展的同时，其财务绩效评价工作也将一步步变得规范化、制度化，此时，就需要物流企业建立起完善的绩效分析组织体系，以此来全面、及时、系统的分析物流企业的财务及经营状况。需要注意的是，物流企业的财务绩效评价组织并不是只分析自己的财务效益，在发展与竞争的要求下，企业除了要关心自己的经营状况之外，还需要关心其他物流企业，因此，物流企业绩效评价组织的另一个重要任务，就是分析其他物流企业的财务状况。只有将健全的各级分析组织都建立起来，才能够使财务绩效分析工作能够有效、顺利地进行下去。

第三节　物流财务绩效评价的步骤与标准

一、物流财务绩效评价的步骤

（一）财务绩效评价准备阶段

主要由四个步骤组成财务绩效评价的准备阶段，具体如下。

1. 明确财务绩效评价目的

首先，必须要明确进行财务绩效评价的原因，是为了进行投资决策，还是为了评价物流财务绩效业绩，抑或是为了制定未来的经营策略，只有明确了目的之后，才能够有针对性的、正确完成资料的搜集与整理，才能够选对正确的分析方法，进而获得正确的结论。

2. 确立财务绩效评价标准

分析目的不同，其评价标准也是不同的，有绝对标准、历史标准、预算标准、相对标准等。想要得出正确的分析结论，就必须要先将正确的分析评价标准确立下来。

3. 制定财务绩效评价计划

在明确了财务绩效评价的标准和目的之后，就应当制定财务绩效评价的计划了，主要内容包括：财务绩效评价的人员组成、分工、时间进度安排，以及拟采用的分析方法等。财务绩效评价能够顺利进行的保证就是财务绩效评价计划。

4. 搜集整理财务绩效评价资料

财务绩效评价的基础为财务绩效评价的资料。对于财务分析的正确性来讲，资料搜集整理的完整性、及时性对其有非常直接的影响。另外，应当以分析的目的和计划为依据，来完成资料的搜集和整理工作。

（二）财务绩效评价实施阶段

在财务绩效评价准备阶段的基础上进行的实施阶段，也就是具体分析阶段，主要包括三个步骤，具体如下。

1. 报表整体分析

主要采用垂直分析法、趋势分析法与水平分析法等进行全面分析。

2. 财务指标分析

财务绩效评价的一种重要形式，就是对财务指标进行分析，尤其是进行财务费用利润率指标分析。

3. 基本因素分析

财务绩效评价除了要解释现象之外，还要分析原因，通常会采用因素分析法进行分析。这种方法的具体做法为：在报表整体分析以及财务效益指标分析的基础之上，从一些影响主要指标的完成情况的因素的角度出发，对其进行深入的定量分析，并将各因素对其影响程度和方向确定下来，以此来为物流企业正确进行财务评价提供最基本的依据。

（三）财务绩效评价报告阶段

作为财务绩效评价实施阶段的继续，报告阶段可分为三个步骤，具体如下。

1. 得出财务绩效评价结论

在应用各种财务绩效评价方法进行分析的前提之下，将定性分析判断、定量分析结果，以及实际调查情况相结合之后所得出的财务绩效评价结论，是财务绩效评价的一个关键步骤。而判断财务绩效评价质量的唯一标准，就是结论的正确与否。通常情况下，都需要经过几次反复论证，才能够得出一个正确的结论。

2. 提出可行措施建议

由于分析问题的目的是为了解决问题，因此，财务绩效评价不能够只满足于分析原因、得出结论，还必须要针对各种问题提出各种可行的措施与方案，以此为解决问题提供正确的决策依据。

3. 编写财务绩效评价报告

财务绩效评价的最后步骤，即为财务绩效评价报告，其将财务绩效评价的基本问题、分析结论，以及针对问题提出的措施建议用书面的形式表示出来，另外，也为财务绩效评价主体及其报告的其他受益者提供决策依据。除此之外，作为对财务绩效评价工作的总结，财务绩效评价报告还可以作为历史资料，供以后的财务绩效评价参考，使得评价的连续性得到保障。

二、物流财务绩效评价的标准

财务绩效评价的一项重要内容，或者一个基本步骤就是物流财务绩效评价标准的确立。对于同一分析对象来讲，不同的财务绩效评价标准，会得出不同的分析结论。另外，对于发现问题、找出差距，以及正确评价来讲，正确选择或者确定财务绩效分析评价标准具有非常重要的作用和意义。财务绩效评价标准主要包括以下四种。

（一）经验标准

在财务比率分析当中，经验标准是较为常用的一种标准。经验标准指的是，依据大量的实践所形成的标准。此种标准其实只是针对一般情况来讲的，并不适用于所有情况或者所有领域。不同的企业，会有不同的实际情况，因此，在应用经验标准的时候，一定要经过仔细的研究，切记不可生搬硬套。

（二）历史标准

历史标准指的是，物流企业过去某一时间的实际业绩标准。对于评价物流企业自身财务管理状况来讲，此种标准是极为有益的。无论是物流企业正常经营条件之下的业绩水平，还是物流企业历史的最高水平，均可以作为历史标准使用。在应用历史标准时具有以下几项优点。

第一，比较可靠，也就是说，其是一个物流企业曾经达到过的水平。

第二，具有比较高的可比性。

当然，不可否认的是，历史标准也有不足之处，具体表现在以下两个方面。

第一，较为保守，因为现实要求很有可能和历史要求是不同的。

第二，其使用范围比较狭窄，只能说明物流企业自身的发展变化，并不能够做到对物流企业在同行业中的水平和地位进行全面评价。在外部分析中表现得更为突出，如果只用历史标准是远不够的。

（三）行业标准

财务绩效评价中应用最为广泛的一个标准，即为行业标准，其是依照行业制定的，或者反映了行业财务管理状况的基本水平，另外，其也可以是同行业中某一个较为先进物流企业的业绩水平。物流企业在行业中所处的水平和地位，可通过其采用的行业标准表现出来。

需要注意的是，在运用行业标准的时候，有三个限制条件，具体如下。

第一，现在，由于一些大的公司通常都是跨行业经营，因此，公司的不同经营业务，可能会有不同的风险程度与盈利水平，此时，如果采用统一标准进行评价很显然是不合适的。

第二，即便是同行业内的两个公司，也不一定具有可比性，比如，同为是由行业的两个企业，一个公司从事的是石油开采、生产、提炼、销售等工作，而另外一个公司则从事的是从市场购买原油来生产石油产品的工作，不难看出，这两个公司的经营并不具备可比性。

第三，物流采用的会计方式同样会限制行业标准的应用，如果同行业物流企业采用的会计方法是不同的，那么也会对评价准确性产生影响。

因此，在采用行业标准的时候，需要对上述几种限制多加注意。

（四）预算标准

预算标准指的是，物流企业以自身经营条件或者状况为依据，所制定的目标标准。一般情况下，在一些新建物流企业、垄断性物流企业，以及新的行业中会比较多的采用这种标准。运用预算标准对其他行业和物流企业同样是有益的，原因在于，这一标准能够将行业标准和物流企业历史标准有机结合，并且还能够将物流企业的状况较为全面地反映出来。特别是对物流企业内部绩效评价来讲，这一标准更具有优势，其能够考核、评价物流企业各级、各部门经营者的经营业绩，以及对其总体目标实现的影响。

当然，预算标准也存在一定的缺陷，比如，对于外部财务绩效评价并不具有明显的作用，除此之外，人为因素也会影响预算标准的确定，导致缺乏客观的依据。

通过上述内容能够看出，各种物流财务绩效评价标准都会有各自的优点和不足，因此，不应孤立的只选择一种标准，而应该综合应用各种标准，并且还要从不同的角度来评价物流企业的经营和财务状况，只有这样，才能够有利于得出正确的结论。

第四节　物流财务绩效评价的方法与指标体系

一、物流财务绩效评价的方法

在实际的物流财务绩效评价工作当中，指标对比法和因素分析法是使用最为广泛的两种技术方法。

（一）指标对比法

在实际工作中使用最为广泛的一种分析方法，就是指标对比法，其是一种通过相互关联的物流财务指标的对比，来确定数量差异的分析方法，亦称为比较法。此种方法通过对比，来发现问题、揭露矛盾、寻找差距，并对产生的原因进行分析，从而为物流财务的降低，以及物流财务使用效益的提高指明方向。

可采用以下几种形式来进行物流财务指标的对比分析。

1. 实际指标与计划指标对比

在进行物流财务绩效评价的时候，可通过对比实际财务指标和计划财务指标，来对计划完成的程度进行说明，从而进一步分析指明方向。

2. 本期实际指标与前期（如上年同期或历史最高水平）实际指标对比

通过对比本期实际指标和前期实际指标，来将物流企业物流财务的变化趋势和动态反映出来，这对改进物流财务管理，以及吸取历史经营都是很有帮助的。

3. 本期实际指标与同行业先进水平对比

通过比较本期实际指标和同行业先进水平，能够将本物流企业和国内外先进水平的差距反映出来，并将物流财务的潜力努力挖掘出来，从而使物流企业的经济效益不断提升。

需要注意的是，在采取这种方法时，对比指标一定要具备可比的条件与基础，另外，对于同类物流企业比较物流财务指标时，还需要考虑它们在技术经济方面的可比性。当然，指标的对比，既可以是相对数对比，也可以是绝对数对比。

（二）因素分析法

因素分析法指的是，将某一综合指标分解为多个相互关联的因素，并且对每个因素的影响程度进行分别计算的一种方法，比如，物流企业的物流财务就是一个综合性的价值指标，而且很多因素都会对物流财务的升降有影响，概括来讲，大致可分为两类。

1. 外部因素

外部因素一般来自于社会，即由外部经济条件和环境造成的物流财务的升降。

2. 内部因素

内部因素即由物流企业本身经营管理所导致的物流财务的升降。

这样的分类方式，对提高评价物流企业的各方面的工作质量都是十分有利的。

下面举例说明指标与因素的关系。

设物流财务指标 N 是由 A、B、C 因素乘积所组成，其计划财务指标与实际财务指标分别列示如下。

计划财务：N1=A1 × B1 × C1（6–1）

实际财务指标：N2=A2 × B2 × C2（6–2）

差异额：G=N2 — N1（6–3）

计算程序是：计划财务指标 A1 × B1 × C1=N1

第一次替换：A2 × B1 × C1=N3，N3 — N1=A 变动的影响；

第二次替换：A2 × B2 × C1=N4，N4 — N3=B 变动的影响；

第三次替换：A2 × B2 × C2=N2，N2 — N4=C 变动的影响。

以上三个因素变动影响的总和为：

（N3 — N1）+（N4 — N3）+（N2 — N4）=G（6–4）

从上式中能够得出，三个因素变动的差异之和是符合前面的实际物流财务指标脱离计划财务指标的总差异的，由此也将各个因素对财务指标升降的影响程度确定了下来，与此同时，还能够将各个因素所占的差异比重程度确定下来，从而为物流财务绩效评价提供依据。通常上述事例能够看出，此种方法是在指标对比方的基础上进行的，可以说是比较法的补充。

二、物流财务绩效评估指标体系

物流财务绩效评价指标共有两类，具体如下。

第一，为财务指标。

第二，为非财务指标。

作为独立的法人实体，物流企业有怎样的财务绩效，会受到企业外部以及内部相关人员的关注。

通常来讲，企业的财务和经营成果，可通过对企业公开发布的财务报表当中的相关数据来进行分析和评估。在对这些报表进行分析的时候，通常会分析其中的两类指标。一类为营运能力指标,另一类为获利（盈利能力）指标，其中，前者是利润等财务目标得以实现的物质基础，后者的提升则对推动营运能力的增强有帮助，两类指标相辅相成。

（一）营运能力指标分析

追求利润的最大化，为物流经营的基本动机，而获取利润的基础即为物流企业的物流营运能力。可将物流的营运能力描述为：基于外部市场环境的需要，物流经由内部人力资源和作业资源的组合、配置，而对财务目标的实现产生作用的程度。毋庸置疑的是，对于获利能力的持续增长来讲，营运能力的大小具有决定性的影响，具体表现如下。

1. 人力资源营运能力指标

物流营运能力的形成，会受到人员的素质水平的高低的直接影响。另外，分析评价物流人力的着眼点，首先就是要将经营管理者的能动性和积极性调动起来，进而通过提高物流作业经营效率，来奠定物流营运能力稳定、持续扩展的基础。以人为核心所开展的物流作业，其中很大一部分的支出都花费在人力资源的获取上。

劳动作业效率指标则是衡量人力资源营运能力的指标。其中，劳动效率指的是，物流服务营业净额和平均员工人数的比值，而平均员工人数是以具体情况来具体确定的。具体公式如下。

物流劳动作业效率 = 物流营业净额 ÷ 从事物流作业的员工人数的平均值

物流营业净额 = 物流营业额 — 物流营业折扣与折让

主要采取比较的方法来考核与评价物流劳动效率，比如，比较实际劳动效率和本企业物流计划水平、同行业平均先进水平，抑或是历史先进水平等指标，进而，将实际劳动效率和各项指标的差异程度确定下来，并且对产生这种差异的原因进行分析，积极采取相应的措施，以便将物流人力资源劳动效率提升的潜能充分地挖掘出来。

如果只针对劳动效率指标来讲的话，其越高，说明人力资源的利用就越好，而物流劳动作业效率越高，则说明每一位从事物流工作的人员所创造的物流营业净额就越高，由此能够看出，人力资源利用的越高，物流人力资源的营运能力就会越强。

2. 作业资源营运能力指标

获取完成各项物流作业所需的作业资源，同样消耗了大部分的物流企业中的物流财务，而各项资产的占用则是物流控制或者拥有企业资源的表现，因而，可以说，作业资源的营运能力，实际上，就是物流总资产以及它的各个构成要素的营运能力。

（1）物流总资产周转率

物流总资产的营运能力，集中于总资产的营运水平，也就是它的周转率方面，可以说，物流总资产的周转率[①]是能够代表物流总资产的营运能力的。其计算公式如下。

物流总资产周转率 = 物流营业额净额 ÷ 平均物流资产总额

当然，周转天数同样能够表示物流的总资产周转率，两者的关系如下所示。

物流总资产周转天数 = 计算期天数 ÷ 物流总资产周转率

① 物流总资产率指的是，指营业收入净额与平均资产总额的比值.

在上述公式当中，应当依照不同的计算，来分别确定平均物流资产总额，并且在公式当中，物流营业额净额和平均物流资产总额应当属于同一个计算器，也就是说，要在时间方面保持一致。

以下为年平均物流资产总额的计算公式。

年平均物流资产总额 =（1 ／ 2 年初 + 一季度 + 二季度 + 三季度 +1 ／ 2 年末）÷4

加大数据采集密度的方法，是在物流总资产所占用的资金波动比较大时，来进行平均物流资产总额的一种方法。比如，在上述公式当中，由原来的以每季度末的数据变为以每月末的数据来进行计算。

那么，当物流总资产所占的资金相对来讲较为稳定的时候，可以采用以下公式来计算平均物流资产总额。

平均物流资产总额 =（期初物流资产占用额 + 期末物流资产占用额）÷2

全部物流资产的营运能力可通过物流总资产周转率全面反映出来。通常来讲，物流总资产周转率越高，也就是说，周转一次的天数越短，或者是在一定的计算期之内，物流总资产周转的越多，就表示周转的速度越快，那么物流总资产的营运能力就会越高。

只有更进一步地分析流动资产和固定资产的周转情况，才能够更加深入的剖析总资产的周转情况，以及影响它快慢的因素。需要注意的是，流动资产的周转额是营业收入的直接来源，而固定资产的作用包括两点，一是对流动资产有效规模具有推动作用，二是对流动资产价格转换能力和转换效率（也就是流动资产周转速度和流动资产利润率）具有影响作用。因此，对于物流流动资产的考核，应当着眼在营业收入的实现状况；对于固定资产，则应该将重点放在其利用效率的考察上。

（2）物流流动资产周转率

流动资产周转率主要体现了物流流动资产的营运能力，以下是其计算公式。

物流流动资产周转率 = 物流营业额净额 ÷ 物流流动资产平均占用额

流动资产平均占用额和资产占用总额的方法是一致的，其中，在应收账款当中，需要按照剔除坏账准备之后的净额进行计算。

通过分析流动资产周转率，可揭示出流动资产投资的节约和浪费情况，流动资产实现营业的能力[①]等问题。在一定时期之内，流动资产周转速度越快，就表示计算期之内所实现的周转额越多，那么对财务目标的贡献也就越大。流动资产占用额和流动资金周转速度之间是有密切的制约关系存在的。另外，在营业额既定的条件之下，流动资产周转速度越快，那么流动资产的占用额就会越少，反之则会愈多。其计算公式如下。

流动资产相对节约或浪费额 = 分析期实际销售额 ×（分析期流动资产实际占用率一基期实际或分析期计划流动资产占用率）

得出的结果为正值，则表示浪费；为负值，则表示节约。

其中：

流动资产占用率 = 流动资产平均占用额 ÷ 营业收入净额
=1 ÷ 流动资产周转率（次数）

当然，也可以用周转天数来表示流动资产周转率，计算公式如下。

① 流动资产实现营业能力的大小表现为周转额的大小.

物流流动资产周转天数 = 计算期天数 ÷ 物流流动资产周转率（次数）

周转天数缩短，就表示周转的速度加快了，反之则表示减缓了。为了能够更加详细、深入的分析流动资产的周转状况，并且能够将影响流动资产周转速度变化的因素揭示出来，需要在对流动资产总体周转情况加以分析的基础上，对其他各构成要素（如存货、应收账款等的周转）进行考察，以此来调查清楚流动资产周转率为什么会升或降。

（3）应收账款周转率

应收账款流动程度的大小可通过应收账款周转率①反映出来，其计算公式如下。

应收账款周转率（次数）= 赊销收入净额 ÷ 应收账款平均余额

其中：

赊销收入净额 = 营业收人一现销收入一营业折扣与折让

应收账款的平均余额的确定方法与前面所讲的是一样的。

应收账款周转天数 = 计算期天数 ÷ 应收账款周转次数

= 计算期天数 × 应收账款平均余额 ÷ 赊销收入净额

应收账款周转率高，表明资产流动性大，短期偿债能力强；收账迅速，账龄期限比较短；能够使坏账损失和收账费用有效减少，进而使物流流动资产的投资效益相对的增加。

除此之外，通过比较应收账款周转天数和物流信用期限的，能够更好地评价物流原定信用条件的合理性，以及客户的信用程度。

① 应收账款周转率是指商品或产品赊销收入净额与应收账款平均余额的比值.

利用上述公式计算、分析应收账款周转率时，应对以下几个问题多加注意。

第一，全部赊销账款（包括会计核算中的“应收票据”和“应收账款”等）都包含在公式当中的应收账款之内。

第二，应将扣除坏账准备后的净额作为应收账款余额，这样能有效避免水分过大。倘若应收账款余额具有较大的波动性，那么应尽量使用更为详尽的计算资料。另外，应当对分子、分母数据的时间的相对性多加注意。

（4）存货周转率

营业财务和存货平均资金占用额的比值，即为存货周转率，它的计算公式如下。

存货周转率（次数）= 营业财务 ÷ 平均存货额

存货周转天数 = 计算期天数 ÷ 存货周转数（次数）

= 计算期天数 × 存货平均余额 ÷ 营业财务

存货周转速度的快慢，除了能够将物流采购、作业、营业、储存等各个环节的管理工作状况的好坏反映出来之外，还会对物流的获利能力以及偿债能力具有决定性的影响。通常而言，存货周转率越高表明：分析器变现的速度就越快，而周转额就越大，财务费用越节约，资产占用水平则越低。因此，通过分析存货，对找出存货管理存在的问题，尽量将资金占用水平降低，以及将存货投资获利能力与变现能力提升是很有利的。

在计算存货周转率的时候，应对以下几个问题多加注意。

第一，分子采用的是营业财务，并不是营业收入净额，之所以会这样，主要是为了将毛利对周转速度的虚假影响剔除掉，因为是依照财务来计算存货价格的，另外，分子、分母应保持口径的一致性。

一般情况下，存货周转率都能够将存货管理效率的高低，以及物流存货流动性的大小反映出来。如果存货周转率过高，就说明物流存货不足；如果过低，就需要对存货的质量结果进行进一步的分析，并且要将存货当中是不是包含有实际价格远低于账面价值的已经损坏，或者即将报废的存货弄清楚。

第二，为了更加了解存货的内部结果，还可以分别分析各个构成部分对整个存货周转率的影响。

第三，其他条件不变，存货周转率越快，实现周转额越大，而利润数额以及水平也会越高。因此，这一指标还能够对物流的获利能力进行衡量，与此同时，还能够作为分析偿债能力的辅助指标使用。

第四，对于存货的周转率来讲，采用不同的存货计价方式对其的影响是很大的，所以在分析、计算的时候，一定要保持口径一致。在存货计价方法发生变动的时候，应当及时进行说明，与此同时，还要将这一变动对周转率的影响计算出来。

第五，对于分子、分母的数据来讲，应当对它们在时间方面的对应性多加注意。

（5）固定资产周转率

通常会采用流动资产投资规模、周转额、周转速度相结合的方式，来对固定资产的营运能力进行分析。

主要采用以下几项指标，来对固定资产营运能力进行考核。

固定资产周转率 = 营业收入净额 ÷ 固定资产平均占用额

= 流动资产平均占用额 ÷ 固定资产平均占用额 × 流动资产周转率

在上述公式当中，应按照固定资产原值来计算固定资产的平均占用额，不然的话，就会因所采用的折旧年限，或者折旧方法的不同而产生一些认为的差异，进而导致这一指标不再具备可比性。

由此能够看出，说明物流是不是能够以相对节约的固定资产投资推动尽可能多的流动资产规模，以及它的周转速度，最终，通过流动资产周转速度的加快与投资规模的扩张，使物流获得更多营业收入，是分析固定资产营运能力的目的。这一指标越高，就说明固定资产的营运能力就越高，反之则越低。

（二）获得能力指标分析

物流资金运动的直接目的和动力源泉，以及物流财务的根本所在，即为对效益的不断追求，因此，获利能力分析指的就是物流的资金增值能力，一般会通过物流收益水平的高低和数额的大小体现出来。

通常来讲，物流公司经常性的经营管理业绩，决定了物流活力能力的大小，而那些非经常性的事项，以及其他特殊事项，虽然也会在一定程度上影响物流效益，但是，是不能够将物流真实水平的获利能力反映出来的。在对其获利能力进行分析的时候，应尽量提出非经常性因素对物流获利能力的虚假影响。它的主要分析指标主要包括以下几项。

1. 物流服务（作业）利润率

利润和营业收入净额的比值，即为物流服务（作业）利润率。

从利润表分析，物流的利润可分为以下五个层次。

层次一，营业收入。

层次二，毛利。

层次三，营业利润。

层次四，利润总额。

层次五，利润净额

其中，在层次四、五中会包含着非营业利润因素，因此，可将营业获利能力的指标是经营利润率、毛利率，或者营业利润率直接的反映出来。由此可知，营业利润率中的主要指标为：经营利润和物流营业收入净额之比，其公式如下。

物流服务（作业）利润率 = 物流利润 ÷ 物流营业净额

物流服务（作业）利润率为正向指标，这一指标越大，就说明此项服务（作业）的获利能力就越强。

2. 物流作业的财务利润率

利润和财务的比值，即为财务利润率。以下为物流作业财务利润率的计算公式。

物流作业财务利润率 = 物流利润 ÷ 物流财务

需要注意的是，在计算的时候，物流财务和利润之间一定要具有匹配关系，因为财务和利润一样，同样包含有不同的层次。

经营财务 = 经营费用 + 营业税金及附加

营业财务 = 经营财务 + 管理费用 + 财务费用 + 其他业务财务

税前财务 = 营业财务 + 营业外支出

税后财务 = 税前财务 + 所得税

想要将物流财务的获利能力有效的揭示出来，就必须要将物流财务和利润对应起来。在实践过程当中，经营财务利润率指标可以说是具有最高的重要性的，其能够将主要物流财务的利用效果反映出来。除此之外，如果将这一指标和其他物流作业财务利润指标配合使用，那么，还能够帮助物流企业发现物流系统当中存在的问题。

由于物流作业的财务利润率为正向指标，因此，这一指标是越高越好。

3. 物流作业的资产利润率

作为反映物流资产获利能风向标的物流作业资产利润率，其具体指标包括以下几项。

（1）物流总资产利润率

利润和资产平均占用额的比值，即为物流总资产利润。以利润层次的不同为依据，可列出以下三类物流总资产利润率。

物流总资产息税前利润率 = 税前物流利润总额 ÷ 平均物流资产总额

物流总资产利润率 = 物流利润总额 ÷ 平均物流资产总额

物流总资产净利润率 = 物流利润净额 ÷ 平均物流资产总额

主要从资金来源的角度来评价物流资产的使用效益的物流总资产利润率，受到了债权人和所有者的一致重视。对于所有者而言，比较高的物流总资产税前利润率，能够有效避免或者降低不能够偿还债务本息的风险，另外，为了使资本的保值、增值得到保障，还需要分析物流总资产利润率和物流总资产净利润率；对于债权人来讲，只要物流总资产的负债利息率小于息税前利润率，那么其债务本息的偿还就可以获得保障。

（2）物流流动资产利润率

在一定时期之内，物流流动资产占用和所实现的物流利润之间的比率，即为物流流动资产利润率。物流利润增长基础是不是处于稳定状态是这一指标反映出的内容。

对物流流动资产获利能力进行考核的指标，主要有以下两项公式。

物流流动资产经营利润率 = 物流经营利润 ÷ 物流流动资产平均占用额

物流流动资产营业利润率 = 物流营业利润 ÷ 物流流动资产平均占用额

在上述两个公式中，前者相较于后者更加重要。

（3）物流固定资产利润率

因物流流动资产周转获利的物质基础为物流固定资产，因此，还需要对物流固定资产利润率进行考察，计算公式如下。

物流固定资产经营利润率 = 物流经营利润 ÷ 物流固定资产平均占用额

= 物流流动资产平均占用额 ÷ 物流固定资产平均额 × 物流流动资产经营利润率

物流固定资产营业利润率 = 物流营业利润 ÷ 物流固定资产平均占用额

= 物流流动资产平均占用额 ÷（物流固定资产平均额 × 物流流动资产营业利润率）

以上三大类指标，全部都是正向指标。

（4）物流作业的净资产利润率

用以下公式来表示物流作业的净资产利润率。

物流净资产利润率 = 物流利润净额 ÷ 物流净资产

想要达到物流系统利润最大化的目标，第一步就是要将物流净资产利润率最大限度地提升，因此，在物流获利能力指标当中，物流净资产利润率为核心指标，而这一指标由产权比率、资产营运效率，以及资产获利能力这三个因素决定。

物流作业的净资产利润率为正向指标。

第六章　第三方物流企业成本管理研究

本章主要研究的是第三方物流企业的成本管理，主要内容包括：第三方物流企业成本管理概述，第三方物流企业成本核算与实施作业成本法分析，以及第三方企业作业成本管理的研究等。

第一节　第三方物流企业成本管理概述

一、第三方物流企业

制造企业在市场竞争激烈的大环境下，将会只专注于自己的核心业务，不再承担物流业务，而是将其承包给专业的物流公司，由此诞生了第三方物流。第三方物流具体指的是，由供需方以外的物流企业来提供物流服务的一种业务模式，并经由物流企业和信息系统的连接，来为实现供应链的集成体提供行之有效的策略和方法。

第三方物流企业，即为企业客户提供全部，或者部分物流服务的企业，其中，第三方是一个独立的参与者，并且是相对“第一方”（收货人）与“第二方”（发货人）来讲的。他们是为商品在流通过程当中提供服务的第三方，而不是销售方或者生产方。

第三方企业的特征包括以下几点。

第一，其不是生产者和最终用户，而是独立的经营主体，以及无商品所有权的外部企业。

第二，其和客户之间的关系是一种非常密切的战略伙伴关系，一般情况下，都会有存在长期合作的契约形式，并经由契约来明确和规范各自权利和职责的合作关系。

第三，其为客户物流体系提供全方位的服务，重视的是综合物流功能，其中，包括财务阶段、信息服务等工作。负责是运作、管理与设计客户部分（或者全部）的物流系统，而且对整体运作的效益和效率也非常重视。

第四，其是建立在信息技术发展的前提下的，并以信息技术作为依托来实现数据的快速传递，这样就使多种作业（运输、仓库管理、订单处理和装卸搬运等）的自动化水平都提升了，由此实现了运输、订货、保管、流通加工、包装的一体化服务，从而使其和客户的交流、协作都变得更加方便。

第三方物流企业有很多的服务内容，企业当中能够外包的功能和环节可以说都是第三方物流企业提供的服务内容。截止到现在，信息服务、物流系统设计和计划、仓储 / 配送、运输，为我国第三方物流企业服务的主要类型。

二、第三方物流企业成本及其特性

第三方物流企业所提供的是物流服务，也就是说，是无形产品，因而，具有瞬时性、无形性和多样性的特点，而这也决定了它的成本特性，具体表现在以下几个方面。

1. 产品的瞬时性

产品的这一特性决定了产品的销售及生产过程是同时进行的，因此，物流企业成本并没有营运间接费在上下期分摊的问题存在。

2. 产品的无形性

产品的这一特性则决定了物流企业当中，营运间接费用是成本的主要构成成分，直接费用则比较少，尤其是直接材料，一些物流服务甚至都不会使用直接材料。

3. 产品的多样性

产品的这一特性导致物流服务合同之间会有较大的差异存在，从而也会导致物流产品之间会有比较大的成本差异，最终，导致成本费用的归集以及分摊变得复杂。

三、国内外第三方物流企业成本管理的现状分析

（一）国外第三方物流企业成本管理的现状分析

在现代物流领域中，美国和日本是处于先进地位的国家，这两国在物流企业成本核算和费用归集方面的研究均处于世界先进水平。

1. 国外第三方物流企业发展现状

作为第三方物流这一概念来源的企业业务的外包，其具体含义为：企业利用外部的资源来为其生产经营提供服务，并且某些业务承包给第三方企业完成，其中，包括企业的物流业务，由此就产生了第三方物流这个概念。第三方物流指的是，一方面，承包供应方物流；另一方面，也承包需求方物流的专业化的物流。通常情况下，会以合同的方式来对这种承包形式进行规定，因此，也会被称为“合同物流”。

目前，在欧洲已经有好几百年历史的第三方物流公司，大致可分为四个层次，具体如下。

第一，具有广泛服务范围的大型物流企业。

第二，从事传统物流服务的物流公司。

第三，新兴的“第三方物流”公司。

第四，有大型国有机构加入的第三方物流公司。

欧洲第三方物流企业的主要顾客为：汽车制造厂家和加电生产厂家，即制造业为中心所进行的物流服务。

冷战过后，第三方物流在美国的发展速度非常的快，加之信息通信方法的发展，使其有了更大的优势，与此同时，也占领了更大的市场，并提供了更为优质的服务。

在日本，第三方物流主要是为中小企业提供配送服务的，因为其他规模比较大的零售商都有自己的配送中心。但是，在第二次世界大战之后，日本的经济濒临崩溃，所有的一切都需要重新开始，而物流业的发展为其经济发展起到了非常大的推动作用。目前，在日本自身信息技术优势的影响下，使得物流业，尤其是第三方物流也得到了飞速发展。

2. 美国第三方物流企业成本管理的现状

最早提出“物流”这一概念的国家中就包括美国，第二次世界大战当中，美国军队运用运筹学的理论方法有效调动了各种军用物资，妥善解决了一系列物资供应过程当中出现的问题和矛盾，被称为“后勤管理”或者“后勤供应”。战后，在企业的生产管理应用了此种组织管理手段，并获得了不错的经济效益，而这其实就是美国物流业的初创阶段，与此同时，也是在世界范围之内最早萌生的物流管理现象。

经多年发展，美国管理会计协会颁布了物流管理公告，目的就是改进识别、计量，以及管理物流成本的方法，其中，对适用于供应链物流成本管理的综合物流、作业成本核算实务以及供应链管理都进行描述。另外，也为物流成本的核算和管理提供比较系统的思路，并且对企业典型的物流活动进行界定，具体包括：顾客服务 / 订单处理、材料、相关的信息系统、预测和生产计划、支持活动、仓储、运输、采购以及存货管理。

3. 日本第三方物流企业成本管理的现状

20 世纪 50 年代，物流技术开始在日本兴起，发展到今天，已经具备了一套完成的体系，并且从重视功能转变为重视成本，进而，有变为了重视服务。一直以来，日本物流界对物流成本管理都很重视，并逐步发展出物流成本和财务结算相连接的制度。神奈川大学的唐泽丰教师认为，日本物流成本管理共经历了以下四个阶段。

第一，为了解物流成本的实际状况阶段。

第二，为采购预算管理阶段。

第三，为设定基准值或者标准值，以及和会计制度接轨阶段。

截止到现在，日本企业物流成本核算和管理基本停留在第三阶段。

（二）我国第三方物流企业成本管理的现状分析

虽然物流领域已经为我国企业的成本节约做出了突出贡献，但是，到目前为止，我国物流成本管理依然未形成一个完整体系，导致这种情况的原因在于物流成本的复杂性。现阶段，物流成本的准确核算问题，以及怎样对物流成本实施科学、有效的管理，是第三方物流企业急需解决的问题。

1. 我国第三方物流企业的发展状况

在我国，第三方物流的发展时间虽然不长，但是，因其所具有的独特优势吸引了越来越多的企业的关注。在中国市场竞争日趋激烈，以及市场经济体制越来越完善的大背景下，商家之间的价格战也变得更加激烈。企业为了保持利润正在想方设法地降低成本，那么如何降低成本就成为企业急需解决的一个问题，而第三方物流则能够有效地降低商品库存以及运输的费用，从而成为“第三利润”的主要来源。

虽然我国第三方物流还处于起步阶段，但是，发展速度却比较快，而且还有很大的市场发展潜力。越来越多的企业开始选择将所有的综合物流业务外包给新型的物流企业，以此获得成本更低的包装加工、营销策略、信息服务、运输、配送、仓储、代理等全面物流服务。在企业对新型物流服务的需求量越来越大前提下，使得第三方物流市场变成了新兴的广受欢迎的产业，以及丰厚利润的源泉。

2. 我国物流成本管理的研究概况

我国物流成本管理发展，与物流管理起源地的美国，以及处于先进地位的日本相比，不仅起步的比较晚，而且还处于起步阶段。

3. 我国第三方物流成本管理中存在的问题

（1）对物流成本的构成认识不清、物流成本核算方法落后截止到现在，我国企业现行的财务会计制度当中，依旧没有单独的科目来进行物流成本的核算，一般都会分散在“管理费用”“营运支出”等科目的核算当中。而且物流企业对物流成本的定性也有了很大的差异，再加上现行的成本核算制度，使得物流企业并不能够提供准确的物流成本，相应的，也就没有办法为企业经营决策提供可靠，并且真实的数据支持，最终，导致很多企业只能够将向外部仓库支付的仓储费用，以及向外部运输企业支付的运输费用当作企业的物流成本。在这种情况下，无论企业采用何种新进的物流管理技术和模式，也是无法将企业物流系统的合理化实现的。

（2）物流运行成本高、效率低下

由于我国目前第三方物流成本管理工作，从整体上讲还较为薄弱，因此，物流造成的损失还是相当严重的，各种浪费现象比比皆是，如丢失损坏、迂回运输、物资积压等，这也说明在物流活动当中，其实是有着降低成本的巨大潜力的。除此之外，因我国物流企业主要从事仓储、运输等附加值比较低的物流活动，并且多数第三方物流企业的规模够比较小，所以抗风险的能力比较低，物流运行成本比较高，且效率低下，尤其是现在油价不断上涨，导致运输成本增加。

（3）物流企业成本管理模式不能适应新时期的要求

我国学术界对物流成本管理的研究，不仅起步晚，而且还不够重视，截止到现在，对物流的研究还只停留在对传统成本会计理论框架之内所进行的最简单的技术性研究。不仅如此，还极为不重视对物流成本的范畴以及特征等问题的探讨和研究，并且缺少对现代成本管理模式和企业物流成本管理相结合的应用研究。“就成本论成本”的狭义思路，导致对物流成本的认识只能够停留在表面，很难有更加深入的研究和发展。

我国物流成本管理现状，将现实中物流成本管理方法的缺陷充分地反映了出来，而这些缺陷也一定会使物流车成本的核算失去价值，而这对企业的成本管理是极为不利的，因此，寻求一种全新的成本核算方法来合理解决上述问题是很有必要的。

第二节　第三方物流企业成本核算

一、第三方物流企业成本核算中存在的问题

（一）物流会计核算存在缺陷

物流会计核算的范围并不是完整的，通过对物流“冰山理论”进行分析后发现，在现在的物流成本核算范围之内，已经纳入会计科目的销售、采购等物流范围，其实只是物流冰山中极小的一部分。由于会计科目的不完整，其他物流环节表现为物流冰山当中的沉没部分，比如，企业内部物流以及企业外部物流（销售、供应、回收、废弃物流等）。

除此之外，急需物流成本核算解决的一个问题就是资金成本的问题。在成本核算中，很多企业都忽视了资金占压的问题。物流企业的资金成本由两部分构成，一部分为内部资金占用产生的机会成本，另一个部分为融资产生的利息成本。在物流活动过程的当中，综合型的第三方物流企业需要融资，来购买大型的物流设备，由此所产生的利息支出是很大的。与此同时，物流活动占用内部资金同样会发生高额的机会成本，不同于作为显性成本的利息指出，企业通常都会忽视这部分隐性成本，从而造成对企业实际所发生物流成本难以进行全面、有效把握的状况发生。

（二）物流成本信息披露不统一

因在制度层面上所建立的标准，以及它的推广程度均不够广泛，从而造成物流企业之间不能够就物流成本内涵的理解达成一致意见，使得物流费用的披露在企业之间出现混乱的局面，比如，在物流管理费用中被计入了物流信息系统费用。而物流成本信息披露的不同意会导致管理上出现问题，除了会影响企业本身的物流成本管理工作之外，还会影响企业之间横向物流成本

比较，以及绩效评价的一贯性与科学性。

（三）无法确认物流运作责任

因物流活动，尤其是第三方物流企业活动，经常需要跨越供应链的全部过程，会涉及企业几乎所有的职能部门，所以在整条供应链的各个职能部门都会有物流成本的分布。另外，因物流功能所具有的多样性，导致物流成本会以不同的费用形态（信息费、仓储费、运输费、流通加工费等）呈现出现，而过去的成本计算则是将各种物流活动费用和其他活动费混在一起，然后归集为形态物流成本，比如，折旧、工资、租金等形态，此种方式是没有办法将不同物流环节所特有的责任确定下来的，因此，也就会阻碍物流成本的控制和管理。

（四）沿用传统制造业成本核算方法、导致物流成本失真

从某种意义上讲，传统的运输、仓储企业是我国第三方物流企业的“前身”，并且截止到现在，还在沿用传统的制造业成本核算方法，但此种方法比较适用于直接成本所占比例比较大的企业，比如，商业企业、制造企业等，可是第三方物流企业的间接成本在总成本当中所占的比例是比较高的。

第三方物流企业需要面对的客户类型是很复杂的，而且不同客户会有不同的需求，即便的是同一个客户，他的服务要求也会经常调整，这些特点决定了在物流业务流程当中，物流信息系统的维护、订单获取等和产量无关的费用会很高，投入的资源也会相应增长。在这种情况下，倘若还继续使用和产量相关的“数量基础成本计算”作为分摊基标准，就会造成物流活动消耗的成本不能够如实的反映出来，从而造成成本管理的失控，严重的还会致使物流服务成本和其水平处于不协调的状态。

二、作业成本法应用于第三方物流企业成本管理的分析

（一）作业成本法理论概述

1. 作业成本法的定义

作业成本法的定义为：“以成本驱动因素”理论作为基本依据，以产品生

产经营过程当中发生，以及形成的作业链和价值链、作业和产品的关系为依据，来对成本所发生的动因进行正确的分析，并选择“作业”作为成本计算的对象，分配与归集经营和生产费用，进而，对作业以及作业成本进行确认和计量，最终，将产品成本计算出来的一种新型的成本管理方法。

这种方法通过追踪分析所有和产品相关的作业活动，来尽可能地将“不增值作业”消除，将“顾客价值”增加，并使“增值作业”得到改进，从而将控制、决策与计划的有效性和科学性提高，最终，实现提高企业盈利能力和市场竞争能力的目标。

2. 作业成本法的基本原理

可将作业成本法的基本原理表述为产品消耗作业、作业消耗资源，其让成本计算方法从根本上发生了变革，使得成本计算的着眼点从传统的“产品”转移到了“作业”上，并以作业作为核算对象。如图 6–1 所示，为三者的具体关系，即首先，以作业对资源的消耗情况为依据，把资源的成本分配给作业，并最终累计形成作业成本；然后，再将作业成本按照作业动机向产品分配；最后，得出产品成本。

图6–1　作业成本法基本原理

在运用作业成本法时，会涉及以下几个基本程序。

第一，确认主要作业，并对作业中心进行划分，与此同时，将成本库建立起来。

第二，归集资源费用至同质成本库当中。

第三，选择计算成本库分配率、成本动因。

第四，计算成本分配率，并以作业量为依据，将各个成本库分配至最终产品，或者顾客上。

第五，将作业库当中的费用分配到产品上去。

第六，计算产品成本。

3. 作业成本法的相关概念

作业成本法会涉及的概念，主要包括以下几个。

（1）成本对象

成本（费用）计量和分配的最终对象，就是成本对象，其可以是顾客、产品或者服务等。以不同的成本对象依据进行成本分配和归集，会获得不同的结果，从而为分析、决策提供不同的依据。

（2）资源

在作业成本法中，资源指的是，为产出作业、服务、产品所进行的费用支出，资源实际上指的是就是各项费用。

（3）作业、作业中心

作业指的是，在一定目的的前提下，消耗一定资源的特定范围之内的工作，与此同时，其也是形成服务、产品的必然组成部分之一。

作业中心指的是，相关作业的集合，其提供与每项作业相关的成本信息，以及作业执行情况的各种信息。

（4）成本要素、作业成本库

分配到作业当中的每一项资源，就会成为这一作业成本库当中的一个成本要素。

与一项作业相关的所有成本要素的总和，被称为作业成本库。

上述两种概念之间的关系表现为：一项作业消耗的各项资源，将会成为各类成本要素；一项作业的成本要素的集合，将会组成此项作业的作业成本库。

（5）成本动因

成本动因指的是，解释发生成本作业特性的计量指标，以及反映作业所的成本，抑或是其他作业所消耗的作业量。最新的作业成本核算 / 作业管理标准对三种成本动因进行了规定，具体如下。

①资源动因

成本对象、作业或者其他资源，对于资源需求频率与强度来讲，最为恰当的单一数量标准，用途就是将资源成本进行分配，主要是分配给成本对象或者其他资源。

②作业动因

成本对象或者其他作业，对于作业需求的频率和强度来讲，最为恰当的单一数量标准，主要用途为：将作业成本分配给成本对象，抑或是其他作业。

③成本对象动因

其他成本对象对成本对象需求的频率和强度最为恰当的单一数量标准，主要用途为：将成本对象的成本分配给其他成本对象。

（二）作业成本法应用于第三方物流企业成本管理的适应性分析

1. 第三方物流企业成本核算现状

在我国，现代物流企业的成本核算并不是很完善，这对成本核算问题的研究造成了阻碍，因此，提出适合物流企业的成本核算方式成为当务之急。但是，在理论上，因物流企业成本核算还没有发布统一的要求，因此，在实务中也就不具备可参考的模式，而其物流成本的核算同样也会呈现出多样化的现状。

（1）资产型物流企业成本核算方法

资产型、一种无形产品大规模、多功能的第三方物流企业，将对外提供物流服务当作是一种无形产品，将相关物流功能整合成为的合同服务，当作是成本计算对象。

在物流企业的总成本中，由于其直接人工、直接材料所占的比重比较小，间接费用所占的比重比较大，导致后者是不是能够合理地分配到成本对象是非常重要的。但是，就目前情况来讲，他们并不具备合理有效的间接费用分配方法，采用的则是按照月分摊间接费用，这使得间接费用和各种合同服务之间的关联度被削弱，使各个成本计算对象的成本信息变得歪曲。

（2）以运输为主的物流企业的成本核算方法

由传统运输转型而来的物流企业，如用于公路运输资产的转型企业等，到现在都在使用交通运输企业的成本核算方法。它们的成本计算对象主要有三种类型，具体如下。

第一，以业务为依据所进行的划分，比如，装卸业务、运货业务。

第二，以营运工具为依据所进行的划分，比如，空调车、货柜车、冷冻车、散货车。

第三，以运输路线来进行的划分，并且还会将成本费用构成加以细化，具体分为：仓储成本、运输营运成本与管理费用。其中，运输成本按照和成本计算对象的关系，还可分为营运直接与间接费用。

此类企业的物流成本为：运输营运成本和仓储成本简单叠加，但缺陷是并未从企业整体业务的角度，来确定成本计算的对象，也就没有办法提供不同客户，或者不同业务的成本，那么也就没有办法将企业提供增值服务的成本计算出来。

（3）邮政物流企业的成本核算方法

根据调查现实，邮政企业由于业务的复杂性，使得其单项业务成本的计算一般都是经由"倒扣法"得出的，具体来讲，就是从收入当中扣除一定百分比的利润，剩余部分即被认定为成本，并在每一个会计期间和收入配比。各项业务"倒扣"所得的成本总额和实际发生的费用总额是有很大差异的，因此，需要采取人为调节的方式。报表中的成本费用是没办法得到真实反映的，而且也没有办法将收入和费用的配比真正地体现出来。

2. 作业成本法与传统成本核算方法的比较分析

（1）传统的成本核算、管理方式及其缺点

近些年，企业利用计算机辅助设计、弹性制造系统、管理信息系统、计算机辅助制造等高新技术，使得其技术工艺以及生产环境等均发生了翻天覆地的变化，主要表现在以下两个方面。

第一，在计算机技术的帮助下，使得管理与生产不再需要大量的人工，节约了成本。

第二，企业已经不再采用大规模的生产方式，而是选择经由小批量、多品种的方式，来使顾客多样化的需求得到满足，从而使得管理费用和制造费用大幅增加。

由此能够看出，传统的成本核算和管理至少有以下三个方面的缺陷存在。

第一，成本管理的局限性。

第二，成本控制的无效性。

第三，成本计算方法的落后性。

（2）作业成本法的优点

传统的产品成本计算方法，一方面，采取的是直接追溯，或者以相对来讲比较准确的动因追溯来将直接材料与直接人工分配到各产品中；另一方面，采取动因追溯，或者分摊的方式对制造费用进行分配，分摊的标准通过都是单一单位水准基准动因。由于用单一的单位基准动因分摊了非单位基准动因的相关成本，是导致传统成本计算法成本核算失真的一个直接原因，所以倘若在总制造费用当中，非单位基准动因的相关成本占有很大的比例，那么成本扭曲的就会很严重。

除此之外，对于制造费用的分配来讲，产品差异对其的影响也比较大，在制造费用当中，包含有无关于单位的制造费用只是成本扭曲的充分条件，而不是必要条件。由于不同产品对不同作业的消耗比例是非常不同的，因此，对于不同类型的制造费用，就产生了不同的分摊标准要求，并且差异越大，成本扭曲的就会更严重。与之相反的是，倘若各个产品消耗的非单位基准制作费用作业和单位基准制造费用作业呈现相同的比例，那么就不会有产品成本扭曲的问题出现。

3. 作业成本法应用于第三方物流企业成本管理的适应性分析

物流企业如果还是沿用传统的成本法，是很难完成科学、准确、合理的成本控制的，而这都是由物流企业成本的特点决定的，而这些特点是和作业成本法的思想和条件相吻合的。

（1）作业成本法适合于间接费用在总成本所占比例较高的企业

在总成本当中，物流企业的间接费用所占的比例比较高的特点和作业成本法所适用的条件是吻合的。物流企业的营运间接费用所包含的项目是很广泛的，而且也有很多的种类，另外，在营运成本中也占有比较大的比例。

在物流企业所提供的各种物流服务的过程当中，有很多不能够归入直接材料和直接人工的费用支出当中，比如，运输车辆的营运、维修，搬运、升降、装卸设备的折旧、维修，仓库的折旧，信息系统的开发维护，以及保安、物业、水、电管理等。物流企业成本的这个特点和作业成本法所适用的第一条件也是相符合的。

（2）作业成本法适合于物流企业个性化的生产要求

物流企业是在和客户签订合同的基础上，再对外提供物流服务的，在现实当中，其实并没有两份要求完全一样的合理，由此可知，物流服务产品生产具有非常高的个性化。由于传统方法采用的是单一标准成本费用的分配方式，因此，并没有能力正确反应不同产品所产生的不同费用对产品成本所造成的影响。而作业成本法则认为间接费用与直接费用都是产品消耗所付出的代价，但是对成本费用的分配依据成本动因则是不同的，其采取的是多样化的分配标准，这样就能够在很大程度上提升成本的可归属性，与此同时，还能够将不同产品生产中的不同费用的发生，对产品所产生的不同影响正确地反映。

（3）作业成本法适合于物流企业服务定价难的客观现实

因物流企业的服务产品具有多样性、无形性与瞬时性的特点，致使物流企业很难对自己的产品进行定价，而作业成本法则能够使这一难题得到有效解决。由于作业成本法能够将每一位客户的服务成本，以及客户之间的成本差异计算出来，因此，企业就能够获得可靠的产品成本信息，而产品的价格也能够以此作为依据被合理的制定出来。另外，物流企业对外提供的服务并不是都能够创造价值的,因此,需要通过走也成本法来改造企业的“作业流程”，从而使没有必要的非增值作业得以有效减少。

第三节　第三方物流企业实施作业成本法分析

本节将以青岛 ** 物流有限公司为例，来对第三方物流企业实施作业成本法进行分析。

创建于 1991 年的青岛 ** 物流有限公司，是一个多元化（包括配送、公路运输、仓储等）的物流公司，其中的物流业务包括：公路运输、货代业务、物流咨询、仓储等，主营业务则是货物运输服务。该公司在资深的物流专业队伍，以及完善的物流服务设备的条件下，能够为客户提供全程的物流服务。

此处假设这一公司刚刚承接了一项物流业务，即为一家加电企业提供电器成品，以及零件运输分拨的相关物流业务，主要工作内容包括：全部零配件的装卸、运输、仓储，以及市内配送业务，与此同时，还提供准确、及时的信息服务。

一、认定作业，建立作业中心

（一）青岛 ** 物流公司业务流程介绍

该公司现有工作人员 80 人，主要工作包括：物资运输、保管、储存，以及保护性包装、配送、装卸搬运、物流信息的提供等。其主要任务包括以下两项。

第一，以客户的要求作为依据，来将产品运输到公司仓库，经过验收之后存到仓库当中，并将企业的产品进行保护性包装之后存储起来，与此同时，还要进行出库检测，最终，送达给客户，并为客户提供物流咨询服务。

第二，监控和评估企业内部的各项物流工作，此处主要指的是成本控制、绩效评估以及流程优化等。

如图 6–2 所示，为该公司的物流业务流程图。

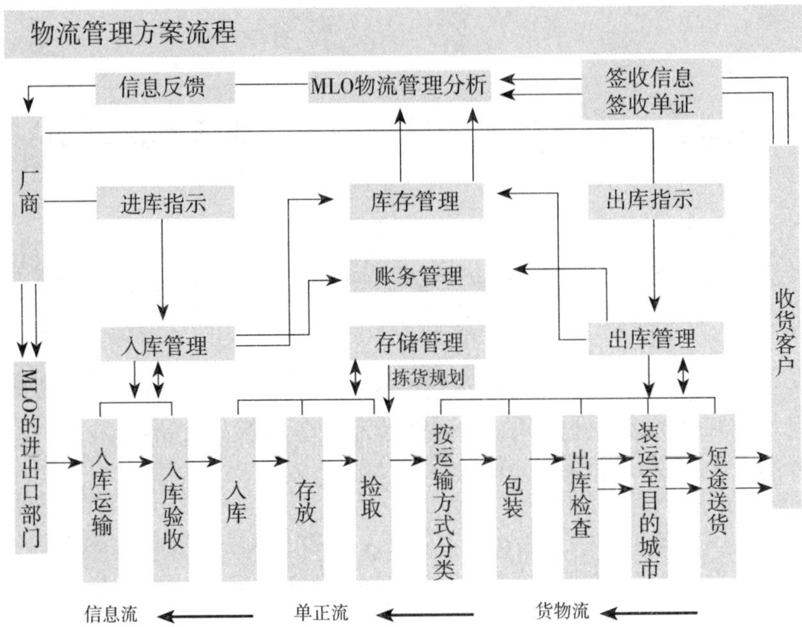

图6-2　青岛某物流公司物流业务流程图

在面对不同的客户时，青岛某物流公司应提供不同的物流服务，从物流服务方式的角度来讲，一些企业需要的是小频率、大批量的服务，可是还有一些企业需要的则是多频率、小批量的服务。企业如果要用作业成本法来完成物流成本的管理，就需要详细的描述整个流程。

从青岛某物流公司的物流作业流程中能够看出，其是从客户的需求与请求出来进行订单处理的，并且还会将客户产品运输到公司再进行验货，并随同验货报告将产品装卸、搬运到仓库当中储存，并在仓库当中完成分类保管，之后，再以客户要求为依据，将产品出库，并且一定要在检验合格之后再进行保护性包装，最终，运输、配送给目标客户。随着公司的这些业务处理流程，产生了由各种具体环节，如业务承揽、订单处理、装卸搬运、储存、出入库检验、包装、运输、客户服务等支出所构成的该公司的物流成本。

（二）认定作业

青岛某物流公司现在主要提供的服务包括运输与仓储等，在认真的分析它的业务流程后了解到，其业务流程主要为：物流业务承揽、方案设计、系统规划、运输、仓储、装卸、检验、包装、配送、信息管理等。其主要成本项目则分为：运输费、订单处理费、系统设计费、客户评审费、业务承揽费、仓储配送费、装卸费用，以及问题处理费等。

本节在进行作业认定时，主要采用的方式为自上而下和自下而上相结合的方式，并深入地了解该公司物流服务过程中的各项作业，另外，也采取了合理、科学的方法来详细的分析了庞杂的作业信息，而且还对各项流程进行了更进一步的分解。在成本效益原则的考量下，不应对作业有过细的划分，所以本节初步确定了青岛 ** 物流公司共包括 26 项作业。如表 6–1 所示，为该公司的具体作业表。

表6–1　作业表

作业类型	作业名称
产品水平作业	业务询价、方案设计、方案投标、合同签订、系统设计、系统调试与审核
批量水平作业	运输、入库、出库、搬运、管理以及补充、挑选、检验、包装、分类、配送、客户访问、投诉处理、定价、议价、调查、联络、解决问题、处理

（三）建立作业中心

如表 6–2 所示，是在认真研究作业流程，并将性质相同的作业进行归并之后所建立的作业中心表。其将原来的 26 项作业合并成为 9 个作业中心。

表6-2　作业中心表

作业中心	作业名称
业务承揽	业务询价、方案设计、方案投标、合同签订
系统设计	系统设计、系统调试
运输	公路运输
仓储	入库、出库、搬运、管理及补充、配送
包装	挑选、检验、分类、包装
客户评审	评价与审核、客户访问、投诉处理
订单处理	定价、议价、调查、行政管理
问题处理	联络、解决问题
装卸	装卸

二、确认资源动因，将分配资源费用到各个作业中心

（一）确认资源费用及资源动因

在分析了青岛某物流公司整个物流流程之后，在提取了和物流活动相关资源的同时，还剔出了和物流活动无关的资源。如图 6-3 所示，为经过整理后的资源表。

表6-3　公司所消耗资源费用表（单价：元）

资源费项目	金额
人工费	560880
通讯费	48000
办公费	337600
养路费	44000
水电费	111615
维修费	304293

续表

资源费项目	金额
差旅费	10000
材料费	226400
燃料费	292300
折旧费	1283200
合计	3308308

在建立了作业中心以后，需要以资源动因作为标准，来将各项资源耗费分配到各个作业中心当中，也就是作业成本库。以下几项为确立资源时需要遵循的原则。

第一，如果能够直观地将某一项资源耗费确定为某一特定劳务或者产品所消耗，那么就可以将其直接计入成本当中，此时，资源动因即为成本动因，也可将此动因作为“终结耗费”对待。一般情况下,材料费会适用于这项原则。

第二，倘若某一项资源耗费能够从发生领域区就划分为某一项作业所耗，那么就可以直接计入其作业成本库，此时，可以将资源动因认定为“作业专属耗费”。各作业中心发生的办公费一般都会适用这项原则。

第三，倘若某一项资源耗费从最初消耗上就呈现出混合耗费的状态，那么就需要选择一个合理的量化依据，来完成资源的分解，与此同时，还要将资源分配给各作业，而这个量化依据即为资源动因。

如表 6-4 所示,为依照上述三项原则来确定的青岛 ** 物流公司的资源动因。

表6-4　资源动因表

资源费项目	资源动因
人工费	人工工时
通讯费	通讯时间
办公费	人员数
养路费	里程数

续表

资源费项目	资源动因
水电费	吨、度数
维修费	维修工时
差旅费	次数
材料费	材料件数
燃料费	燃料用量（升、吨等）
折旧费	机器工时

如表 6–5 所示，为以资源动因为依据，来对作业中的各资源所进行的归集。

表6–5　作业中心资源归集表

作业中心	资源费用
业务承揽	人工费、通讯费、办公费、材料费、差旅费、水电费
系统设计	人工费、通讯费、办公费、水电费、材料费
运输	人工费、折旧费、维修费、燃料费、水电费、办公费、养路费、通讯费
仓储	人工费、折旧费、维修费、水电费、办公费、通讯费、材料费、燃料费
包装	人工费、折旧费、维修费、材料费、水电费、办公费
客户评审	人工费、通讯费、办公费、材料费、差旅费、水电费
订单处理	人工费、通讯费、水电费、办公费、材料费
问题处理	人工费、通讯费、办公费、差旅费、水电费
装卸	人工费、折旧费、维修费、燃料费、水电费、办公费

（二）将资源费用归集到作业成本库

首先，要对每个作业中心所需的资源进行考察，从表 6–5 中能够看出，已经详尽列出每一个作业中心所耗费的资源，比如，订单处理作业所消耗的资源费包括：折旧费、人工费、办公费、维修费、通讯费与水电费。之后，再以资源动因为依据，将资源费用分配至每一个作业本库中。

1. 人工费的分配

此处所讲的人工费主要包括两种，一种为人员工资，另外一种为福利费。通常情况下，会以完成每个作业职工人数与工资标准为依据来进行分配，而福利费通常会工资的 14% 为依据进行提取。如表 6-6 所示，则为工资和福利费分配的结果。

表6-6 人工费分配表（单位：元）

作业资源	业务承揽	系统设计	运输	仓储	包装	客户评审	订单处理	问题处理	装卸	合计
人工工时	400	100	1200	800	600	200	200	100	400	4000
人工费	56088	14022	168264	112176	84132	28044	28044	14022	56088	560880

2. 水电费的分配

通常情况下，会以每个作业所耗费的水的吨位为依据，来计算水费，每吨水为 1.5 元；以每个作业用电度数为依据来计算电费，每度电为 0.5 元。如表 6-7 所示，为具体分配的结果。

表6-7 水电费分配表（单位：元）

作业资源	业务承揽	系统设计	运输	仓储	包装	客户评审	订单处理	问题处理	装卸	合计
水费	500	850	1980	4700	3295	2730	2200	1860	3500	21615
吨	333.3	566.7	1320	3133.3	2196	1820	1466	1240	2434.7	14410
电费	1500	2750	7620	22500	24800	5970	5960	2100	16800	90000
度数	3000	5500	15240	45000	49600	11940	11920	4200	33600	180000
合计	2000	3600	9600	27200	28095	8700	8160	3960	20300	111615

3. 折旧费与办公费的分配

在各项作业动用了相关的固定资产之后就会发生折旧费，因此，可依照各项作业固定资产运用情况来完成折旧费的分配，通常情况下，此种运用会有“专属性”，也就是说，由特定作业运用特定的固定资产。另外，各项办公费同样具备“专属性”，其分配方式与折旧费的基本一致。如表 6–8 所示，为具体的分配结果。

表6-8　折旧费与办公费分配表（单位：元）

作业 资源	业务承揽	系统设计	运输	仓储	包装	客户评审	订单处理	处理处理	装卸	合计
办公费	76800	14400	14400	48000	43200	28800	59200	24000	28800	337600
折旧费	–	–	357000	486000	156000	–	–	–	284200	1283200
合计	76800	14400	371400	534000	199200	28800	59200	24000	313000	1620800

4. 其他各资源费的分配

（1）通讯费

每个作业所消耗的时间乘以电信局标准资源，所得出的各个作业的费用，即为通讯费。

（2）养路费

以每个作业使用的里程数来计算养路费。

（3）维修费

对于维修费的分配，一般会先将总维修工时计算出来，然后，用维修费除以工时，就可得出每个工时维修的费用，之后，依照每个作业具体维修多少工时，就能够得出各个作业所消耗的资源价值了。

（4）差旅费

差旅费可以从会计明细账上直接提出采购所用的费用。

（5）材料费

依照每项作业所用的实际材料件数来计算材料费。

（6）燃料费

依照每项作业所使用的燃料数，来计算燃料费用。

需要注意的是，此处需要深入到企业内部详细的了解情况，并以每个作业所消耗的资源动因一步步计算各项费用。最后，如图 6-9 所示，会得出各项作业中心的成本汇总表。

表6-9　作业中心成本汇总表（单位：元）

作业 资源	业务 承揽	系统 设计	运输	仓储	包装	客户 评审	订单 处理	问题 处理	装卸	合计
人工费	56088	14022	068264	112176	84132	28044	28044	14022	56088	560880
通讯费	17000	2000	8000	3000	–	5000	9000	5000	–	48000
办公费	76800	14400	14400	48000	43200	28800	59200	24000	28800	337600
养路费	–	–	34000	10000	–	–	–	–	–	44000
水电费	2000	3600	9600	27200	28095	8700	8160	3960	20300	111615
维修费	–	–	96800	85800	42600	–	–	–	79093	304293
差旅费	36500	–	–	–	–	28600	–	34900	–	100000
材料费	15600	26200	–	43250	113200	12860	15290	–	–	226400
燃料费	–	–	229600	36560	–	–	–	–	26160	292320
折旧费	–	–	357000	486000	156000	–	–	–	284200	1283200
合计	203988	60222	917664	851986	467227	112004	119694	81882	494641	3308308

最后，会得出青岛某物流公司整年度的物流作业总成本为 3308308 元。

三、确认作业中心成本动因，并将作业成本归集到成本对象

（一）确认成本动因

第一，在业务承揽的作业中心，一切作业均要以人工为主，并且要以人工工时作为成本驱动的因素。

第二，在运输作业当中，运输的成本与其距离是相关的，因此，会以距

离作为驱动因素。

第三，在系统设计作业当中，会以人工工时作为成本驱动因素。

第四，在客户评审作业当中，所需的耗材和人工都是由客户数量决定的，因此，会将客户数当作成本的驱动因素。

第五，将正常的订货过程相关的作业，合并成为一个作业中心，并将订单数作为成本动因。

第六，将协调和客户关系出现问题时所产生的作业，合并成为一个作业中心，并以问题次数作为成本动因。

第七，在装卸搬运作业中，通常都是用机械完成的，因此，会以机时作为成本驱动因素。

第八，在包装作业当中，通常都是用人工完成的，因此，会以人工工时作为成本驱动因素。

第九，假设在仓库中的货物都是用整托盘存放的，因此，可以这一过程当中的托盘数作为成本驱动因素，而仓库环节人员的工资则是由其工作量决定的。在完全托盘化作业的仓库当中，不论每托承载的是哪一种产品，仓库人员所进行的日常工作（如收发货、记账、盘点等）的工作量都是和托盘数呈正比例的，因此，也可将托盘数作为成本驱动因素。

（二）归集作业成本到相应成本对象

在将作业中心和作业中心所对应的作业成本动因确定下来，并将每一个作业的作业动因的数量都完成记录之后，要将每一个作业中心的作业成本计算出来，之后，还要将作业中心的成本相加，所得到的就是整个物流合同的总成本。

此处，需要对成本动因率的概念，以及怎样确定成本动因率进行解释，其中，前者指的是，成本计算的分配标准，而成本计算准确的关键因素为成本动因的准确确定。在将某作业成本库的成本动因确定了之后，应当按照以下公式来计算成本动因率。

$$R_j = \sum_{j=1}^{n} C_{ij} / A_{ij}$$

其中，R_j 表示第 j 个作业成本库的成本动因率

C_{ij} 表示第 j 个作业成本库的第 i 作业成本

A_{ij} 表示第 j 个作业成本库中的第 i 项作业成本动因的数量

n 表示归入 j 作业中心的作业数目

如表 6–10 所示，为成本动因率的计算表。企业通过对各个作业成本的记录，其中，包括物流业务表、成本计算单、作业成本账簿，能够得出作业成本库当中的总的资源消耗，以及成本动因的数量，并以此将各个成本库的成本动因率计算出来。

表6–10　成本动因率计算表

作业中心	作业成本	作业动因量	成本动因率
业务承揽	203988元	工时：2400小时	84.90元/小时
系统设计	60222元	工时：650小时	92.65元/小时
运输	917664元	距离：110000公里	8.34元/公里
仓储	851986元	托盘数：42000个	20.29元/个
包装	467227元	工时：2800小时	166.87元/小时
客户评审	112004元	客户：310个	361.30元/个
订单处理	119694元	订单数：510个	234.69元/个
问题处理	81882元	问题次数：35次	2339.49元/次
装卸	494641元	机时：12500小时	39.57元/小时

在将成本动因率确定了之后，会以项目记录的成本动因数量为依据，来将项目当中的各个作业成本库的作业成本计算出来，在相加之后就能够得出项目的总成本，进而，将案例中的青岛某物流公司所承接的某电器公司物流项目的成本计算出来（表 6–11）。

表6-11　项目成本表

作业中心	物流项目作业动因数	成本动因率	成本
业务承揽	工时：30小时	84.90元/小时	2547.00元
系统设计	工时：20小时	92.65元/小时	1853.00元
运输	距离：1100公里	8.34元/公里	9174.00元
仓储	托盘数：220个	20.29元/个	4463.80元
包装	工时：50工时	166.87元/小时	8343.50元
客户评审	客户：1个	361.30元/个	361.30元
订单处理	订单数：12个	234.69元/次	4679.00元
问题处理	问题次数：2次	2339.49元/次	4679.00元
装卸	机时：85小时	39.57元/小时	3363.50元
项目总成本			37601.40元

四、第三方物流企业运用作业成本法的成功案例——以顺丰速运为例

（一）顺丰的成本特点

1. 成分费用特点

顺丰属于服务型企业，其发生的成本费用具有如下特点：所提供的产品多为服务之类的无形产品，与顺丰品生产过程相关的直接费用占比相对较小；在成本费用中间接费用占比较大，而这些费用缺乏可追溯性，追溯到具体产品比较困难。

2. 运用作业成本法的必要性

作业成本法一方面将成本 核算细分到作业的层面，精确计算出速递产品和物流服务的成本；另一方面，还能准确提供具体客户的服务成本及客户之间的成本差异的相关信息。

3. 作业成本法的优势

作业成本法符合快递企业没有期末库存，产品服务尽可能零缺陷的特点。

快递公司为消费者传递信函，商业文件、实物以及提供服务，对每项作业的衔接性要求较高，从而协调高效地在一定的时限和范围内完成投 递任务，并保证质量和安全。

同时，作业成本法有助于顺丰高效的成本控制系统的构建。基于 ABC 对快递产品服务作业进行成本分析，找出供 应链中的增值作业和非增值作业，消除非增值作业，选择最佳方案，利用规模经济效应提高增值作业效率，如结合价值工程，开展业务流程重组，优化作业链和价值链，使资源浪费降低到最低。

4. 作业成本法需要的支持

作业成本法要求企业财务核算健全并统一，目前我国部分代理 (加盟) 制快递企业做不到这点，但顺丰属于直营式的快递企业，是按照上市公司标准进 行财务核算与管理的。顺丰强大的 ERP 管理系统，为成本核算提供了详细可靠的各种信息，消除或缩减了无效成本，提高了企业的效能。

（二）作业成本法在顺丰速运的具体运用

1. 确定业务流程

顺丰的业务流程主要包括五大作业环节，即收派、分拣集散、中转运输、辅助生产、管理协调。其中，收派、分拣集散、中转运输这三个环节是顺丰主要的作业环节；后两个环节即辅助生产、管理协调，属于作业中心的支持系统，根据前三个环节构建作业成本库。

2. 分配资源

顺丰快递作业涉及的资源有：人工工资、通讯费、车辆使用费、燃油费、路桥费、包装材料费、低值易耗品、分摊费、折旧费等。

顺丰的各项资源按不同的资源动因一一分配到每个作业中心，并且利用统一财务系统集中运算，最后达到最优标准。

3. 特色产品成本计算

顺丰主要特色产品服务包含：顺丰标快、顺丰即日、顺丰特惠、超时退费、汽配专运、海购丰运等；同时顺丰的多元产品服务还有报价服务、免费纸箱供应、代收货款、等。

产品成本的具体核算方法：用每种产品或服务耗用的作业成本动因数，乘以上一步得到的作业成本库分摊率，计算出某作业成本库分摊于该产品及服务的成本费用，再将各成本库追溯于该产品或服务的成本汇总相加，算出总的产品或服务成本；最后用该产品的总成本除以该产品总数量，得出该产品单位成本。

4. 计算并预测产品的盈利

快递企业的成本管理，不能一味考虑暂时的投入，而且该从企业长期发展的角度考虑。

例如，顺丰为了提升分拣效率，首先引入了一小时可以分拣几万件货物的自动分拣装置，不仅大大提升了分拣效率，而且有效避免了传统分拣为了赶时间而抛货，进而对货物造成的损伤。

在运送方面，顺丰引进无人机派送。2017 年 7 月 13 日，顺丰宣布大型物流无人机总部基地项目落户成都双流自贸试验区，总投资 7.4 亿元。预计，2020 年起，顺丰无人机模式开始向全国复制推广。

（三）作业成本法在顺丰的成功运用对于其他第三方物流企业的启示

第一，对各类成本进行合理分类。面对买方市场的环境新特点，树立“以顾客为中心”的管理思想，着眼于成本效益原则，以资源的消耗是否对顾客发生价值增值作业作为评 价成本管理水平的标准，除了财务会计范围内的成本要素外，还应将机会成本、风险成本、时间成本及环境成本等纳 入物流成本核算范围，更好地为公司预测决策服务。比如在快递运输成本中，除了考虑燃料费、过路费等直接成本外，还应考虑机会成本（运输工具闲置损失、回程空载损失）和风险成本（事故预防成本）等。

第二，强调过程管理，即对作业链、价值链进行分析和管理，建立供应链战略联盟。顺丰采取加盟制来扩大规模，在网点铺设中同时使用个人承包、挂靠与直营等多元化的运营模式，既节省了资金，又提升了服务水平。在顺丰的供应 链模式中，需要快递服务的消费者和大型公司处在它的上游，处于顺丰下游的则是快递要送达的顾客或企业。

第三，坚持“成本中心管理在先”原则，协调规划各环节 成本。如在人员聘用上,快递具备季节性特征,上半年为淡季,业务量较小,下半年特别是“双十一”期间业务量较大，因此可根据实际需要聘用人员，同时加强兼职人员的使用和储备，降低成本的同时提高人员使用的效率。

总体而言，目前我国快递行业仍处于由竞争向垄断发 展的阶段，进入市场化时间并不长，发展还不够成熟。但是如果可以合理理工作业成本法分析的话，有利于促进各个物流公司进入。

第四节　第三方物流企业作业成本管理研究

第三方物流企业成本管理的具体含义为：将作业成本法应用在第三方物流企业成本管理当中，并以增加顾客价值、实现组织竞争战略为目标，另外，在全面分析作业以及作业链的基础上，利用作业成本法来完成核算提供的信息，并且这是一种面向物流企业全流程的动态化、系统化以及前瞻性的成本控制方法。

现代物流企业在实施了作业成本法之后，管理的焦点不再是“产品或者服务”，而变成了“作业”，并且还会将成本发生的前因和后果联系起来之后，再需求控制成本的方法和途径。成本作业法是通过对作业的跟踪和动态反映，以及事前、事中、事后的价值链及作业链的分析，来实现企业持续“高效益、低成本”的目标的。

在实行了以作业成本法的成本管理思想之后，物流企业的成本管理就能够深入到作业层次当中，而且还能够进一步扩大管理的深度和广度，从而使得物流企业成本管理能够聚焦在作业中，在分析了作业，并将作业之间的关系理顺，以及分析了企业和行业的作业链之后，就能够将非增值作业消除，与此同时，还能够使增值作业变得更有效率，另外，还能够是企业的成本管理一直处于改进的动态中。

第三方物流企业作业成本管理会按照四个步骤循环进行，具体包括：作业分析、作业成本预算、作业成本差异计算和分析，以及业绩评价和作业改进。除此之外，在运动和设计第三方物流企业作业成本管理体系的时候，还必须要考虑以下四个方面的要求，与此同时，还要依照次序组织衔接，循环进行。

第一，作业分析。

第二，建立责任中心成本控制标准。

第三，作业成本差异计算和分析。

第四，业绩评价和作业改进。

一、作业分析

作业分析的主要内容包括：辨别并力求摆脱不增值，或者不必要的作业；按照成本高低对必要作业进行排序，并重点分析排在前面的作业；比较本企业作业和同行先进水平的作业，以此来判断某项作业或者企业整体作业是不是有效，以此来寻找改善的机会。

（一）以作业为核心分析成本和价值

作业成本管理是以“作业”作为核心的，它的基本原理可以从以下两个方面来理解。

1. 作业的物理流方面

以顾客与市场的需求来对现行作业链进行分析，识别并且力求将不必要的作业摆脱掉，另外，还要对机会大的作业进行重点分析，在分析的时候一定要采用“高基准战略”，以此为基础瞄准对自己企业来讲最具有威胁性的竞争对象的服务或者产品。除此之外，还需要对引起无效或者低效作业的因素加以辨别，也就是说，探索各类非增值作业的根源，进而改进或者重构现有的作业链。

2. 作业的价值流方面

其通过计量、确认作业以及作业本，最终，将产品的成本计算出来。产品作为企业内部一系列作业的集合体，其凝聚了在各个作业上所形成的，并且在最后转移给顾客的价值。从价值流的角度分析，作业成本管理应将最终产品的成本（主要包括减少产品所消耗的作业以及降低作业所消耗资源的成本）尽量降到最低。

（二）物流作业链和价值链分析

从作业成本管理的物流，也就是作业链管理的实质来分析，共有两个主要目标，具体如下。

第一，从企业自身角度分析，就是尽可能地从顾客提供的价值中获得更多的利润。

第二，从外部顾客的角度分析，就是尽可能地通过作业来为顾客提供更多的价值。

企业为了将上述两个目标实现，一定要深入到作业水平来进行作业分析。

1. 区别增值作业与非增值作业

增值作业指的是，为最终劳务或者产品增加价值，倘若缺少它，就会影响顾客对劳务或者产品的满意程度。与之相反的是，如果不能够为最终产品，或者劳务增加价值的作业，被称为非增值作业。对两者进行判别的标准为：倘若去掉该项作业，是不是能够给顾客提供和之前相同的价值。

2. 区别高效作业和低效作业

高校作业指的是，成本费用低且完成效率高的作业；低效作业指的是，成本费用率高且完成效率低的作业。

3. 分析各作业之间的或作业的内在联系

对各个作业之间，或者作业的内在联系进行分析的目的就是改进和优化作业链。由于作业之间是相互联系，并且会形成环环相扣的作业链的，因此，想要分析作业本身，就要先分析作业之间的练习。即便作业是增值高效作业，也可能会由于作业之间的联系问题，对企业整个作业链的运行价值和效率产生影响。作业之间环环相扣，既没有重叠，也没有断开，并且作业之间的延误、等待也处于最小，即为理想中的作业链。由此可知，分析作业链的目的，即为将作业重叠现象，以及作业之间的延误、等待进一步地消除，从而使作业效率提升。

4. 作业分析的最终目标

将非增值作业消除，使增值作业的效率提升，最终，使作业链达到最优，为作业分析的最终目标。

（二）如何消除非增值作业

如果从是不是能够增加顾客价值的角度来定义非增值作业，其具体指的是，不能够为最终服务或者产品增加价值的作业，缺少它也不会影响顾客对服务或者产品的满意程度。

如果从企业角度来定义非增值作业，其具体指的是，没有必要，或者虽然有必要但是效率低效并且能够改进的作业活动。

主要通过以下几步来确定，并且减少或者消除非增值作业。

第一，辨别作业，并对作业进行分析，将企业内部全部的重要作业辨别出来。

第二，拆分作业，并将辨别出来的作业拆分成为最基本的实践活动，比如，将采购辨别为一项作业之后，应当将其拆分为多项作业，具体包括：选择供应商、谈判、编制购货单、取得零件规格、订购及付款作业。

第三，确认非增值作业，可以考虑的问题包括：作业是不是能够有效地执行下去？作业增值是不是具备时间性？作业是有必要的吗？

第四，理解作业之间的衔接关系（最关键的就是辨别非增值作业），以及根本动因与动机。

第五，进行绩效计量，比较作业的绩效和基准，而管理当局的注意力可集中于非增值作业之上，这样能够促使其持续不断的改进生产过程，进一步动态的消除非增值作业。

二、作业成本预算

作业成本预算主要包括：增值作业分析和非增值作业分析、作业成本形态分析、作业成本弹性预算。

（一）作业成本性态分析

成本性态描述的是作业产出水平变化时，成本是不是发生了变化，当作业产出变化时，成本不发生变化的是固定成本；而完全随着作业产出增长而增长、下降而下降的成本，则是变动成本；混合成本指的则是既有固定成本，又有变动成本的成本。

由于可通过作业动因来计量作业产出，因此，固定成本可以说是一种在相关范围之后，当作业动因水平发生变化时，总量能够维持不变的成本；变动成本指的则是一种随着作业动因的变化，会在总体上呈现正比例变化的成本。

（二）物流作业成本弹性预算

在作业量的大小以及作业项的多少发生变化时，物流成本的高低也会随之发生变化。虽然物流成本和物流作业量并不是呈严格的 y=bx 的线性关系，但是，在物流成本期间范围无限小的具体情况下，物流成本和作业量之间的线性关系的假设是成立的。

物流作业成本弹性预算指的是，在不能够准确预测成本动因数量的情况下，企业为了使预算和实际之间的可比性能够保持下去，而以成本性态分析的资源费用和成本动因的关系为依据，并依照不同的成本动因数量所编制的一套具有伸缩性的预算。

弹性物流成本预算相较于依照特定成本动因量所编制的静态预算，具有两个非常明显的特点，具体如下。

第一，其是依照一系列成本动因数量完成变质的，进而使得预算的适用范围扩大了。以企业不同物流作业的具体情况为依据，来选择不同的成本动因系列，无论是实际成本动因量达到了哪一种水平，都会有一套适用的成本数据发挥控制作用。

第二，其是依照物流成本的不同形态分类列式的，在计划期的最后阶段可以实际成本动因量为依据，来计算应达到的成本水平，由此可知，弹性作业成本预算能够使预算执行情况的考核与评价均建立在更为合理、有效、科学的基础之上。

在完成弹性物流作业成本的编制时，第一步就是要将合适的物流作业量的计量单位确定下来，并且还要规定有效的作业量范围，第二步则是以各项物流成本和物流作业量之间的数量关系为依据，将各项预算物流成本计算出来，并且还要用一定的方式表达出来。

1. 物流作业量的计量单位的选择

应当以不同性质的物流作业为依据，分别确定物流作业量的计量单位。比如，当编制运输成本预算时，可采用公里数来计量；当编制包装成本预算时，可采用包装件数来计量包装的作业量等。对于不同的物流作业，应当采取不同的计量单位，如果是一些不能够加总的物流作业量，就需要分别进行计算。

2. 物流作业量范围的确定

应当以企业不同物流作业的作业量的实际变动情况为依据，来确定物流作业量的范围。作业量范围通常可定在正常工作量的 70% ~ 110%。

3. 弹性物流成本预算的表达方式

弹性物流成本预算有三种表达方式，分别为：多水平法（亦称为列表法）、图示法与公式法。下面将结合实例对多水平法进行重点分析。

采用多水平法时，首先要做的就是在研究的物流作业量范围之内，将物流作业量划分为多个不同的水平，与此同时，按照成本形态分类来排列物流成本项目，之后，分别对物流成本进行估算，并汇总列入一个预算表格当中。

在既定的范围之内，可以预算准确性的实际需要为依据，灵活的制定物流作业量的间距。如果间距大一些，那么水平级别就会少一些，进而能够使预算的编制工作得到简化。但是，如果间距过大，就会使弹性预算的优点不复存在。如果间距小一些，就能够较为准确地控制成本，但是，如果间距过小，就会使预算编制的工作量显著增加。

这种方法的优点在于，无论实际工作量是多少，都不用经过计算就能够获得相关作业量的预算成本，即用来控制物流成本会比较方便。

如表 6-12 所示，即为一个用多水平表达的包装成本的弹性预算。在这个表当中，将五种包装作业量水平的成本投入量分别列了出来。依据实际情况，也可以依照更多的作业量水平来列示物流成本投入量。在这个表格当中，包装作业量的间距为 50000。

表6-12　某年度的青岛**包装作业中心成本弹性预算

包装作业量（件数）	350000	400000	450000	500000	550000
占正常包装作业的百分率	70%	80%	90%	100%	110%
变动包装成本					
直接材料费（每件0.40）	140000	160000	180000	200000	220000
直接人工费（每件0.20）	70000	80000	90000	100000	110000
电费（每件0.05）	17500	20000	22500	25000	27500
煤气费	14000	16000	18000	20000	22000
水费	3500	4000	4500	5000	5500
变动包装成本合计	245000	280000	315000	350000	385000
固定包装成本					
折旧	10000	10000	10000	10000	10000
维修	5000	5000	5000	5000	5000
管理费用	30000	30000	30000	30000	30000
固定包装成本合计	45000	45000	45000	45000	45000
包装作业中心成本总计	290000	325000	360000	395000	410000

三、物流作业成本差异计算与分析

在各种不同原因的作用下，一定期间每个作业中心的实际作业成本，一般都不符合标准作业成本，而两者之间的差额则被称为标准作业成本差异。完整的差异分析与计算，共包括以下三个步骤。

步骤一：计算差异的数额，并分析差异的种类。

步骤二：在步骤一的基础上进行差异调查，并将差异产生的具体原因找出来。

步骤三：判明责任，并采取措施来改进成本控制、

物流作业成本差异分为两种，一种为物流变动成本差异，另一种为物流固定作业成本差异，下面将分别计算和分析两种差异。

（一）变动作业成本差异计算与分析

可将变动成本差异归纳为两种，一种为价格脱离标准所造成的价格差异，另一种为用量脱离标准的数量差异。差异模型如下所示。

实际变动作业成本 = 单位成本动因消耗的实际资源 × 实际成本动因量

按单位标准资源费用计算的变动作业成本 = 单位成本动因消耗的标准资源 × 实际成本动因量

标准变动作业成本 = 单位成本动因消耗的标准资源 × 标准成本动因量

其中：

价格差异 = 实际变动作业成本 — 按单位标准资源费用计算的变动作业成本

数量差异 = 按单位标准资源费用计算的变动作业成本 — 标准变动作业成本

总差异 = 价格差异 + 数量差异

变动作业成本的价格差异反映了某一期间的耗费水平，具体来讲，就是

单位成本动因消耗的资源费用脱离了标准之后，所导致的超支或者节约数额。各项变动资源费用，比如，动力、燃料消耗、奖余等实际消耗的超支，或者节省所造成的资源的节约或者浪费，是形成价格差异的主要原因，并且应该由物流资源供给部门负主要责任。

变动作业成本的数量差异反映的则是某期间实际成本动因量与标准成本动因量脱离后，搜造成的节约或者超支。形成数量差异的原因是多方面的，比如，工人劳动情绪不佳、工作环境不良、辅助设备选用不恰当，以及工人经验不足等。作业中心负责人应该对这种情况负主要责任。

（二）固定作业成本差异计算与分析

固定作业成本差异所消耗的资源，其实是在使用之前预先取得的，无发生物流作业之前其实就已经确定了能够达到的物流作业的产出水平。

库拍和开普兰均认为，在短期之内，大部分企业资源的经营支出，并不会随着成本动因量的变动而发生变动，也就是说，资源成本是固定的。但是，在生产产品的各种成本因量发生变化的同时，每个期间使用资源的数量也会随之变动。为了使成本信息质量提升，必须要利用“未利用生产能力”这个概念，具体表示如下。

可利用的成本动因量 = 利用的成本动因量 × 未利用的生产能力

可利用的作业成本 = 利用的作业成本 × 未利用的作业成本

一般采用三因素分析法来计算与分析固定作业差异，成本差异可分为三种，具体包括：数量差异、价格差异与未利用生产能力差异。以下则是其计算模型。

实际固定作业成本 = 单位成本动因消耗的实际资源 × 实际成本动因量

预算固定作业成本 = 单位成本动因消耗的标准资源 × 可供利用的成本动因量

按单位标准资源费用计算的固定作业成本 = 单位成本动因消耗的标准资源 × 实际成本动因量

标准固定作业成本 = 单位成本动因消耗的标准资源 × 标准成本动因量

其中：

价格差异 = 实际变动作业成本—预算固定作业成本

数量差异 = 按单位标准资源费用计算的固定作业成本—标准固定作业成本

未利用生产能力差异 = 预算固定作业成本—按单位标准资源费用计算的固定作业成本

总差异 = 价格差异 + 数量差异 + 未利用生产能力差异

其中，未利用生产能力差异指的是，固定作业成本预算数与按照单位标准资源费用和实际成本动因量计算的金额之间的差额。

四、业绩评价与作业改进

结合上述差异分析的结果，对责任中心进行评价的目的有两个，具体如下。

第一，对过去的业绩进行相应的奖励与惩罚。

第二，对未来的取向进行分析。

作业改进则是一种提高效率与降低成本的有效方法。比较常用的方式有四种，具体如下。

（一）作业消除

作业消除指的是，消除无附加价值的物流作业、已经确认的无效措施。非增值作业为作业消除针对的内容。

（二）作业选择

作业选择指的是，从多个不同的作业当中选择出最佳的作业。通过比较各种作业成本，选择出具有较低成本的作业。

（三）作业降低

作业降低指的是，以改善已有物流作业的方式来使企业物流活动所耗用的资源与时间得以降低。此种方法主要用在短期改进非增值作业，以及提高增值作业效率这两个方面。

（四）作业分享

作业分享是利用规模经济来将相应的物流作业效率提高，即提高作业的投入产出比，以此来将分摊到产品当中的物流成本，以及作业动因分配率降低。规模经济则是作业分享的指导思想，因为作业的产出越大，单位作业分组的成本就会越低。

第七章 制造企业物流成本管理研究

党的十八大以来，我国制造业蓬勃发展，向相关的物流水平提出了更高的要求，尤其是随着“中国制造”向“中国智造”发展趋势日益明显，我国制造业对于物流管理水平的要求也在日益提升，因此，是保证制造业物流良性循环的前提下，有效控制物流成本，不仅具有一定的学术意义，更具有相当的社会意义，本章从各个角度，对制造业物流成本的管理进行了研究，并对制造业物流管理的优化提出了对策。

第一节 制造企业物流业务流程及其成本分析

一、制造企业的一般业务流程

企业的各种流程归为三大类：战略类流程— 直接促进和服务于公司战略目标达成的流程；营运类流程— 指导各部门、各业务单元运做流程；支持性流程— 那些提供支持和保障作用的流程。根据业务流程与价值增值的密切程度将流程进一步划分为两大类：支持类和直接增值类。

第一，支持类流程包括需求预测和获取订单，采购外包与供应商管理

依据外部需求的确定性程度，企业的任务来源有两种基本形式：预测的需

求和已获取的订单。不论是哪种形式的需求，也不管它们是通过何种途径和何种方式获得，这些来自客户的需求和订单，即构成了制造企业的任务来源，是制造活动得以发生的依据和动力，也提供了企业赖以生存的利润。

对处于某一企业所在的产业链（或价值链）的上下左右环节的其他企业来说，它们的存在或提供了基于分工的交换和协作关系，或提供了竞争的压力，或提供了既合作又竞争的战略关系。因此，对于采购和外包以及与之相关的供应商管理，我们可以这样来理解：它们都是由某些企业的制造过程派生出来的，是其制造活动的外部延伸。

无论是企业利润之源的顾客，还是企业所在产业链（或价值链）上的上下游其他企业，或是处于产业链（或价值链）的相同环节上的企业（如研发、生产、物流分销等），从广义上理解，都构成了一个企业主体的外部环境。借用科斯的交易费用论的市场概念，这时都涉及跨越主体企业边界的交易。相对于企业内的增值流程而言，与之有关的流程都理解为制造企业的支持流程。

第二，直接增值流程—包括研发、生产装配、销售物流及客户服务

相对于前面讨论的两个支持流程而言，研发、生产和销售物流及客户服务这三个子流程构成了一个企业的直接增值环节，也是本文将着重讨论的主干业务流程。下面将简要介绍这三个增值流程。

（1）研发流程

知识经济的到来，信息技术的迅猛发展以及全民族对于创新的高度重视，使愈来愈多的企业意识到研发对于企业生存和发展的重大意义。但是，不同的企业由于所处产业链条的位置不同或者输出的产品或服务的差异，研发的地位和重要性是有差异的；甚至在产品或产业的不同生命周期发展阶段，与之相对应的企业研发战略也各有不同。

一般而言，企业 R&D 投资的模式是与公司的市场战略和研发资源的分布状况有很大的关系。企业研发战略主要取决于研发活动的战略重要性程度和研发能力的相对水平。研发的战略重要性和研发能力的相对水平的匹配状况，直接决定了一个企业采取何种研发战略：自主开发、联盟、收购和外包。就技

术的保密性而言，自主开发将是最好的办法，但是投资耗费巨大；联盟的形式也被越来越广泛地采用；一般情况下，如果公司的研发能力相对有限，研发活动的战略重要性较低，公司就趋向于收购研发机构或进行外包，即利用企业外的研发资源支持该公司额研究和开发。

当然，随着企业公司能力的变化，或者由于企业环境的改变使得研发活动在企业中战略地位和重要性发生相对变化，企业的研发投资模式和研发战略也必然做出相应的调整。

（2）生产装配流程

传统的制造企业的优势环节在于生产，一个企业的规模往往也是以其所拥有的固定资产规模和生产能力（比如生产线的数量）来衡量，似乎只有这些才足以证明企业的实力，才是企业销售收入和利润的可靠来源。

但是，在现代的市场经济下，为了应付复杂且变化的生存条件和竞争环境，企业愈来愈重视敏捷性和快速响应能力。实现敏捷性的重要前提是加强销售环节和供应商管理，以便与客户和供应商建立动态的紧密的联系；至于具体的生产环节和制造过程则可以通过组织动员和协调利用社会资源和外部能力，即灵活地采取外包和虚拟生产等方式，联合其他生产商和供应商共同实现顾客需求的满足，即采取“组合生产、联合供给”的方式。这是一个愈来愈有效的供求匹配方式，也是一种愈来愈高级而且复杂的企业运作模式。这时的企业应该是“哑铃型”，企业的核心能力和优势环节并不在于生产和装配系统。

（3）销售物流和客户服务

现在，愈来愈多的人认识到物流成为企业的“第三利润源”，客户服务也正在逐步代替生产成为企业的核心活动。对大多数制造企业来说，在新的竞争环境中，唯一的制胜准则在于：实现客户化，即为满足不同客户的独特需求提供独特的产品和服务。借助现代化的流程管理技术，在销售和物流子系统中收集到的客户信息被传送并应用到企业流程系统的各个部分，借此企业的预测、计划、供应链管理、生产、库存控制、销售和客户支持功能得以强化和有效集成。而且，Web 技术的应用将对客户的支持扩展为远程、24 小时和自动式的服务，销售、订单处理和管理信息的集成使客户服务和销售紧密结合在一起。在 Puccinelli（2003）看来，B2B、企业应用集成（EAI），B2C 和工作流现在都能被整合到流程管理（BPM）中，以建立端到端的业务流程来实现对扩展企业的支持。

一般来说，制造业流程一般在实际中有以下几个层次构成。

第一个层次，企业内的各职能环节（即子流程）的优化和内部集成，形成一个个效率单元或流程模块；追求部门或局部的效率，这跟传统的职能管理比较接近。传统的管理方式客观存在着部门的界限和职能机构的重叠，中间层次多，运用手工来处理一些重复的但非增值性的如统计、汇总、填表等工作或环节必然效率低下，如此种种。因此，为了适应业务流程管理的需要，必须在部门内部进行流程再造和流程改进，这是整个业务流程管理的微观基础，信息孤岛也是这一阶段的产物和必然现象。

第二个层次，企业内各流程模块之间的衔接、组合优化和集成。仅仅有了对各个业务模块的优化还不足以从根本上改善企业的绩效进而实现流程管理的整体目的，还必须在企业内部各子流程之前实现无缝连接和协同，才能发挥结构优化效应，从整体上提高企业流程的效率和响应速度。

第三个层次，跨越企业边界的流程的衔接、优化和集成，这是流程管理的最高层次，也是最复杂的层面。从基本要素来看，企业内部存在着物流、信息流、资金流的流动，企业与企业之间也存在着这样的流动关系。在分工日趋细化和开放合作愈加重要的时代，一个企业仅仅依靠自己的资源参与市场竞争往往处于被动，必须把同经营过程有关的各方纳入一个整体的供应链中，这样每个企业内部的价值链就通过供应关系联系起来，形成更高层次、更大范围的供应链。这样，跨越企业边界的流程管理既可能涉及产业链（价值链）环节前后之间的复杂的衔接关系，也可能包含着产业链（价值链）环节左右之间的合作和竞争关系。换句话说，既包括价值链（流程）的纵向一体化，也包括价值链（流程）的横向一体化。

跨企业边界的业务流程管理通过整合实现了产业上游供应商、产业下游经销商（客户）、物流运输商及服务商、零售商以及往来银行的垂直一体化运作，同时，也建立起横向的协作、外委、分包、联合和联盟关系。它弥补了供应链管理的不足，管理的视野不仅局限于企业内部，而且延伸到供应商和客户，甚至供应商的供应商和客户的客户，建立的是一种跨企业的协作机制，它覆盖了从产品设计、需求预测、外协和外购、制造、分销、储运和客户服务等全过程。处于流程系统中的企业之间不再是零和博弈，而是谋求多赢和共同发展。由于跨企业边界的业务流程管理已经不再局限于企业内部，而是延伸到供应商和客户，甚至供应商的供应商和客户的客户，使得管理人员控制企业的广度和深度在增加，相应地，实施管理的难度和复杂程度也大大提高了。

计划与控制是业务流程管理的核心。值得说明的是，在业务流程管理的一般构成模型中，虽然计划作为一项基本而且核心的职能和活动得到体现，但这并不意味着计划和控制也是一个相对独立的子流程，在前面有关业务流程的分类中，计划也没有列入其中。实际上，这里的计划不能简单理解为通常意义上的生产计划或制定生产计划的过程，而是指企业经营和战略管理层次上的计划和统筹安排，它贯穿于整个制造周期；其实质就在于为实现与市场机会的有效匹配，主体企业通过企业内或企业间的资源和能力的动员、组合和集成，实现相互协同和有效运作，以满足市场需求（即实施组合供给的过程）。

从实际运作来看，制造企业是以生产物质商品作为自己的赢利手段，资源的获取、转换和分配是制造企业经营活动的主要内容；用最少的资源消耗、生产出满足社会需求的产品并获取最大的增值是制造企业的追求。而资源的获取、转换和分配就是通过计划与控制来完成的，计划和控制的能力必然而且需要通过企业的整体效率和长期效益体现出来。

因而，计划和控制作为企业经营和战略管理的灵魂，也是体现一个企业竞争力的核心所在。我们认为，计划和控制也是企业流程管理的核心，它贯穿于所有子流程和每一项主要活动中，并围绕着生产制造这个环节而展开。由此可见，制定生产计划仅仅是其过程的一部分，而且生产计划也不过是广义计划及其职能外在化的产物之一。

二、制造企业的物流业务流程

（一）订单处理

物流中心的交易起始于客户的咨询、业务部门的报表，而后由订单的接收，业务部门查询出货日的存货状况、装卸货能力、流通加工负荷、包装能、配送负荷等来答复客户，而当订单无法依客户之要求交货时，业务部加以协调。由于物流中心一般均非随货收取货款，而是于一段时间后，予以结账，因此在订单资料处理的同时，业务人员尚依据公司对该客户的授信状况查核是否已超出其授信额度。此外在特定时段，业务人员尚统计该时段的订货数量，并予以调货、分配出货程序及数量。退货资料的处理亦该在此阶段予以处理。另外业务部门尚制定报表计算方式，做报表历史资料管理，订定客户订购最小批量、订货方式或订购结账截止日。

（二）采购

自交易订单接受之后由于供应货品的要求，物流中心要由供货厂商或制造厂商订购商品，采购作业的内容包含由商品数量求统计、对供货厂商查询交易条件，而后依据我们所制订的数量及供货厂商所提供较经济的订购批量，提出采购单。而于采购单发出之后则进行入库进货的跟踪运作。

（三）进货入库

当采购单开出之后，于采购人员进货入库跟踪催促的同时，入库进货管理员即可依据采购单上预定入库日期，做入库作业排程、入库站台排程，而后于商品入库当日，当货品进入时做入库资料查核、入库品检，查核入库货品是否与采购单内容一致，当品项或数量不符时即做适当的修正或处理，并将入库资料登录建档。入库管理员可依一定方式指定卸货及栈板堆叠。对于由客户处退回的商品，退货品的入库亦经过退货品检、分类处理而后登录入库。

一般商品入库堆叠于栈板之后有两种作业方式，一为商品入库上架，储放于储架上，等候出库，需求时再予出货。商品入库上架由电脑或管理人员依照仓库区域规划管理原则或商品生命周期等因素来指定储放位置，或于商品入库之后登录其储放位置，以便于日后的存货管理或出货查询。另一种方式即为直接出库，此时管理人员依照出货要求，将货品送往指定的出货码头或暂时存放地点。在入库搬运的过程中由管理人员选用搬运工具、调派工作人员、并做工具、人员的工作时程安排。

（四）库存管理

库存管理作业包含仓库区的管理及库存数控制。仓库区的管理包括货品于仓库区域内摆放方式、区域大小、区域的分布等规划；货品进出仓库的控制遵循：先进先出或后进先出；进出货方式的制定包括：货品所用的搬运工具、搬运方式；仓储区储位的调整及变动。库存数量的控制则依照一般货品出库数量、入库所 时间等来制定采购数量及采购时点，并做采购时点预警系统。订定库存盘点方法，于一定期间印制盘点清册，并依据盘点清册内容清查库存数、修正库存账册并制作盘亏报表。仓库区的管理更包含容器的使用与容器的保管维修。

（五）补货拣货

由客户订单资料的统计，我们即可知道货品真正的需求量，而于出库日，当库存数足以供应出货需求量时，我们即可依据需求数印制出库拣货单及各项拣货指示，做拣货区域的规划布置、工具的选用及人员调派。出货拣取不只包含拣取作业，更应注意拣货架上商品的补充，使拣货作业得以流畅而不至于缺货，这中间包含了补货水准及补货时点的制定、补货作业排程、补货作业人员调派。

（六）流通加工

商品由物流中心送出之前可于物流中心做流通加工处理，在物流中心的各项作业中以流通加工最易提高货品的附加值，其中流通加工作业包含商品的分类、过磅、拆箱重包装、贴标签及商品的组合包装。而欲达成完善的流通加工，必执行包装材料及容器的管理、组合包装规则的制定、流通加工包装工具的选用、流通加工作业的排程、作业人员的调派。

（七）出货作业

完成货品的拣取及流通加工作业之后，即可执行商品的出货作业，出货作业主要内容包含依据客户订单资料印制出货单据，订定出货排程，印制出货批次报表、出货商品上所要的地址标签及出货检核表。由排程人员决定出货方式、选用集货工具、调派集货作业人员，并决定所运送车辆的大小与数量。由仓库管理人员或出货管理人员决定出货区域的规划布置及出货商品的摆放方式。

（八）配送作业

配送商品的实体作业包含将货品装车并实时配送，而达成这些作业则须事先规划配送区域的划分或配送路线的安排，由配送路径选用的先后次序来决定商品装车的顺序，并于商品的配送途中做商品的追踪及控制、配送途中意外状况的处理。

（九）会计作业

商品出库后销售部门可依据出货资料制作应收账单，并将账单转入会计部门作为收款凭据。而于商品购入入库后，则由收货部门制作入库商品统计表以作为供货厂商请款稽核之用。并由会计部门制作各项财务报表以供营运政策制定及营运管理之参考。

（十）运营效率统计

除了上述物流中心的实体作业之外，良好的物流中心运作更要基于较上阶层的管理者透过各种考核评估来达成物流中心的效率管理，并制订良好的营运决策及方针。而营运管理和绩效管理可以由各个工作人员或中级管理阶层提供各种资讯与报表，包含出货销售的统计资料、客户对配送服务的反应报告、配送商品次数及所用时间的报告、配送商品的失误率、仓库缺货率分析、库存损失率报告、机具设备损坏及维修报告、燃料耗材等使用量分析、外雇人员、机具、设备成本分析、退货商品统计报表、作业人力的使用率分析等。

三、制造企业物流成本的构成与特征分析

（一）制造企业物流成本的构成

1. 常规物流成本的构成

物流成本指的是产品在实物运动过程中，如包装、装卸、运输、储存、流通加工等各个活动中所支出的人力、财力和物力的总和。物流成本管理就是对物流相关费用进行的计划、协调与控制。

我国在2006年颁布实施的国家标准《企业物流成本计算与构成》中指出："物流成本是企业物流活动中所消耗的物化劳动和活劳动的货币表现，包括货物在运输、储存、包装、装卸搬运、流通加工、物流信息、物流管理等过程中所耗费的人力、物力和财力的总和以及与存货有关的流动资金占用成本、存货风险成本和存货保险成本。"该定义的物流成本包含方面的内容：一方面是直接在物流环节产生的支付给劳动力的成本，耗费在机器设备上的成本以及支付给外部第三方的成本；另一方面包括在物流环节中因持有存货等所潜在的成本，如占有资金成本、保险费等。

现代物流成本的范围更广，贯穿于企业经营活动的全过程，包括从原材料供应开始一直到将商品送达到消费者手中所发生的全部物流费用。物流成本按不同的标准有不同的分类，按产生物流成本主体的不同，可以分为企业自身物流成本和委托第三方从事物流业务所发生的费用即委托物流费。如果按物流的功能，可以对物流成本做如下分类：

（1）运输

主要包括人工费用，如运输人员工资、福利等；营运费用，如营运车辆燃料费、折旧、公路运输管理费等等；其他费用，如差旅费等。

（2）仓储成本

主要包括建造、购买或租赁等仓库设施设备的成本和各类仓储作业带来的成本。

流通加工

主要有流通加工设备费用、流通加工材料费用、流通加工劳务费用及其他。

（3）包装

主要包括包装材料费用、包装机械费用、包装技术费用、包装人工费用等。

（4）装卸与搬运

主要包括人工费用、资产折旧费、维修费、能源消耗费以及其他相关费用。

（5）物流管理

包括企业为物流管理所发生的差旅费、会议费、交际费、管理信息系统费以及其他杂费。

一般来说，物流成本一般有以下几种分类：

一般分类：直接成本或运营成本、间接成本；

按物流功能范围分类：运输成本、流通加工成本、配送成本、包装成本、装卸与搬运成本、仓储成本、物流信息技术相关成本；

按物流活动范围分类：供应物流费、企业内物流费、销售物流费、回收物流费、废弃物物流费。

（二）制造企业物流成本特征分析

物流成本和其他成本比较，有许多不同之处，但是最突出的只有两点，这两点被归结为物流冰山现象和效益背反（交替损益）现象。

物流冰山现象本来是日本早稻田大学西泽修教授研究有关物流成本问题所提出来的一种比喻，在物流学界，现在已经把它延伸成物流基本理论之一，把它看成是德鲁克学说的另一种描述。

物流冰山理论认为，在企业中，绝大多数物流发生的费用，是被混杂在其他费用之中，而能够单独列出会计项目的，只是其中很小一部分，这一部分是可见的，常常被人们误解为他就是物流费用的全貌，其实只不过是浮在水面上的、能被人所见的冰山一角而已。

交替损益现象，是物流成本的另一个特点，物流成本的发生源很多，其成本发生的领域往往在企业里面是不同部门管理的领域，因此，这种部门的分割，就使得相关物流活动无法进行协调和优化，出现此长彼消、此损彼益的现象是经常有的。其实，在任何一个大系统中，系统要素之间经常会出现这种矛盾，系统工程的主要目的，也在于从系统高度寻求总体的最优。

第二节　我国制造企业物流成本管理的现状分析

一、我国制造企业物流成本核算的现状与问题

（一）我国制造企业物流成本核算的现状

1. 按支付形态划分并核算物流成本

把物流成本分别按运费、保管费、包装材料费、自家配送费（企业内部配送费）、人事费、物流管理费、物流利息等支付形态记账。从中可以了解物流成本总额，也可以了解什么经费项目花费最多。对认识物流成本合理化的重要性，以及考虑在物流成本管理应以什么为重点，十分有效。

2. 按功能划分并核算物流成本

分别按包装、配送、保管、搬运、信息、物流管理等功能来核算物流费用。从这种方法可以看出哪种功能更耗费成本，比按形态计算成本的方法能更进一步找出实现物流合理化的症结。而且可以计算出标准物流成本（单位个数、质量、容器的成本），进行作业管理，设定合理化目标。

3. 按适用对象划分并核算物流成本的方法

按适用对象核算物流成本，可以分析出物流成本都用在哪一种对象上。如可以分别把商品、地区、顾客或营业单位作为适用对象来进行计算。

按支店或营业所核算物流成本，就是要算出各营业单位物流成本与销售金额或毛收入的对比，用来了解各营业单位物流成本中存在的问题，以加强管理。

按顾客核算物流成本的方法，又可分按标准单价计算和按实际单价计算两种计算方式。按顾客计算物流成本，可用来作为选定顾客、确定物流服务水平等制订顾客战略的参考。

按商品核算物流成本是指通过把按功能计算出来的物流费，用以各自不同的基准，分配各类商品的方法计算出来的物流成本。这种方法可以用来分析各类商品的盈亏，在实际运用时，要考虑进货和出货差额的毛收入与商品周转率之积的交叉比率。

4. 采用 ABC 成本法核算物流成本

以活动为基础的成本分析法是被人为确定和控制物流费用最有前途的方法。

以作业为基础，把企业消耗的资源按资源动因分配到作业，以及把作业收集的作业成本按作业动因分配到成本对象的核算方法。其理论基础是：生产导致作业的发生，作业消耗资源并导致成本的发生，产品消耗作业，因此，作业成本法下成本计算程序就是把各种资源库成本分配给各作业，再将各作业成本库的成本分配给最终产品或劳务。

（二）我国制造企业物流成本核算存在的问题

1. 物流会计核算的范围、内容不全面，只涉及部分物流费用

目前，企业日常物流会计核算的范围着重于采购物流、销售物流环节，忽视了其他物流环节的核算。按照现代物流的内涵，物流应包括：供应物流、生产物流、企业内部物流、销售物流、逆向物流等。与此相应的物流费用包括：供应物流费、生产物流费、企业内部物流费等。

从核算内容看，相当一部分企业只把支付给外部运输、仓储企业的费用列入专项成本，而企业内部发生的物流费用，由于常常和企业的生产费用、销售费用、管理费用等混在一起，因而容易被忽视，甚至没被列入成本核算。其结果导致物流成本的低估或模糊。影响了会计信息的真实性，不利于相关利益者以及企业内部管理者的决策。

2. 物流会计信息的披露与其他成本费用的披露混杂

从物流会计信息的披露看，由于物流活动贯穿于企业经营活动的始终，因而对于相关物流费用的核算基本上并入产品成本核算之中，与其他成本费用混合计入相关科目。例如，对于因取得存货而发生的运输费、装卸费、包装费、仓储费、运输途中的合理损耗、入库前的挑选整理费等，作为存货的实际成本核算，进而作为销售成本的一部分从总销售收入中扣除以得到总利润。物流会计信息与其他信息的混杂，致使有关物流的数据信息需从相关会计信息中归纳，过程复杂且数据的时效性差，不利于物流管理和绩效的评价。

3. 部分物流费用是企业间接费用的一部分，其分配方法依然沿用传统会计方法

随着物流费用对企业利润贡献的加大，传统会计方法中间接费用依据生产过程中的直接人工工时或机器工时的分配不仅歪曲了产品、服务成本，不利于生产业绩的考核、评价，而且高级管理人员基于这些数据所做的决策也是不正确的。

二、我国制造企业物流成本控制的现状与问题

按照我国的标准物流术语，物流成本是指物流活动中所消耗的物化劳动和活劳动的货币表现。具体地讲，所谓物流成本是指在企业物流活动中，物品在空间位移（包括静止）过程中和时间上所耗费的各种资源的活劳 . 动和物化劳动的货币表现总和，即在企业经营活动中的需求预测、选址、采购、配送、包装、装卸搬运、运输、储存、流通加工、订单处理、客户服务、返还品处理、废弃物处理以及其他辅助活动等环节中所指出的人力、财力和物力的总和。具体表现为企业向外部企业支付的物流费用、企业内部消耗掉的物流费用、企业材料物流费用、销售物流费用等。而物流成本管理提办寸物流相关费用的计划、协调与控制。

对于制造企业来说，企业物流是指在生产经营过程中，物品从原材料供应，

经过生产加工到产成品的销售，以及伴随生产消费过程中所产生的废弃物的回收及再利用的完整循环活动，包括物料在仓库与车间之间每个环节的流转、移动和储存（含停滞、等待）及有关的咨询管理活动，它由采购物流、生产物流、销售物流、回收物流等组成，是一个集商流、信息流、资金流、实物流、人才流为一体的供应链。

制造业物流的实质解决的仍是物料采购、库存、供给、生产计划安排、配送、实施布置、流程优化等一系列的运作问题。制造业企业物流研究的目标，就是使一定数量不同特征的物料，在保证产品质量的条件下，按照生产工艺过程的要求，经过不受交叉干扰的最短路线，达到物料高效经济流动的目的。制造业物流是以企业经营为核心的物流活动，是具体的、微观物流活动的典型领域。在制造业经营活动中，物流是渗透到各项经营活动之中的，如同资金流和信息流一样贯穿于制造业企业流程的全过程。制造业系统活动的基本结构是投入——转换——产出，即是原材料、燃料、人力、资本等的投入，经过制造或加工使之转换为产品或服务，物流活动便是伴随着企业的投入——转换——产出而发生的。相对于投入的是企业外供应或企业外输入物流，相对于转换的是企业内生产物流或企业内转换物流，相对于产出的是企业外销售物流或企业外服务物流。所以制造业的物流成本是指企业在进行供应、生产、销售、回收等过程中所发生的运输、包装、仓储、配送、回收等方面的费用。

我国制造业目前物流成本的现状

1. 物流成本核算存在的问题

（1）成本核算标准不统一

由于物流成本的核算范围由各企业依据自身的需要进行认定，目前国家没有统一的计算标准，使得各企业物流成本包含的范围不同。

（2）成本核算范围不全面

在通常的企业财务核算表中，物流费用核算的只是企业对外部运输业所支付的运输费或在仓 储过程中所支付的商品保管费等传统的物流费用，而对于企业内与物流操作相关的人员费、设备折旧费、固定资产损耗等各种费用则与企业其他经营费用统一计算，从现代物流管理的角度来看，企业难以正确把握实际的企业物流成本。

（3）没有单独设立物流成本科目

目前，我们对物流成本的构成认识比较模糊，传统的成本核算方法以标准的会计科目为基础，没有对物流成本设立单独的科目来进行核算，各企业基本上以会计报表的分类方法，将与物流活动相关的各种支出列示于企业的各项费用内，或者仅仅将部分的物流成本随材料、制造费用等计入产品的制造成本中，使得企业的产品成本中对物流成本的反映不够全面。这样的核算方法将大量物流成本被隐藏在各种费用的名目下，使得人们对物流成本的整体构成缺乏认识。

2. 物流成本费用总体比例过高

从原材料到产品的生产过程中，制造企业中物流的工作量常常是产品重量的几十倍，甚至数百倍，而由此造成的各行业的物流成本也在生产费用中占有相当高的比例：机械制造业的物流成本费用占全部生产费用的15% ~ 30%。冶金行业的物流成本费用占全部生产费用的35% ~ 45%，鲜活产品的物流成本高达70%，据统计海运周期的50%为靠港装卸，装卸费用占总运费的30% ~ 60%，铁路运输的装卸费用占总运费的25%。由此我们可以看出，物流存在巨大的潜在效益。

3. 库存比例过高，流动资金周转速度慢

当前，我国制造业物流速度缓慢最重要的表现就是库存比例过高。国际公认的库存商品与国内生产总值的比例在发达国家一般不超过1%，在发展中国家约为5%，而我国目前的制造业库存大约在3万亿元左右，约占10万亿国内生产总值的30%，这是商业物流不畅的重要表现。据有关资料显示，目前我国制造企业成品库存约15天，原材料库存约30天，商业销售库存约35天，而国外一些企业的产品库存的时间不超过10天。

以制造企业为主体的流动资本库存量大、周转速度慢，物流系统效率低，导致巨额资本占用，这是我国物流成本过高的重要原因。

4. 运输投资落后，导致物流效率降低，运输成本过高

当前制造企业物流成本上升主要在于运输趋紧，运价上调，造成运输成本提高，由于运力不足造成有效供给不足，运输存在严重缺口，而制造业物流管理相对落后，造成运力阻滞，库存流转不畅，同时，物流技术相对落后，物流速度低、流量小。此外，我国物流投资规模相对较小，滞后于物流需求的增长，这既是当前国民经济发展中出现的交通瓶颈、物流不畅的重要原因，也是我国制造业物流效率相对较低、物流成本依然偏大的重要原因。

5. 物流信息化程度滞后

现代信息技术是现代物流的支柱之一，缺少了物流信息系统的支持，物流成本控制的效果便要大打折扣。物流信息技术在企业中应用的落后，已成为我国企业物流成本过高的一个重要因素。目前，我国企业物流技术水平远远落后于发达国家企业物流技术水平，许多企业由于资金不足，在物流信息设施上投入不足，设施老化、物流作业手段落后等问题，导致物流作业效率低下，费时费力，生产经营成本居高不下，许多企业的信息化建设滞后，企业电子化水平低，导致信息加工和处理手段落后，远远不能满足企业和顾客的要求。

第三节　作业成本法下制造企业物流成本计算分析

对于怎样定义企业的物流成本，国家相关部门对此有明确的相关结论，在《企业物流成本构成与计算》一书中，我们可以找到：实际上一些产品从一个地方转移到另外一个地方，或者在占用时间的过程中都会消耗各种劳动，而这些劳动用货币来表现，就形成了企业的物流成本。例如，企业从原材料采购、运输、存储、生产、销售等各个环节都需要耗费各种财力、人力和物力，这些就形成了企业的物流成本。

一、作业成本法的定义

所谓作业成本法，主要是指企业通过设计一个作业链，将一系列作业放到这个作业链中，通过“资源—作业—成本对象”进行连接，也就是通常所说的“作业耗用资源、资源消耗作业”，生产出顾客所需要的产品。其中，作业是整个作业链的核心，根据各种资源被耗用的情况，计算出这些资源的成本，将其分配到作业中，再计算出各个产品所耗用的作业的多少，最后计算出产品的成本。

二、建立制造业企业物流作业体系的步骤

想要运用作业成本计算法来计算企业物流成本，首先就要找出哪些资源是需要确定的，划分为几个作业中心；其次需要确定资源动因、作业成本动因，通过这些建立一个框架，将产品成本计算出来，根据算出的结果确定该如何控制企业物流成本。

（一）确认资源

资源是指一个企业在生产产品过程中需要耗费的各种材料的统称，它的耗用才产生了企业的成本。资源包括的面很广，整个作业链中所耗用的各种人、财、物都可以被当作资源，而直接材料、直接人工和间接制造费用等是大部分企业耗用资源的形式。而企业的物流资源在现行的会计核算制度下，企业的财务报表中并没有与物流成本相关的直接记录，这要求我们要能够准确区分哪些是物流资源，哪些是非物流资源，从而方便我们将其从原始财务信息中剥离出来。

（二）确认作业与作业中心

所谓作业，主要是指在企业内部，为了实现某一目标，需要耗用一定的资源，而这个耗用过程就是作业，它算是整个作业链中最小的成本单元。作

业在整个作业链中是最主要的，在整个产品生产经营过程中都能看到作业的影子，比如采购原材料、仓储、生产、销售，都需要消耗一定的人力、物力、财力，他们都可以视为一个资源消耗过程，也就是作业。作业中心主要是指通过不同的分配方法，将各种作业分门别类，有同一作业动因的作业分在一起，这样就形成了作业中心，能够方便计算成本。划分作业中心的好处是企业能够更加准确、明了地计算一组相关作业的成本，有助于企业进行物流成本控制。

根据企业物流范围划分企业物流成本，我们可将其分为供应物流成本、企业内物流成本、销售物流成本、回收物流成本、废弃物流成本，并将企业物流活动划分为五个作业中心，即供应物流中心、企业内物流中心、销售物流中心、回收物流中心、废弃物流中心。

由于企业的物流链是由不同的物流服务功能所构成的，所以在每个物流中心下都会发生包装、仓储、运输、流通加工、装卸搬运、物流管理、物流信息等物流活动，因此，在每个作业中心下，依次可以确认运输作业、仓储作业、包装作业、装卸搬运作业、流通加工作业、物流信息作业、物流管理作业七个作业。

这样划分的主要目的是在不打破企业内部营运部门结构的同时，先将资源归集到五个物流作业中心中去，而后通过作业中心的不同作业，将作业归集到产品中去。

（三）确定资源动因与成本动因

资源动因是指资源被各作业消耗的方式和原因，是引起作业成本变动的因素。当某一资源为多个物流中心的同一项物流作业使用时，我们就需要确定它的资源动因，然后通过一定的方法将其分摊到各个作业中心中去。成本动因是指导致成本发生的因素。成本动因通常以作业活动耗费的资源来进行度量。如运输作业中的运输里程、运输次数，物流信息作业中的管理时间消耗，物流管理作业中的管理时间消耗等。

三、建立制造业企业物流成本核算框架

企业物流成本的大体核算框架主要包括“资源→营运部→作业中心→物流作业→产品”这样一个过程，在这样一个基于作业成本法的核算框架内，企业物流成本核算最大限度地被细分到各个作业中，从而被最大限度地分配到各个产品中。

四、作业成本法下的制造业企业物流成本账务流程设计

根据企业成本核算会计流程，可分为三个步骤：一是分析确认物流资源，将各种财务信息从财务部门提取出来，如明细表、原始凭证等，分析人员分析这些信息，并将其分类为物流成本与非物流成本，归集、编制物流资源凭证；二是编制物流作业凭证，成本核算人员需从五个作业中心收集资源消耗的情况，编制物流作业凭证；三是编制会计报表，成本核算人员根据以上凭证信息，结合各种单据、账簿编制物流成本会计报表，包括企业物流成本主表与附表。最后企业管理者可根据这些详细的物流成本信息来控制企业的物流成本，进而控制企业的总成本，在激烈的市场竞争中取得成本优势。

企业做出正确的经营决策的先决条件是要有准确的成本信息作为判断依据。近几年随着科技的发展，越来越多的企业在生产经营过程中运用高新技术，这使得人工成本所占比重开始变小，其他间接费用比重不断上升，特别是物流成本在经济全球化的当下所占比重越来越大，对企业来说也越来越重要，作业成本法的出现使得这部分成本能够精确计算、正确归集、准确分配到产品中去，大大提高了成本核算的准确性，为企业进行成本控制提供了良好的先决条件。而且还衍生出了作业成本管理方法，为企业进行成本控制提供了新的方向。

第四节　制造企业物流成本的核算方法

常见制造企业的特点决定其不能使用作业成本法或标准成本法，而应对其成本核算方法进行简化，采用实际成本法，使成本核算方法能适应其管理现实的需要。常见制造企业由于受规模、财力、人力资源的限制，企业内部关联制度、稽核制度、计量验收制度、财务管理制度、成本核算制度、财务收支审批制度等基本制度不完整，存在管理系统运行不畅、会计基础工作薄弱、会计信息数据采集不准确等问题。具体表现为：没有专职的成本核算人员；辅助核算部门不独立核算；车间划分不明显或虽划分明显，但仍存在传递手续不完善，信息失真等现象。因此，需要探讨建立一种简单的方法来促进常见制造企业成本核算，就显得十分必要。

一、核算方法的选择依据

成本核算过程中，必须按照产品品种算出产品成本。按产品品种计算成本，是产品成本计算最一般、最起码的要求，品种法是最基本的成本计算方法。若有需要或管理上是按订单生产，也可使用分批法。同时，因常见制造企业一般不对外筹集资金，不需向公共部门报送报表，所执行的也就不是严格意义上的《企业会计制度》或《小企业会计制度》，执行的是参照税法相关规定的会计政策。

二、相关科目设置及核算思路

（1）常见制造企业一般不分别设置基本生产成本和辅助生产成本两个科目，而是将其合并为一个生产成本科目，不按产品设置明细账，直接设原材料、工资及福利费、电力（燃料动力）、制造费用等几个二级明细科目对大项费用进行归集。因为一般小型制造企业经营范围有限，产品的生产工艺和产品结构及所耗原材料大致相同，除了主要原材料能归属到具体产品外，其他项目并不能直接归属到具体产品，核算到产品也没有太多实际意义。当原料及产品区别较大时，可以按产品设置明细营改增或用成本核算表代替，以表代账。

（2）小型制造企业车间划分不明显或即便划分明显，也因传递手续不完善，制造费用科目可不按车间设明细营改增，直接设机物料、修理费、折旧等几个二级明细科目对车间费用进行归集。同时，因常见制造企业管理人员多直接参加生产管理，这种由管理人员参与且发生不多、金额不大的与生产有关的差旅费、办公费没必要再设制造费用——办公费、差旅费等二类科目，而是直接记入管理费用。制造费用月底不先进行分配，而是转到生产成本科目后统一分配。

（3）原材料范围，在满足需要的前提下，只把产品构成比例较大的几种做原材料，既能减少工作量，又可将非主要原材料提前进入了成本。对车间月末已领取未使用的原材料，应酌情处理。若价值较低，归入当月即可；若价值较高，应办理退料手续转入下月。废品损失只在管理上做处理，不单独做成本核算。若管理上或生产工艺上非常有必要，可设置自制半成品科目，否则可以不设置半成品科目。

（4）不设在产品（半成品）科目，生产成本科目月末余额即为其成本；对于在产品（半成品）构成中所占比重较小且数量众多的存货，建议采用实地盘存制计算每月实际消耗量。

（5）不设低值易耗品科目，直接记入制造费用——机物料或修理费明细科目，同时设备查账以备管理需要；若需要设立时，亦采用一次摊销法，入账的同时即进行分配。

（6）折旧按税法规定的年限计算，可省去纳税调整的烦琐工作；税法没有明确规定的，再参考财务制度的其他规定。

三、成本核算资料的形成

（1）成本计算离不开物资仓库和使用车间等单据的传递、归集、整理等，需要企业应建立相应的管理制度，如库房收发管理制度、生产物资的领用制度等。

（2）生产过程中的各种记录、生产通知单、领料单、入库单等资料要及时转交会计部门；取得原材料库月报表，先比对已入财务账的原材料与库房所报购入数量是否有差异，若有应属发票未到者，要估价入账。

（3）日常发生的与生产有关的费用归入生产成本或制造费用科目；计提折旧，结转制造费用科目到生产成本科目。

（5）由生产车间、相关部门提供各工序在产品（半成品）的数量及价值完成度。

四、核算方法评价与核算过程中应注意问题

（1）核算方法评价。核算基本准确，能满足成本分析的需要，但不够精确；在产品（半成品）按完成度折算成相当的产品产量估计不够准确；理论依据不够充分，适用范围也不太广，主要适用于已做过详细成本核算、产品的生产工艺和产品结构及所耗原材料大致相同的企业；有一定的科学性，和工时比例法、工资比例法、材料比例法原理不一样，但效果相近。

（2）核算过程中要注意的问题。充分考虑正常停工与非正常停工对核算造成的影响；企业内部相互委托加工问题（互相多重委托）；生产研发耗用问题；试生产阶段无产品产出耗用问题。

第五节　制造企业物流成本的控制研究

根据我国制造企业物流成本的现状，对制造企业物流成本的控制有以下设想。

一、树立物流新理念

现阶段，我国企业必须树立物流新理念，充分认识到物流对于企业的战略地位，意识到物流服务的重要性。首先，企业要加强物流的地位，将其真正摆到企业第三利润源的位置上加以对待，企业要改变以前以规模效益为获得经济效益的主要途径的思想，这不仅要体现在生产上，而且要体现在物流上即及时物流上。其次，要充分树立服务的观，树立客户需求至上的理念，处理好企业物流与用户的关系，加强两者的沟通和协调，并可通过利润分享、市场开拓和信息传递等手段，使两者成为战略协作伙伴关系，合理布局企业物流的地理位置，为用户提供方便优质服务。

二、建立相关的物流成本核算系统

在企业的成本核算系统中建立专门"物流成本"的核算科目，从现行的成本会计及财务会计账户中分离出关于物流成本的内容，并对企业发生的物流成本进行核算。

制造企业物流系统的成本涉及的主要内容包括：直接人工费用、运输费（包括包装费和搬运费）、仓储费（仓库折旧等）、利息费用、办公费、差旅费、低值易耗品摊销等。由于这些支出散落在多个会计账户中，在不打破原有的财务会计的框架下，设置“物流成本”二级科目，利用部门核算的原理进行汇总统计。在二级科目下设“供应物流成本”“生产物流成本”“销售物流成本”“废弃物流成本”三级科目进行归集。

三、建立物流信息系统

建立物流信息系统，企业可以在各项经营活动开展过程中，对从接受订货到发货的各种物流职能进行控制，使之实现高效率，并且能够增加物流系统各环节对市场变化反应的灵敏度，可以减少库存，节约成本。企业的物流信息系统必须有明确的功能定位和具体的流程说明，企业物流对信息系统的选用或开发，必须坚持以实用为原则。实际上，企业建立物流信息系统主要是建立包含其中的物流理念和适合企业本身实际的物流作业流程。

四、改造企业的组织结构

要从根本上解决企业内部物流职能分散，物流活动难以协调的问题，必须从改造企业的组织结构入手，建立现代的企业物流组织结构，即一体化的组织结构。其一体化主要表现在：物流的每一个领域被组合构建成一个独立的直线运作单元。由于运作的责任领域得到很好的界定，作为一个运作单位，对制造的支持和对采购及物资配送的支持是同等对待的。每个单元都有足够的灵活性来适应其各自的运作领域所要求的关键服务，制造支持被定位为运作服务，确定了其共同的服务方向，可在物资配送、采购、包装之间直接沟通，物流信息系统将成为独立于物流对于企业本身和物流本身至关重要的部分，凸显出信息对于物资流动、生产制造、市场营销的重要性，督导和信息一样位于组织的最高层次上，督导关注的是物流系统的运作质量和物流服务的质量。一体化物流组织的绩效由于传统组织内的物流功能被归组为单一的命令和控制结构而获得了前所未有的提高。

五、企业建筑布局合理化

生产园区布局不合理已经成为制造企业物流规划与改造的一个重要的难点。由于厂区布置的不合理导致厂内物流运作不畅，装卸搬运次数增多、搬运距离过长等，直接提高了物流管理的运作成本，并且给今后厂内物流的合理化改造带来很大麻烦。

第八章　B2C电子商务企业物流成本管理研究

当前，网络购物已成为人们日常生活中的一种重要购物方式，对 B2C 电商企业来说这无疑是一个极大的发展机遇。但其同时也使 B2C 电商企业的物流成本急剧增加，从而是严重制约着 B2C 电商企业的长远发展。本章主要对 B2C 电商企业的物流成本管理的现状、问题等进行分析和研究，并据此提出一些改善建议。

第一节　B2C电子商务企业物流成本管理概述

一、B2C电子商务企业物流成本的构成分析

（一）正向物流成本

物流成本是指在物流活动中耗费的物化劳动的货币表现。正向物流成本在通常情况下指的产品在包装运输、流通加工、物流配送等空间位移的过程中所耗费的各种资源的货币表现。在 B2C 电子商务企业中，为了能够更好地对正向物流成本内部之间的关系进行分析和了解，我们将物流成本分为显性成本和隐性成本两部分。

在物流活动环节中，如果所产生的费用能够通过数据的明确计算获得，

那么这部分费用就称之为显性成本，例如仓储费用、运输费用、流通加工费用和物流信息系统发生的费用等。在企业中，通过会计账簿可以很方便地查阅到显性成本，了解企业的成本情况，因而很受企业经营者的重视。但事实上，显性物流成本在企业的整体物流成本中的占比并不大，只是其中的一小部分。

物流系统损耗和物流引致成本则被称之为隐性成本。其中，物流系统损耗是依据效益背反的原理，存在于物流系统内的子部分和要素之间的效益互相对立制约的情况以及还有系统设计的不完整导致的损耗。正是由于物流系统损耗的存在，从而使得最终所花费的成本比系统最优运作时要多一些。而物流引致成本则是由物流体系自身引发的、但是却产生在物流系统以外的其他部门的费用或者削减的收益。

在企业中，往往会采用多种方式去降低物流显性成本，但这些措施的使用不一定就能达到想要的目的，有时甚至会导致隐性成本的增加，最终得不偿失。相反，如果企业能够适当的增加物流投资，优化物流过程中的环节，则可能会使隐性成本减少，最终降低物流的总成本。因此，在进行物流成本控制过程中，企业应从自身的整体效益出发，通过增加对物流资源的投入来降低物流的总成本。

（二）逆向物流成本

美国物流管理委员会对逆向物流是这样定义的：逆向物流是对原材料，加工库存品、产成品，从消费地到起始地的相关信息的高效率、低成本的流动而进行规划。从总体上来看，逆向物流可以分为回收物流和废弃物流两大类。其中，回收物流是质量或规格不符合要求的产品的返修、退回和包装容器等返回到供应方形成的货物流通。废弃物流是指按照市场的实际需求，对那些已经不具备最初使用价值的物品进行采集、分类加工、包装运输等，然后送到专业的处理场所而形成的货物流通。

据美国逆向物流学会在2000年的调查得知，美国在2000年的逆向物流成本达到了400亿美元。伴随着逆向物流成本的增加，企业对逆向物流也开始逐渐重视起来，为了提高自身在逆向物流方面的处理能力，很多企业通过

采用引进先进技术和应用现代信息系统等管理措施来降低逆向物流

在 B2C 电子商务企业中，任何一家企业都会遇到客户退货的问题，因此，为将此过程中所产生的逆向物流尽可能地降低，企业应当制定退货依据、接受退货的方式、对已退货物的处理方式等相关计划和政策，并对退货政策进行适当的调整。

二、B2C电子商务企业物流模式及其成本控制

（一）B2C 电子商务的特点

1. 销售商品种类繁多

当前，B2C 电子商务发展得十分迅速，通过电子商务企业，我们几乎可以买到所有种类的零售商品。琳琅满目的商品为消费者多样化的需求提供了保障。

2 客户群庞大而分散

B2C 电子商务有着数量庞大的客户，并且这些客户遍及全国各地，有的甚至还有世界其他地方的客户。正是由于这些海量客户的存在，使得 B2C 有着巨大的销售量，但由于这些海量客户是分散在各地的，因而也给 B2C 电商的配送系统造成了一定的压力。

3. 客户购买多为 SKU 件

通常情况下，客户在 B2C 电子商务中的单次交易往往是 SKU 单件，从而使得 B2C 电商在处理订单和商品分拣上需要耗费大量的时间和精力，进而影响处理的效率，加大了成本。

4. 配送时间要求较高

在 B2C 电子商务中，客户往往要求电商企业要在 3 到 5 天的时间内将货物送达，同时又由于电商之间为争取更多的客户大打服务仗，从而进一步加大了企业在配送时间和配送服务上的压力。

5. 服务质量要求较高

在 B2C 电子商务中，商品的质量、规格、服务等往往是客户最为关注的方面，为了吸引客户的眼球，企业必须不断提高相应的商品质量和服务质量，以期满足客户的需求。

（二）B2C 电商企业物流模式介绍及其成本分析

在我国，由于每个 B2C 电子商务企业的物流体系水平都存在一定的差异，从而使得其经营模式也各不相同。从总体上来看，我国 B2C 电商企业的物流模式有自营物流模式、第三方物流模式和共同配送模式三种。

1. 自营物流模式

在我国的 B2C 电商企业中，大多数经营的时间比较长，基本上都建立了自己的物流系统和分销渠道。在成本方面，自营物流模式的优势有着很大的优势，其主要体现在以下几个方面：

（1）减少资金占用

相较于将物流承包给第三方物流公司来说，自营物流配送体系可以实现日清日结，减少资金的占用，从而使得企业免于面对大量资金被占用的压力，实现资金的快速周转，降低资金成本。

（2）增强物流成本可控性

在自营物流系统中，企业可以监控和把握物流运输过程中的每一个环节，进而能够对每个环节所产生的成本进行调控，提高了物流的效率。例如，对配送员进行培训，使其在送货的过程中可以对客户进行产品介绍与安装说明，对最新活动、最优产品进行宣传等。

（3）降低逆向物流成本

品牌文化是 B2C 电商企业的一个非常重要的方面，在自营物流的 B2C 电商企业中，其不但可以对物流过程中的每一个环节进行掌控和管理，还能通过对员工的培训来增强客户对商品、物流状况以及服务体验的满意度，进而从很大程度上减少退货物流，降低逆向物流成本，同时也使企业形象得到一定程度的提高。

总而言之，自营物流的优势是不言而喻的，但需要注意的是，由于自营物流的建设需要大量的资金投入，并且在建设的前期需要花费大量的时间和精力，因此，B2C 电商企业应当根据自身的实际状况来决定是否建设自营物流系统。从当前来看，我国 B2C 电商自营物流主要覆盖在一、二线城市，而在三线以下城市则覆盖较少，特别是在乡镇地区，往往还需要与第三方物流进一步合作。

2. 第三方物流模式

当前，我国大部分 B2C 电商企业的规模较小，不具备雄厚的经济实力，因而还不具备建设自营物流系统的全部条件。并且，在向较为分散的市场配送商品时，自营物流往往需要承担高额的成本，从而给企业造成较大的经济负担，在这种情况下，就往往需要与第三方物流进行合作。

第三方物流的优势主要体现在以下几个方面：

（1）仓储成本较低

在物流成本中，仓储成本是一个重要组成部分。B2C 企业通过与第三方物流进行合作可以从很大程度上降低仓储成本，甚至实现零仓储成本，从而减轻 B2C 电商的负担。

（2）规模经济和范围经济

在物流配送方面，第三方物流可以说是比较专业的，从它们本身来看，具有较强的资本积聚的能力以及集成化、信息化管理体系，规模较大，覆盖的范围较广。

（3）交易费用较低

通过与第三方物流合作可以更好地协调企业与服务商、客户之间存在的各种问题，简化了问题处理的环节，进而使企业之间的交易费用得到一定程度的降低。

3. 共同配送模式

在 B2C 电商企业中，除了采用自营物流系统和与第三方物流合作进行商品配送外，实体结合网络的模式也是一种运用较广的物流配送模式。企业可以通过自建实体店或与实体点进行合作，然后在依托传统连锁实体店的基础上，建立网上商场，开展货物销售、配送服务。B2C 电商在平台上接到客户订单，再将货物从附近的实体连锁发出送货上门，从而节省送货时间和配送成本，既可以让客户享受快捷的购物体验，提高了物流运作效率，同时还降低了整体物流成本。但需要注意的是，在采用这种模式进行商品配送时，实体店和网络商城很可能会在经营理念、管理规定等方面产生矛盾和冲突，同时，由于 B2C 电商与当地实体销售本就是竞争的双方，这无疑也会使得一些成本的增加。

第二节　B2C电子商务企业物流成本控制的现状与问题

一、B2C电子商务企业物流成本控制的现状

（一）现行会计核算体系仍然传统，对物流成本核算不完整

当前，在我国的物流成本管理上，主要采用成本分析法来进行会计核算。但在成本分析法中，其包括所有权成本分析、直接产品盈利率分析和目标成本管理，而对采购、库存、管理、逾期和监督类的成本管理则并未进行考虑，因此，在具体的实际工作中，成本分析法存在着较大的固有缺陷，并不能对物流成本进行完整的核算。为此，创建比较完善的物流数据库来做支撑是一个非常重要的环节。在所有权分析法中，其能对供应链中的各个环节的物流成本进行准确的分析，但其缺点在于不能提供整个供应链的成本信息，也不能体现出购买方行为对供应方成本的影响。与所有权分析法类似，目标成本法对整个供应链的成本信息也无法得出，其只是通过实际市场需求来推算成本，无法准确地对企业成本计算分摊进行指导，并且在业务流程分析和再造上也无法提供最直接的帮助。

（二）信息技术得以广泛应用，但仍缺乏信息与数据整合

信息技术的发展是电子商务企业获得发展的基础，其为电子商务的正常运作提供最直接的技术支持。从信息技术发展的历程来看，其主要经历了数据处理、微机和网络三大阶段。在这三个阶段中，每个阶段都是呈曲线发展的，引入、扩散、控制、集成这四个阶段整合在一起就是整个发展的轨迹。我国电子商务水平经过近二十年的发展，也获得了极大的提高。当前，我国电子商务企业即将走入集成阶段，相信在不久的将来，我国的电子商务系统将会为客户提供更加完善的服务。在与高新技术结合的情况下，企业的信息集成度越高，其在市场竞争中的地位也就越有利。

目前，我国B2C电商企业在信息化方面的投入较大，但在整合数据降低物流成本上水平较低，从而使得他们在物流成本的控制方面缺乏有力的措施。伴随着电子商务的发展，B2C电商企业的ERP系统也应获得同步的发展，否则，即便企业有着海量的市场信息，但由于缺乏对数据的整合，最终也无法发挥出这些数据的作用，进而阻碍企业的发展。如果电商企业的信息技术应用与企业发展不协调，那么不仅会浪费资源，影响物流效率，而且持续的不协调会还会使得企业在激烈的市场竞争中难以立足，难以向更高层次突破。

（三）库存控制更合理，但仍然会造成仓储资源浪费

在电子商务中，其连接的是厂家和客户，不存在中间各个阶层的分销和零售环节，从而在很大程度上规避了各种环节对需求预测不准确的影响，并且产销周期通常比较短，因而也在一定程度上避免了高库存的风险。例如，B2C电子商务企业可以通过对页面点击情况、浏览频率、收藏以及购买概率等分析得出客户的爱好、需求等，进而制定出产品的研发计划。此外，B2C电商企业也可以利用网络的快速反应来提高资金周转率，进而提高投资回报率。

当前，我国的闲置商品占GDP的比例约为30%，这与国际上公认的发展中国家库存物资占GDP的比例不超过5%的标准相差很大。当然，造成这一局面的原因是多方面的，但其主要原因就是供应链系统的不完善，在这个供

应系统中，每个环节都有其成本控制政策，极大地增加了各环节的不协调性，从而容易造成市场上的“牛鞭效应”，使得仓储成本偏高或者缺货成本偏高，以及仓储上升但是空载率却很高的现象，而这些都极大地降低了仓库的使用效率，抬高了B2C电商企业的物流成本。

（四）配送规划更简洁高效，但有局限性尚处于初级阶段

相较于传统的物流配送企业，B2C电商企业的优点在于没有空间的限制，可以利用信息系统让虚拟企业将散步在各个不同地方分属于不同所有者的仓库集聚起来成为集成仓库。从而增大了服务的范围和货物集散的空间，减少了仓储对存货数量和种类的限制。

当前，我国B2C电商企业的物流中心大多是以单一的团体存在，在物流配送的过程很难形成经济配送，同时，在基础设施功能方面也比较薄弱，无法形成较高程度的机械化和自动化。正是由于这些方面的不足，从而使得我国B2C电商企业的物流速度和物流效率较低，远远落后于国外水平。例如，美国的立体仓库应用先进信息技术，配备专业的通信网络，使用托盘、货架铲车和吊车来搬运装卸货物；；日本在物流上使用了更为先进的自动化设备，运用电脑控制的自动机器人和机械手来完成分拣、托运，诸如此类尖端科技在物流领域的使用，极大地提高了物流运作效率，降低了物流成本。

二、B2C电子商务企业物流成本控制的问题

（一）传统的成本核算方法难以正确把握实际物流成本

企业能否准确地把握自身的物流成本是其能否采取适当措施来保持竞争力，有效控制物流成本的关键所在。事实上，在我国的B2C电商企业中，其采用的大多是传统的成本核算方法，从而很难完整地将物流成本体现出来。

首先，从现有的会计制度来看，会计科目的设置存在一定的缺陷，其并没有将物流成本纳入会计科目中，其相应的物流服务成本往往体现在销售费用、管理费用、生产成本、营运支出这类的账户当中，而真正实际发生的物

流成本却并没有体现在会计账本上，在这种情况下，由于企业无法准确得知物流成本，从而使得其对物流成本的支出无法进行准确地核算、分析和把握，最终使得企业很难采取合理有效的措施来控制物流成本。

其次，我国会计制度、会计监督还有待完善。在很多B2C电商企业中，会计操作是一种很常见的现象，而这种现象的存在就极大增加了核算体系展示出来的物流成本数据与实际显示情况不符合的机率。并且，在对物流成本的归属理解上，不同的B2C电商企业有着不同的看法，因而对于类似的物流成本，他们可能会设置在不同的会计科目中，而这又使得不同企业之间的物流成本变得不具有可比性。从而又增加了B2C电商企业通过比较来推断自身在行业中所处的水平，采取适当措施来进行物流成本控制的难度。

伴随着B2C电商企业对物理成本控制的重视程度的增加，成本核算方法的固有缺陷也逐渐凸显出来，越来越多的B2C电商企业开始采用作业成本法来进行成本核算。作业成本法的核心是作业，其是一种根据资源动因、作业动因，将作业成本分配给产品和服务的成本计算方法，相较于传统核算方法，作业成本法在对制造费用的分配上有其独到之处。随着科技的进步，产品的附加值在逐渐增多，制造费用的比重也在逐渐加大，面对这些变化，运用传统核算方法很难正确的反映产品的研发、营销等费用，而作业成本法的出现则弥补了传统核算方法在这方面的不足，成为贯穿整个产品流程成本的强有力手段。

对于处于发展转折时期的我国B2C电子商务来说，如何做到有效控制和测量物流成本是一个急需解决的关键问题。在B2C电商企业对物流成本的控制中，如果没有合理明确的会计核算制度和体系，那么其发展也必然会受到一定的限制，因此，当前我国B2C电商企业重点要做的就是应用更为清晰有效的核算制度、更新传统核算方法而运用作业成本法。

（二）缺乏把物流服务作为产品计算成本的意识

在物流配送的过程中，B2C电商企业需要依据物流服务合同为客户提供相应的专业化服务，因而会耗用企业一定的成本和资源，形成企业的成本。

如果企业要提高对客户的服务水平，那么由此造成的成本就必然会增加，因此，在B2C电商企业中，应当将物流服务视为一种成本，是由企业生产并销售给客户的一种商品，将物流服务纳入成本核算对象，并对其进行明确的核算。

在物流服务中，物流质量是一个非常重要的因素，在物流服务一定的情况下，物流质量高可以减少物流成本。在一般情况下，物流服务质量的提高需要一定物流成本的支持，如果B2C电商企业只顾眼前利益而忽视物流服务质量，那么其结果必然会使得物流总成本提高，因此，对于物流服务，B2C电商企业必须有一个清晰的确定，并对其进行准确的评估。

当前，在我国的B2C电商企业中，能够根据完成的服务合同来确定物流服务成本的只是少数，绝大多数企业对物流服务成本缺乏准确的评估。企业在完成一项物流服务后，往往不能明确把握每一项物流服务的成本是多少，也很难明确得到每种物流服务对总成本以及利润的影响，而这些都极大地增加了企业对物流成本进行控制的难度。

（三）供应链管理薄弱且管理系统未能有效建立

供应链系统由供应商、制造商、销售商、配送中心等部分共同组成。B2C电商企业进行供应链管理的目的在于建立起一种协作关系，最大限度地降低整个供应系统的成本。在一定客户服务水平下，把供应链中的各个成员组织起来，监控、协调和掌握其中的物流、信息流、资金流信息，形成战略同盟，能够有效控制整供应链系统的成本。供应链物流体系具有极大的战略意义，并且它的功能是其他资源无法代替的。在整个供应链系统中，物流成本管理水平、成本核算的精确度等因素都对其运作的好坏以及各个成员之间的关系产生很大的影响，这是因为供应链的物流成本管理非常的复杂，其需要结合系统与结构的复杂管理行为，因而在成本管理人员的专业水平和经验上有非常高的要求，这也影响着企业的持续竞争力和潜力。

当前，由于很多B2C电商企业使用的仍然是企业代码，从而使得标准化问题一直存在。此外，企业之间的业务往来是比较单纯的，他们之间缺乏有效的战略合作，在信息传递也缺乏先进的信息通信手段，并且在供应链管理人才上也是十分欠缺，在技术人才和综合型人才的教育和培养方面还远远满足不了需求。

（四）信息技术系统不能满足物流的快速发展

物流成本管理绩效受多方面因素的影响，其中一个非常重要的方面就是信息投入和支持流程。在B2C电商企业的物流系统中，如果没有信息系统的支持，那么企业就无法获取第一手的真实资料，也就无法对物流过程中各方面的情况进行了解，只有配备了先进的信息技术系统，企业才能整合所有发生的物流活动，进而制定合理的物流成本控制政策。虽然信息系统并不能直接给企业带来利益，但是，企业可以根据自身的实际情况最大限度的利用信息系统来整理和分析物流信息，并将其运用到组织运营管理当中，改进物流环节，提高物流绩效。

及时有效的反映和传达顾客的需求是企业改善物流服务，提高物流绩效的重要一环。当前，很多B2C电商企业缺乏完善的物流信息系统，从而使得他们不能及时准确地将顾客需求传达到供应链成员中，甚至有的信息在传达过程中已经扭曲，这样就使得企业难以实施短期的生产计划，运作效率和客户服务水平都比较低，系统间集成能力比较弱，无法满足电子商务企业及时有效传递供应的需求，进而降低企业的市场竞争力。

三、B2C电子商务企业物流成本控制存在问题的原因

（一）物流管理水平不高

1. 现代管理理念缺乏且定位不明

在B2C电商企业中，物流管理是一个核心部分。顾客之所以通过电子商务购物，其主要原因就在于便捷。顾客只要通过网站搜索与浏览，而不用出门就可以买到自己想要的商品，然后等待送货上门。但是，如果顾客购买的商品与宣传不符，或是因为物流服务很差、货物迟迟不能送到，那么顾客与商家的交易就成了一锤子买卖。因此，缺乏现代物流管理理念，会直接给顾

客带来不良的购物体验，使企业在顾客心中的品牌形象受损。

此外，在B2C电商企业中还存在着物流定位不明的问题，由于B2C电商的产品种类繁多，而每一种或每一类产品对物流都有着不同的需求，从而使得物流服务呈现出差异化。当前，很多的企业都覆盖了所有的物流业务，没有差异化的市场定位。物流企业同样物流服务范围覆盖不全，绝大多数的物流企业的物流配送都集中在一、二、三线城市，而对农村偏远地区则很少涉足，从而形成物流市场集中地的竞争非常激烈，而其他市场需求不能满足的现象。

2. 物流增值服务意识欠缺

增加物流增值服务是物流系统走向成熟的必由之路，这也是我国物流业将来的发展趋势。企业只有不断推陈出新，为顾客提供更优质、更独特的服务，才能使自身在激烈的市场竞争中占据有利位置。例如，企业在为顾客提供仓储、搬运等常规性服务的同时，还为其提供诸如网络系统设计、仓库管理、订单处理、物流信息分析等增值服务。目前，能为顾客提供这些增值服务的企业只是少数。

在B2C电商企业中，有一部分运用的是与第三方物流公司合作的物流方式，而这种物流方式在为顾客提供增值服务的意识方面尤为欠缺。这是因为，我国大多物流公司是由以前的仓储、搬运公司等传统企业转型而来的，虽然他们具有较强的仓储搬运能力，但是物流服务意识很薄弱，缺乏客户增值服务意识，与B2C电商企业之间缺乏协同，因此，大部分的物流企业还并未认识到物流增值业务的重要性，仍然停留在传统业务上。相较于发达国家，我国物流企业的增值服务主要集中在基本项目上，对增值性较高的项目需求较少，例如物流系统设计、物流代理等。在B2C电商企业中，如果没有将顾客至上的物流服务理念体现在企业文化中，没有充分认识到给顾客提供高水平、高价值的服务的重要性，那么，其未来的发展必然会困难重重。

3. 专业的物流成本核算和管理人员匮乏

当前，我国所培养的物流人才还远远满足不了物流的发展需求，人才不足与人才流失是目前物流行业所面临的巨大问题。伴随着物流业的快速发展，物流的从业人员也越来越多，但是，在这些新加入物流行业的人员中，很多都只是在接受了简单的物流培训后就上岗工作，缺乏专业性和系统性，从而使得他们的从业素质普遍不高，而这就给物流服务质量低下埋下了隐患。在物流企业中，人员素质的参差不齐会给企业的稳定性造成一定的负面影响，同时也会给企业进行物流成本控制带来诸多的问题。例如大多企业不会从企业整体的角度去对降低物流成本的问题进行分析，更不会去对外部资源进行整合，而只是片面的从某一项物流活动来考虑如何降低物流成本，在这种情况下，企业往往很难收到明显的成本控制效果，甚至出现相背离的结果。

具有专业水平较高并且经验丰富的物流从业人员是物流成本管理取得良好效果的保证。在整个物流供应链系统中，由于每个环节的物流活动都非常的复杂，从而使得物流成本管理的难度非常高。因此，在对物流人才的专业技能、实际经验以及洞察力方面有较高的要求。目前，具备这些素质的高级专业人才十分稀缺，供不应求，尤其是能熟练把握物流成本和管理物流运作的人才缺口更大。因此，专业性物流成本核算人员和物流管理人员缺乏是我国 B2C 电商企业物流的一大制约性因素。

4. 物流配送模式选择不合理

具有适合自身条件的物流配送模式是 B2C 电商企业获得长久稳固的前提。选择合适的配送模式，提高物流工作效率、进行物流成本控制，能够提高顾客满意度，建立健全自己的物流体系，制定出有效的物流政策。当前，B2C 电子商务企业的配送模式有自营模式、“自营十释放”模式、TPL（第三方物流）模式三种。

在 B2C 电商企业中，运用自营模式能够及时地对物流各个环节的运行情况及时地了解，进而能够从整体上对供应链实施控制，通过合理的物流政策优化物流运行效果，降低物流费用。当然，自营模式如果运用不当，也会给企业带来经济损失，甚至还会对主营产品的销售带来负面影响，增加运营费用，进而导致物流成本的增加。因此，B2C 电商企业在采用自营模式时，应当对自身的实际情况进行全方位的综合考虑，只有这样才能获得良好的效果。

由于自营模式配送订单区域、送货方式单一，不但需要巨大的规模和雄厚的资金，还要引进先进物流设备，包括硬件设施和软件设施，同时，还要建设物流中心和扩大仓储，加强物流人员的招募和培训、专业人才的培养。综合这些方面来看，我国大多数 B2C 电商企业还不具备有自营物流的条件，因此，选择第三方物流或者合作配送也是一个不错的选择，可以先确定使用 TPL（第三方物流）模式，再进一步选择合适的第三方物流提供商。

（二）物流市场集中度低

1. 市场进出壁垒高

阻挡新的物流公司进入物流市场的阻碍就是物流行业的进入壁垒，在通常情况下，我们衡量一个行业的进出壁垒的高低就是看新企业的进入率。在一个行业中，无论是进入还是退出，都会遇到一定的阻碍，需要花费一定的代价，就退出壁垒来说，退出成本主要是沉没成本，由于物流企业在前期往往都需要投入较大的资金，其所用的物流的资产设备一般是专用的，因此，在他们宣布退出时，往往会付出很高的代价。

B2C 电子商务企业在进入物流市场之前，应当做好充分的准备，只有这样才能更好地应对可能出现的风险。就物流监管方面来讲，很多的政府机构都有着物流监管的权利，例如铁道部、民航部、经贸委、计委等，但是，我国物流监管体制并不健全，尤其是在各机构监管权责的划分上，重复建设的现象非常严重。此外，由于我国 B2C 电商企业发展还不成熟，很难做到统一的自律管理，因而面临较大的监管风险。

从 B2C 电商企业物流的整体来看，民营物流与国有、外资快递物流公司之间存在很大的差距，无论是在资本投入上还是资历和人员素质上，民营物流都难以企及。因此，民营物流公司只有不断加强公司的积累、追加大量资金投入，才有可能缩小与国有、外资快递物流公司之间的差距，当然，这种发展是一个水涨船高的过程，资金保有量将会成为一个重要的进出壁垒。

2. 规模小且专业化程度低

在物流企业中，如果规模较小，那么其在物流设施的利用上往往会出现效率低下的情况，最终形成资源浪费。因此，对单个的 B2C 电商企业来说，自营物流往往是不经济的，只有企业自身具有很大的规模，才能是自营物流产生规模经济效益。但对专业性的物流公司来说，他们具有规模市场效应。当前，发达国家的物流企业已经走上了并购重组和联盟的道路，以此来充分发挥其规模经济效应。企业规模是集中度的一个重要因素，行业内最低经济规模越大，市场高集中度就越高，那么新企业想进入市场也就越难。

据中国仓储协会第六次中国物流市场供需状况调查报告显示，在中国具有 500 人以上的物流企业数量占所有物流企业数量的 23%，也就是说，大部分物流企业的人员不足 500 人，有高达 36% 的物流企业从业人数不足 100 人，在这些物流企业中，不但规模小且资源保有量低，尤其是运输、仓储设备跟不上发展的步伐，在运作方式上也比较传统。

相较于发达国家，虽然我国有着数量众多的物流企业，但这些企业大多规模都比较小，在物流设施和物流管理理念方面都与发达国家存在较大的差距，很难实现对整条供应链的全程服务，常常只能局限于某个环节和某个层面上，还没有形成真正意义上的网络服务，仍然属于传统意义上的原子型组织结构。

3. 未形成品牌效应

当前，品牌形象已成为各类企业关注的重点，虽然我国 B2C 电商企业对品牌形象的认识也有了较大程度的提高，在提升品牌形象方面也投入了大量的财力和物力，但在品牌建设方面仍然存在诸多的不足。尤其是第三方物流企业，他们对自身品牌的重视程度还不够，在品牌管理方面也有所忽视。在经济全球化的趋势下，越来越多的国外物流企业涌入中国市场，他们凭借着先进的物流技术、成熟的物流管理理念、良好的品牌形象对我国国内物流市场造成了很大的冲击。在这日益激烈的市场竞争中，我国物流企业唯有明确定位、加强了解和学习国外物流技术和经验，掌握我国内物流市场发展动态，注重企业品牌形象的建设，实施品牌战略，才能提高自身的核心竞争力。

当前，我国物流企业面临着外部挑战和同行竞争的双重考验。随着我国加入世界贸易组织和全球一体化进程的不断深入，国内物流企业面临着国外物流企业所带来的巨大压力，在这场与国外物流企业的竞争中，国内物流企业由于供给能力有限、专业性不高、规模太小，很难与国外已经较为成熟的物流企业抗衡。同时，随着物流市场规模的扩大，越来越多的传统运输仓储企业进入物流市场，使得物流企业的数量急剧增加，从而使得国内物流市场的竞争日益激烈。

4. 缺乏物流诚信体系建设

从实质上来看，物流企业与客户之间交易的过程就是一个信用的过程，企业从客户手上承接运输服务和供应链服务，在这个过程中诚信至关重要。物流企业在给客户提供的采购、配送、销售、增值服务等的服务质量都会直接影响到客户的生产经营。同时，从客户的角度来看，其正常的生产运营离不开物流供应商的帮助和支持，由此可知，物流服务质量对客户的生产经营是非常重要的，因此，客户对物流企业的诚信也提出了更高的要求。

在物流企业中，如果缺乏物流诚信体系建设，那么其势必会对企业的品牌形象造成直接的影响，进而严重制约企业的长远发展。当前，在很多的物流企业中，诚信体系并不完善，特别是一些条件差的小型企业表现得尤为突出。此外，物流市场相关法律法规也不够完备，物流合同中的弊端较多，对于物流企业的失信行为，相关的监管部门也缺乏有力的监督和规范措施，对失信的企业惩罚力度不够，正是由于这些问题的存在，从而使得物流企业的失信行为屡禁不止，加剧了物流市场的混乱。

（三）局部缺乏成本控制措施

1. 客户庞大但分散，SKU 件多

B2C 电商企业的客户遍及全国各地，分散性较大。这些分散的客户给物流运输带来了极大的压力，这是因为客户购买的大多是 SKU 件，单品种商品数量很少、购买种类多，并且配送的方向也不一样。正是由于这一现实的存在，使得企业在处理订单时的分拣速度和效率无法提升，订单几乎是拆零方式分拣，难以对订单进行批量化的处理，从而加大了物流作业的难度，物流成本也明显增加。

在一些 B2C 电商企业看来，通过扩展企业规模可以减少 SKU 件带来的种种问题，于是将大量资金花费在扩充企业规模上，但事实上，伴随着企业规模的扩大，企业所面临的压力也会越大，有时甚至会给企业带来毁灭性的打击。据相关调查显示，无论是 ABC 原则，还是二八原则，大多 B2C 电商企业认为仓储客单量不是很大，总觉得现有的仓储面积太小，难以存储大批量的货物。网站上的 SKU 琳琅满目，而用户还是认为货物奇缺。因此，B2C 企业应当找准自身的定位，精准把握自己的用户群体和供应链，逐步走向精细化，只有这样才能获得发展。

2. 电商企业与物流地产缺乏战略合作

伴随着 B2C 电商市场的发展，仓储空间所承受的压力也越来越大，使得其发展速度无法满足 B2C 电商企业的需求。据 2011 年中国仓储协会发布的《全国仓储业发展指数》数据显示，2010 年全国通用仓库需求的面积已高达 7 亿平方米，而实际仓库面积只有 5.5 亿平方米，也就是说，全国仓库供需指数只有 0.785，通用仓库在整体上是供不应求的。同时，由于网上零售市场的发展和 B2C 电商市场规模的扩大，通用仓库更是变得越来越紧缺，此外，伴随着物流租金的持续上涨，B2C 电商企业的利润空间也在急剧缩小。例如，北京仓库在一年之间就上涨了 20% ~ 30% 的租金，上海的租金涨幅高达 40%，而仓储空间仍然紧缺。在这一形势下，使得 B2C 电商企业与物流地产结成战略联盟成了一种必然的趋势。

3. 运输中存在不合理收费

据相关数据统计，在全国物流总费用中，运输费占了 53%，从这一数据中可以看出，运输成本在整个物流成本中占据着非常重要的地位。在物流运输环节中，有很多因素会造成运输费用的升高，尤其是乱收费现象表现得最为突出。在整个物流的运输过程中，很多的项目会涉及收费，从而给高收费、乱收费提供了可乘之机。2011 年，央视的《经济半小时》特意就乱收费现象做了一个专题报道，对乱收费这一物流顽症进行细致的分析，引起了社会各界的关注。在一部分地方，当地政府将罚款视为财政收入的重要来源，而这无疑就给物流企业带来了沉重的负担。杂乱的罚款和收费，使本就高昂的物流成本雪上加霜，物流企业的利润也越来越微薄。柴油的汽车燃料价格的一再提升也给物流企业带来了沉重的压力。此外，除了公路之外，水运、空运也是一样，货物在运输的过程中需要缴纳多种名目的费用，如过磅费、仓管费、返空费、解缆费等。

4. 退货系统建设不完善

为了扩大销售量，获取更多的利润，B2C 电商企业都在不断使用各种各样的推销手段来推出新产品、新体验，以吸引更多的顾客。但是，在这个扩大销量的过程中，退货的现象也有了明显的增加。从网络购物行业统计分析报告中的消费者投诉板块中可以看出，很多客户对退货、维修、赔偿等售后服务表示不满意，其中，只有 36.5% 的退货诉求、45% 的维修诉求、30% 的更换诉求得到了企业的解决，从这些数据中可以看出，B2C 电商企业对客户所反映的售后问题并没有进行妥善的解决，有的甚至是不予理会。

我国在逆向物流退货方面并没有相关的政策和规定，因此，当客户向企业提出退换货、维修等要求时，企业的处理常常会让客户不满意，有的甚至将问题的责任推给客户，对客户的诉求不予受理。而客户在遇到诸如此类问题时又没有很多渠道来反馈，只能是向客服部门反映或者想消费者协会投诉，并且这种处理的结果往往也不尽人意。从消费者协会统计资料来看，只有 36% 的退货问题能够得到较好的解决，并且客户只能根据电商平台自己规定的政策履行退货流程，而这些都给客户的购买体验带来负面影响。

当前，绝大部分 B2C 电商企业的售前与售后服务是脱离的，整个购物缺乏系统性，企业对售后服务不重视，当遇到客户投诉时，也只是对客户表面的道歉和问题的搁置，并未从根本上解决客户所提出的问题。如果 B2C 电商企业采用的是与第三方物流企业合作配送的模式，那么其可能又会存在合作缺乏系统性的问题，客户在反馈问题时需要经过物流公司后才能达到 B2C 电商企业，这种问题的反馈模式不但不及时，而且还缺乏真实性。例如退货申请要经过好几个程序才能到达 B2C 电商售后服务部门，在问题的解决过程中需要耗费大量的时间和资源。因此，从客户的角度来看，退换货真是难于上青天，而这又会给电商企业带来不利的负面影响。

（四）忽视物流隐性成本的影响

1. 内部各要素不协调导致的系统损耗

在物流成本中，很难对隐性成本进行定量分析，也无法对其进行准确的计算，在某些情况下，其还可能会被计入其他项目的费用当中。但是，对于物流隐性成本，每个企业都应对其引起足够的重视，这是因为隐性成本可能远远大于会计核算出来的物流成本。企业只有将隐性成本挖掘出来，才能更好地对物流成本进行控制。

当前，我国的物流发展还不成熟，缺乏健全的物流设施，并且物流过程中的环节较多，从而使得物流效率较低，资源浪费较多。例如蔬菜供应，原本在供应链的最前端，供给是足够的，但是由于中间流通环节太多，使得物流系统的损耗增大，从而抬高了蔬菜的成本，最终使得菜价居高不下，造成购买力不足的假象，而实际上，这就是由于传统落后的流通环节浪费了大量社会成本所造成的。张近东还举例说，中国物流成本将近占了 20% 的 GDP，而美国的物流成本只占到 10% 的 GDP，由此可知，我国就物流成本就要多消耗 3.9 万亿元人民币，占了相当一部分的财政收入。因此，在物流过程中，物流企业应当引入现代化建设，建立先进的物流体系，压缩流通环节成本，用现代化技术提高物流作业效率。

2. 物流产生的引致成本

对于运输费用、仓储费用、装卸费用、配送费用等显性物流成本，企业往往都会引起足够的重视，也会采取一系列的措施来降低这些方面的费用，但是对于设备折旧费用、资金占用费、存货跌价损失、人员培训教育费用等隐性成本，尤其是物流行为不当所致风险，企业往往有所忽视。

在对隐性成本的记录与处理上，企业的操作往往也比较简单，从而使得物流成本情况无法真实地反映出来。在企业中，显性成本的降低往往会伴随着长远利益的丢失，因此，对于引致成本，企业应当给予足够的重视，并及时进行归纳，只有这样才能更好地了解物流成本，并制定出一系列合理的措施来控制成本，提高企业的核心竞争力。

第三节　我国多家电子商务企业物流成本管理的案例分析

一、亚马逊案例分析

（一）企业简介

亚马逊公司由杰夫·贝佐斯于 1995 年在西雅图创立，是美国最大的电子商务企业，同时也是最早在互联网上经营电子商务的企业之一。在亚马逊成立的初期，其主要业务就是在网络上销售书籍，经过二十多年的发展，其经营业务逐渐扩展到了其他多种类型的产品。

1997 年 5 月 15 日，亚马逊公司正式宣布上市。最初，亚马逊计划在公司成立四到五年后开始盈利，但伴随着许多其他网络公司的发展，亚马逊的股东开始对亚马逊过于保守和缓慢的经营策略表示不满，然而，在 2000 年的网络泡沫中，唯有亚马逊存活下来了，那些发展速度较快的网络公司反而都结束了营业。

（二）亚马逊物流成本管控现状分析

1. 亚马逊案例概述

从 2002 年开始，亚马逊网上书店开始正式盈利，这对全球电商企业来说无疑是一个好消息。从亚马逊 1995 年开业到 2002 年底，全世界共有四千万顾客在其网站上购买了商品，而亚马逊公司向顾客提供商品由最初的书籍变为多达四十多万种的商品。在 2002 年左右，全球的电子商务发展都处于低迷期，在这期间，一些缺乏竞争力的中小电子商务企业接二连三地倒闭，但亚马逊却生存了下来，并从中脱颖而出，创造出了让人惊叹的业绩。亚马逊的成功盈利极大地激发了电商企业的经营热情。

为什么亚马逊能在整个电子商务行业发展都普遍受挫时脱颖而出？其原因就在于其与众不同的物流系统，也就是说，是物流拯救了亚马逊。

亚马逊经过五年的努力使得其物流成本缩小了将近二分之一，正是由于其具有物流方面的优势，进而通过采用减免运费的方法，使其竞争对手处于劣势地位，从而自己扩大了销售额和市场份额的占比，并发挥了规模效应，从而进一步地降低了企业的物流成本。在二十世纪九十年代，亚马逊的物流成本也是比较高的，在最高的时候曾达到了企业总成本的 20%，到了 2002 年，虽然物流成本的占比有所下降，但其占总销售额的比例仍然还是达到了百分之八点五。虽然销货成本占了总成本的最大份额，但由于销售价格是在销货成本的基础上拟定的，所以其销货成本在销售收入中所占的比例一直维持在 80% 左右，而其它的成本则占比相对较小，由此可知，降低物流成本是电子商务企业的一个重要的经营方面，应对其引起足够的重视。亚马逊的成功从很大程度上就得益于其较低的物流成本。

另外，亚马逊在物流上也反复创新，并且在多个地方使用无人机送货。

亚马逊一直重视自身物流对于自身的影响，2017 年，亚马逊收购中东最大的电商网站 Souq，主要原因就是因为其现成的物流等辅助设施。因为中东独特的地域以及文化差异，如果自建站点，其成本将远远大于中东电商规模以及物流需求。同时，并购当地公司避免了文化差异与冲突从而降低成本。

2. 亚马逊物流成本管理与控制分析

（1）从物流模式角度分析

亚马逊的物流模式有多种，其中最为常见的就是将其承包给第三方物流企业。亚马逊选择将其国内的物流服务部分委托给专业的第三方物流公司，例如美国联邦快递、UPS 等，将其国际上的物流服务部分则委托给国际上专业的物流公司，如国际海运公司等，由此，亚马逊就可以腾出大量的时间和精力去发展自身的主营业务和核心业务。继而就能够相应地减少投资，降低公司的经营风险，同时还能利用专业的第三方物流企业的优势节约企业自身的物流成本。

此外，亚马逊除了将部分物流服务委托给专业的第三方物流公司以外，其对自身的物流中心科技化建设也比较重视。

亚马逊整个仓储物流体系经过 20 年演化，至今已经第八代，现在我们所熟知的亚马逊仓库，物品的存放完全可以随机上架，因为智能体系可以搞定一切。亚马逊内部曾经有过测算，如果没有智能体系，每天每一个拣货员，走过的距离有 17 英里（约 27 公里），但现在通过智能优化，拣货员所走的距离只有大概在 3 英里之内（5 公里之内），这只是在库房之内的应用。

（2）从供应链角度分析

亚马逊与供应商之间一直维持着良好的合作关系，并且，为了达到零库存的运转效果，实现对库存的有效控制，亚马逊还对其供应链进行了有效的整合。所谓零库存，指的就是亚马逊的图书库存量极低，而仅有的库存也只是那些比较畅销的书。在一般情况下，亚马逊是在顾客下了网络订单以后才从供应商进货。并且其是在顾客以信用卡的方式支付书款之后再向供应商支付货款。通常，亚马逊是在图书售出后 46 天左右才支付货款给供应商，在这种支付方式下，亚马逊的资金周转速度获得了极大的提高，并且远远高于其他传统的书店。此外，又由于亚马逊是以零库存的方式进行运转，库存通常较低，因而其库存周转速度也远远高于其他传统书店。

（3）从产品质量和服务水平角度分析

亚马逊的商品种类比较多，几乎囊括了日常生活所需的各种商品，并且在价格和质量上都能得到较好的保证，又加之其较好的物流配送服务，从而使得亚马逊的退货率一直较低。在实体书店中，一般退书率维持在 25% 左右，有的甚至达到了 40%，这与亚马逊 0.25% 的退书率相比，简直是天壤之别。亚马逊极低的退书率不但减少了退货的成本，而且也保证了高质量的客户服务水平，从而使得亚马逊的商业信誉与综合实力得到了进一步的增强。

（4）从运输配送角度分析

亚马逊智能系统基于大数据，对订单的拣货、包装、分拣、发货等每一步操作进行自动化监控和校准，这种实时校准可以确保数百万库存的精准发货，规避发错货、丢货的情况。亚马逊保证 Prime Day 期间，由海外直邮中国 82 个城市的平均运输时间仅需 5 到 9 个工作日，甚至更快。除此之外，在很多特殊节日，例如春节期间等，亚马逊还升级了北京、上海、广州、成都、武汉等地的运营中心处理流程，将截单时间延后半小时，在不增加额外成本的条件下，使主要城市的订单送达时间提前了一天。

在商品的包装上，亚马逊采用的是组合包装技术，这一技术的使用极大地增加了运输的批量。顾客在亚马逊网站上下单之后可以立即知道该商品在亚马逊仓库里是否有现货，同时还能看到运货的方式和预计的发货时间与送达时间。另外，由于亚马逊是按商品的类别来建立配送中心的，所以，对于不同类的商品会由相应的配送中心进行配送。又由于亚马逊是以零库存的方式进行运转，所以商品的库存量非常有限，因此，当亚马逊受到顾客的订单后，需要查看配送中心是否存有该商品，如果配送中心没有现货，那么其还需要向其他供应商订货。在这种情况下，当顾客的订单中有多种不同类的商品时，有的商品可能能够立即由配送中心发货，有的商品则可能需要等待一段时间才能发货。因此，为了让顾客免于长时间的等待，亚马逊会建议顾客将暂时无货的商品与有货的商品分批下单等。这样，承运人就能在发货时将不同顾客所订的同类的有库存的商品一起配送，从而使得顾客不用花费过多的等待时间，并且也增加了运输的批量，提高了运输的效率，降低了运输的成本。

据相关调查显示，截止到 2014 年，亚马逊的大约有 75% 的物流是通过自己的仓储物流配送中心来完成的。为了尽可能地提高配送的效率，亚马逊根据商品类别分别设立配送中心，每一类配送中心负责对应商品的配送。通过对配送点进行分类，使配送作业变得更为简单、规范、专业，并且降低了配送作业的管理和运转费用，从而是配送效率获得大幅度的提高。此外，亚马逊在 2014 年年底公开了它的第八代运营中心，在这一运营中心里，其使用了亚马逊在2012年收购的Kiva System公司研发的Kiva机器人，应运用全球最大的机械手臂Robo-Stow来搬运大量的货物，这些都极大地提高了仓储配送的效率。

在商品的包装上，亚马逊采用的是组合包装技术，这一技术的使用极大地增加了运输的批量。顾客在亚马逊网站上下单之后可以立即知道该商品在亚马逊仓库里是否有现货，同时还能看到运货的方式和预计的发货时间与送达时间。另外，由于亚马逊是按商品的类别来建立配送中心的，所以，对于不同类的商品会由相应的配送中心进行配送。又由于亚马逊是以零库存的方式进行运转，所以商品的库存量非常有限，因此，当亚马逊受到顾客的订单后，需要查看配送中心是否存有该商品，如果配送中心没有现货，那么其还需要向其他供应商订货。在这种情况下，当顾客的订单中有多种不同类的商品时，有的商品可能能够立即由配送中心发货，有的商品则可能需要等待一段时间才能发货。因此，为了让顾客免于长时间的等待，亚马逊会建议顾客将暂时无货的商品与有货的商品分批下单等。这样，承运人就能在发货时将不同顾客所订的同类的有库存的商品一起配送，从而使得顾客不用花费过多的等待时间，并且也增加了运输的批量，提高了运输的效率，降低了运输的成本。

二、阿里巴巴案例分析

（一）企业简介

阿里巴巴是马云于1999年在杭州创立的电子商务企业，是我国最大的互联网公司，同时也是世界上排名领先的电子商务企业和最大的网上交易市场之一。2003年5月，阿里巴巴斥巨资建成了个人网上交易的市场平台——淘宝网。2004年10月，为了向我国电商交易市场提供安全的基于中介的相关交易服务，阿里又投资成立了支付宝公司。

2014年9月19日晚，阿里巴巴在纽约交易所正式挂牌上市。

（二）阿里巴巴物流成本管控现状分析

1. 阿里巴巴案例概述

如下图 8–1 所示，截止到 2014 年上半年，阿里巴巴在中国电商市场中占了 40% 的份额，远远高于其他同类型的电商企业的占比。

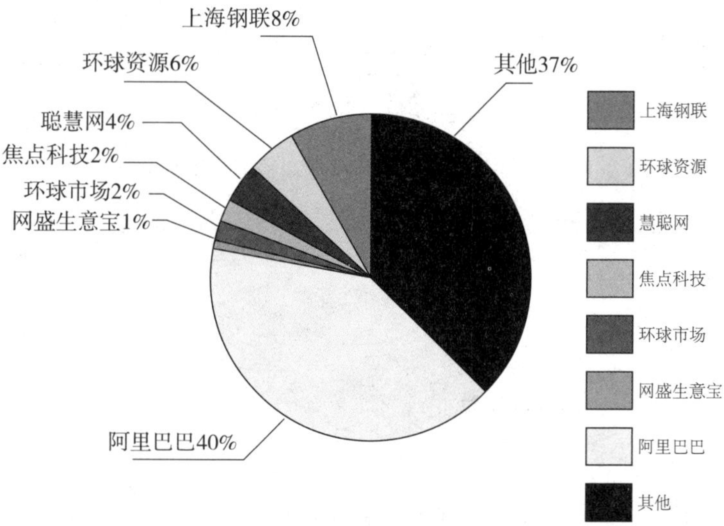

图8–1　2014年中国b2b服务商市场份额占比图

经过近二十年的发展，阿里集团已从早期纯粹的电子商务企业发展成为现在的在金融、物流等方面全方位发展的电商企业。2011 年，阿里正式对外宣布物流战略，企业将斥巨资建设现代化物流体系，并以此来推进社会化物流平台的建设。伴随着阿里物流战略的逐渐成型，马云的“大物流”野心也开始为人们所知晓。多年来，在电子商务企业快速成长的环境下，电子商务企业的持续发展受到了物流方面的投入不足的制约。虽然阿里在建设物流平台方面投资建设了星辰急便、百世物流、菜鸟网络等，但其所取得的效果并不明显。在整个物流行业中，阿里的物流平台并没有太多的优势，它只是想完善物流系统。因此，阿里在建设物流体系方面，更多地倾向于同其他物流企业投资合作，以巨资吸引各个行业已经具备了完善的物流体系的实体企业。

2. 阿里巴巴物流成本管理与控制分析

（1）从物流模式角度分析

如图 8-2 所示，为阿里目前在物流模式上的布局，其主要包括第三方物理、自建物流系统和并购与入股三种模式。

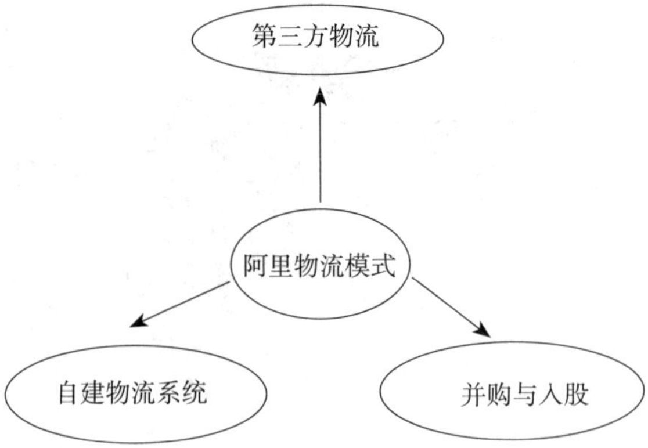

图8-2　阿里巴巴物流模式图

①第三方物流

阿里的第三方物流主要有申通、圆通、中通、韵达四家民营快递公司。天猫和淘宝的卖家都主要色通过这四家公司来寄收商品，而这四家公司约 70% 的业务都来自于天猫和淘宝。因此，天猫、淘宝与这四家公司之间的关系可以说是共生共赢的。

②自建物流系统

2013 年 5 月，阿里巴巴联合银泰等集团，以及申通、圆通、中通、韵达等其他相关的金融机构共同宣布了“中国智能物流骨干网”项目的正式启动。在各合作方的共同组建下，“菜鸟网络科技有限公司”正式成立[①]。“菜鸟网络科技有限公司”意在五到八年后建成一个全国性的开放的社会大物流平

① 陈爱国，陈丙成. “菜鸟”起航，物流升级转型？[J].空运商务，2013（7）.

台，以确保给地区的客户都能在24小时内收到商品。“菜鸟网络科技有限公司”的成立算是阿里建立物流系统的一种战略手段。

③并购与入股

并购与入股也是阿里巴巴的一种完善自身物流模式的方式，例如并购百世物流、星辰急便等。此外，阿里还投资入股海尔旗下的日日顺物流。自2013年下半年以来，升级物流系统成了各大电商的一个重要经营举措，阿里的这种社会化物流模式开始显露出它的弱势，例如在配送大家电方面，由于需要极高的物流设施和水平作为依托，从而使得其第三方物流企业难以受理。但日日顺物流却是一家在大家电配送、进户安装及售后服务极具优势的企业，阿里对其投资则刚好弥补了其在这方面的弱势。

（2）从供应链角度分析

2013年，阿里巴巴对其供应链整合进行了相关操作，同年4月，阿里巴巴购入了新浪微博18%的股份。从供应链的角度来看，阿里的这一举措就是为了抓住用户需求的前端，通过新浪微博可以更好地挖掘用户需求数据。另外，阿里巴巴旗下的天猫、淘宝等交易平台可以控制商流。阿里的资金流则是由支付宝、余额宝还有阿里金融来进行控制。9月，阿里大物流正式地并入了菜鸟网络，决定启动菜鸟网络来对快递企业进行整合。阿里的这些举措的目的都在于对其供应链进行整合。

（3）从产品质量和服务水平角度分析

对顾客来说，因不满意商品而退货是一件很平常的事情，也是一项正当的权利。在实体店里买东西可以进行退货，在电商领域退货也是正当的。为了维护消费者的权益，国家专门在电商领域制定了“七天无理由退货”的规定。据相关数据显示，在电商行业中，退货率平均占到销售量的25%，在阿里旗下的淘宝和天猫中，也一直维持着较高的退货率，其原因主要表现在以下几个方面。

首先，从国家工商总局在2015年1月23日公布的《2014年下半年网络交易商品定向监测结果》中可知，阿里旗下的淘宝网所销售的商品只有

37.25%是正品。这一数据说明，阿里的产品在质量方面还需进行改善，如若不然，顾客所受到的商品与预期相差太大则会使得退货率急剧上升，而因退货而造成的物流成本也会增加。

另外，从我国电子商务投诉与维权公共服务平台的相关监测数据可知，我国电子商务企业被顾客投诉的现象呈现出逐渐上升的趋势。

表8-1　2011-2014年度电商投诉消费金额数据表①

年份	100元以下比重（%）	100～500元比重（%）	500～1000元比重（%）	1000～5000元比重（%）	5000元以上比重（%）
2011	30.00	38.00	16.00	13.00	3.00
2012	25.80	44.10	19.60	20.00	2.30
2013	23.49	40.59	20.00	19.95	3.77
2014	22.97	37.56	12.93	19.90	6.64

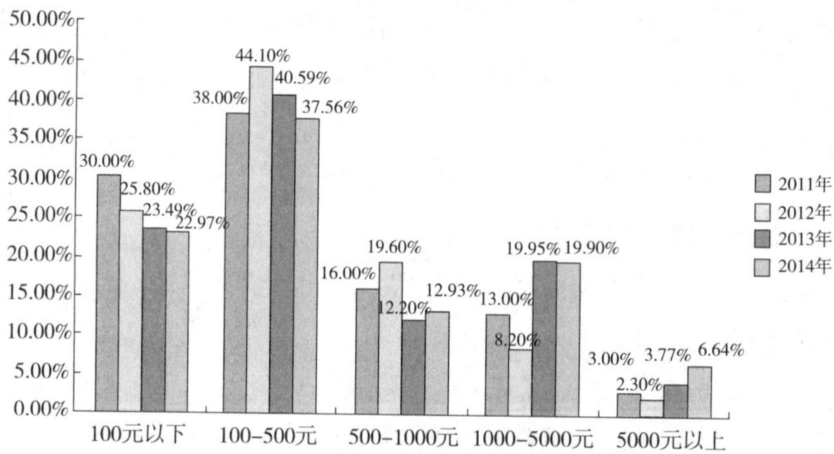

图8-3　2011-2014年度电商投诉消费金额对比图

① CNNIC.中国电子商务报告[J] .http：//www. 100ec. cn.

从以上数据可知，近几年来，5000 元及以下的投诉比例增幅不大，但 5000 元以上的投诉比例则涨幅非常明显，特别是在 2014 年，其 5000 元以上的投诉比例是 2013 年同等层次消费的 2 倍。在整个国内电商企业中，阿里旗下的淘宝网和天猫的顾客投诉率是最高的，造成这一现象的原因主要是淘宝和天猫上卖家质量差异较大，在专业服务方面还达不到顾客的要求，所以顾客对商家服务的不满意成了投诉或退货的一个主要原因，而这些又直接导致了电商企业退货成本的增加。

（4）从运输配送角度分析

2013 年 12 月，阿里巴巴向海尔电器投资了 28.22 亿港元，与其达成了战略合作关系。其中，阿里向海尔旗下的日日顺物流注资了 18.57 亿港元，与其成立了一家合资公司[①]。在此次入股中，阿里巴巴获得了日日顺 24% 的股份和海尔电器 2% 的股份。从阿里巴巴的此次投资来看，日日顺是其投资的重点对象，日日顺下设的 7 600 多家县级专卖店、26 000 个乡镇专卖店和 190 000 个村级联络站共同构成了一张大型的物流网络，这一物流网络几乎覆盖了全国三、四级城市乃至乡镇。又由于其“最后一公里”配送深受业内人士的赞许，从而使得阿里的物流变得更为完善，阿里的大家电物流缺陷也由此得到弥补。

从物流运输来看，阿里在 2010 年与 UPS 旗下全球速卖通平台展开了合作。速卖通平台整合了 UPS 运输技术，由此阿里用户可以通过 UPS 来查询货物的配送情况。相较于手动输入或手写运单信息的方式，与 UPS 的合作不但极大地减少了物流运输的时间，而且配送错误的情况也大为减少。另外，阿里巴巴与国家交通运输物流公共信息平台的合作进一步降低了阿里的物流成本。

① 王莉雯.28亿港元联姻海尔阿里切入大件物流[N].上海证券报，2013（12）

三、苏宁云商案例分析

（一）企业简介

苏宁是苏宁云商集团的简称，原名为苏宁电器股份有限公司，1990 年年底创建于江苏南宁，其经营范围涵盖传统家电、消费电子、百货、日用品、图书、虚拟产品等综合品类，线下实体门店 1600 多家，线上苏宁易购位居国内 B2C 前三，线上线下的融合发展引领零售发展新趋势。

2013 年 2 月 19 日苏宁电器更名为苏宁云商。2016 年，苏宁控股跻身于全国工商联发布“2016 中国民营企业 500 强”榜单。

（二）案例启示

1. 早期着手建立物流基地

早在 1996 年，苏宁就在南京建立了属于自身的物流基地。如今，苏宁已经拥有高达 600 万平方米的仓储面积，遍布全国的几千个门店，几十个仓库，以及几万辆运输车辆，形成了强大的物流网络。

除此之外，苏宁还在重点社区以及相关的门店和相关的学校设立了若干的自提点，保证物流体系没有盲点。

2. 收购专业快递公司

2016 年年底，苏宁收购天天快递，从而再次提升了苏宁的物流范围以及物流的专业化。

3. 精准服务

从 2016 年起来，苏宁开始对自身物流尝试进行时效性服务。2017 年上半年，苏宁正式退出“如约送、延时赔”服务。同时，利用自身多门店优势以及物流网络优势，为消费者提供 2 小时内送货上门服务，并且决定在 2017 年下半年开始，在北京、上海、广州、南京、武汉、成都、西安、沈阳 8 个城市推出准时达服务，每天分为 7 个时间段，消费者可以任意选择 7 天内任意一一个时间段享受“准时达”服务。

3. 物流社会化收入增长

根据相关统计数据显示，苏宁物流的社会化战效果显著，2016 年苏宁实现社会化物流收入同比增长 320.33%，2017 年一季度苏宁物流社会化物流收入同比增长 192.21%，开放业务呈现高增长态势。

4. 运用最新科技提升物流效率

苏宁电器为了提升物流效率，率先在行业内采用机器人拣货、无人机送货，据报道，苏宁还将推出包括爬楼送货机器人在内的一系列科技手段从而来提升物流效率。

三、国内外案例的比较分析及其启示

（一）国内外案例比较分析

1. 委托成本差距

在电商企业中，其委托成本主要来自于将物流服务部分外包给专业的第三方物流企业。阿里将部分物流服务委托给申通、圆通、中通、韵达等民营快递公司，亚马逊将部分物流服务委托给美国的 UPS 和联邦快递，这两种类型的快递公司在专业上和规模上都存在很大的差异。就国内的民营快递而言，由于进入物流行业的门槛较低，从而使得它们会呈现家族化的特点，在管理水平上也会表现出粗放化，缺乏一定的专业性和专业化的管理人才。而美国的 UPS 和联邦快递都是规模较大的专业化物流公司，它们有着专业的管理团队，而这些都是国内民营企业所不能企及的，在这种情况下，使得国内电商企业的委托成本比国外的电商企业所付出的委托成本要高出很多，并且在物流成本的控制方面也不如国外的电商企业。

2. 库存成本差距

在库存管理方面，亚马逊与阿里巴巴最大的不同在于其实行的零库存管理。亚马逊的库存中心持有的库存量很少，其往往是在顾客下单付款后再从供应商进货，并且会在图书售出四十六天才付款给供应商，在这些举措下，亚马逊的库存周转率和资金周转率都得到了极大的提高。由于零库存的管理模式是建立在具有完善的供应链管理的基础之上的，并且还需要强大的 IT 系统来支撑，综合这些方面的要求，使得阿里暂时还不能实行这种零库存的管理模式。同时，由于阿里在基础设施建设上与亚马逊有着较大的不同，从而使得他们在供应链管理上也不一样，这一现象也使得阿里不能效仿亚马逊的零库存管理模式，在这种情况下，阿里就难以有效地控制库存成本和物流成本。

3. 退货成本差距

事实上，电商企业的产品质量和服务水平是影响顾客心中企业品牌形象的根本因素。而消费者退货决定是否退货对电商企业的退货率高低有着直接的影响。从上述的亚马逊案例和阿里巴巴案例来看，阿里巴巴的退货率比亚马逊的退货率要高出很多，也就是说，阿里巴巴的退货成本要远高于亚马逊的退货成本。造成这一现象的主要原因就在于国内电商平台在监管体系与制度方面还不完善，供应商在利益的驱使下，常常会违背自己的职业道德。电商往往在互联网上极尽地美化自己的产品，而顾客在收到商品后往往第一印象就是与产品描述相差很大，从而最终使得顾客选择退货。另外，由于我国电商行业起步较国外电商行业起步晚，所以在对电商平台里各类供应商的管理上不如国外电商专业，而这又会使得电商平台里的供应商的服务水平参差不齐，也会导致顾客退货的现象。

4. 运输成本差距

在物流运输中，能否掌握配送与运输流程中的每一个节点直接决定了物流运输成本的高低。虽然阿里巴巴一直在不断地完善自身的物流仓管系统，但其在运输成本的管控上还是与亚马逊存在一定的差距。这是因为亚马逊在仓配运输系统上比阿里巴巴更为完善，亚马逊注重于建设自己的配送服务，而阿里只是投资第三方物流。相较而言，亚马逊在掌控配送与运输节点上比阿里巴巴要高出一筹，其能有效地对运输成本进行控制，并且在仓配过程中，亚马逊的机械化程度较高，从而使得其配送效率较高，节约了人工成本。此外，亚马逊在运输方面比阿里巴巴更善于探索和创新，无论是运用组合打包技术对物品进行打包，还是利用打车软件，都极大地提高了运输效率，节省了运输的时间。

（二）案例启示

1. 物流模式方面

当前，国内电商所拥有的物流模式并不能够使自己跳出现有的物流困境。

目前，我国大多数电商企业都将商品整个流通过程的物流服务都外包给第三方物流企业，其主要原因在于他们将自身的精力主要放在了核心业务的经营上，并没有太多的精力放在物流服务的建设上，并且第三方物流公司在物流运输上也更为专业，由此物流成本就转化成了委托成本。从企业原本的意图来看，他们将物流服务部分外包给专业的第三方物流是为了集中精力发展主营业务，以达到减少投资，降低风险和物流成本的目的。但是，由于国内的第三方物流公司大多是民营快递，如申通、圆通、中通等，他们无论是在专业方面还是在规模方面都不如国外的现代物流企业。就民营快递来说，他们的物流管理水平较低，并呈现粗放化的特点，在专业的物流管理人才方面也有所欠缺，而这些都会使得电商物流成本大大提高，因此，我国应加快第三方物流业的发展，通过对国外第三方物流的借鉴和政府引导，建设国有化、规模化、专业化的物流公司。

从自建物流中心的角度来看，亚马逊为了使其分散化的订单需求都集中在一起，建立了大量的物流中心。通过这些自建的物流中心，不但可以将信息集中起来，还可以将货物集中起来。此外，亚马逊还配合利用专业的第三方物流 UPS、联邦快递等，以此来发挥其统筹配送的规模效应。在国内，虽然有部分电商企业也开始着手建设自身的物流仓储，但从国际电商物流的发展趋势来看，行业的发展方向必然是专业化以及规模化。同时，自建物流仓储需要耗费大量的财力和物力，因而企业需要面临沉重的资产压力，此外，在较长的时间内自建物流的成本都很难与第三方物流公司相匹敌。因此，电商企业要想摆脱当前的物流困境，其根本途径就是参考国际电商行业利用规模化的物流中心，聚集海量货物，并以此来开发规模化的物流企业，最终通过发挥规模效应来降低企业的物流成本。

2. 供应链方面

从整个电商行业来看，阿里的供应链既有有利的一面也有不利的一面，其有利的一面就是利用互联网的思维整合了传统的物流供应链平台，这一举措的实施确实给物流业带来新的变革，同时对整个电商行业的发展也起到了一定的推动作用。其不利的一面在于阿里只是在资本的驱动下对供应链平台进行整合，因而其可能会面临严重缺乏可操作性的风险。此外，一个优化的供应链管理平台的精妙之处就在于能够通过预测消费者的需求主动反应订单，亚马逊就是通过互联网强大的 IT 后台系统将这一精妙之处取得的最大效果。而阿里的菜鸟网络并没有像亚马逊这样强大的 IT 后台系统，由此看来，阿里巴巴等国内其他电商企业应当对 IT 系统这样的基础设施建设引起高度重视，积极从国外引进先进的技术和人才，进行供应链平台的完善与整合。

在整个供应链的管理过程中，库存管理也是一个非常重要的方面，要想实行像亚马逊一样的零库存管理，当然还是要以完善的供应链管理平台为基础的。

纵观国内电商的供应链管理，并不具备诸如亚马逊完善的供应链平台，整条供应链缺乏密切的配合，无法发挥出规模效应，他们只是关注自身的发展，对平衡利益等并未引起足够的重视，从而使得各个环节的运行费用大大提升，库存成本也随之大大增加。此外，供应商与消费者的分布比较分散，而这也会导致库存成本的增加，进而使得物流成本增加。因此，从根本上来说，国内电商还是应该完善供应链的整合，使得供应链各个环节都能密切配合，高效地完成每一笔电商交易，进而有效地控制物流成本。

3. 产品质量和服务水平方面

在电商交易平台中，很多产品都存在一定的问题，但是，电商为了吸引顾客的眼球，刺激顾客的购买欲望，往往会借助美化工具将产品进行美化，或是夸大产品的性能等。而电商的这些做法往往会对顾客产生一定的误导，从而使得顾客在收到产品后产生名不符实的感觉，进而要求退货。另外，由于工作人员的疏忽给顾客配送错误的商品也会导致顾客要求退货。诸如此类退货都是由产品的质量和服务水平问题导致的。而这些商品的退货都必然会导致企业经营成本的增加。

从亚马逊与阿里巴巴的物流成本管控可知，阿里巴巴一直存在着高额的退货成本，想要打破这个局面就得从源头解决问题。因此，国内电商应该在产品质量改善和服务水平提高方面采取有效的措施。

4. 物流运输配送方面

运输是电商物流系统中的一个非常重要的环节，其成本在总的物流成本中占据着较大的份额，这些都是由电商行业跨区域的特点造成的。当前，很多电子商务企业的物流运输系统并不完善，从而使得产品的配送效率不高，也无法将资源的作用充分发挥出来，这些都会在无形中导致运输成本的增加。在这其中，有些是因为运输的线路和节点为选择好，从而使得移动仓储的成本较高；有些是因为各部门缺乏有效的协同合作，使得货物在包装、装卸等环节停留时间过长，导致运输的时间过长；有些则是运输方式的选择存在问题，从而使得运输的时间过长，效率低下，导致运输成本的增加。此外，物流运输过程存在的不合理收费现象也是一个非常重要的原因，这些都会导致电商企业运输成本的增加。

阿里斥巨资并购入股日日顺物流的举措就是为了弥补自身在大家电物流配送上的不足，进而完善自身的物流配送系统。但与亚马逊专注于构建自己的配送中心，建设自己的配送服务相比，阿里巴巴在配送流程的掌控上要逊色一些。并且，亚马逊在配送方面的创新，能够有效地提高商品的配送速度，进而降低物流成本，同时还能对员工起到一定的激励作用，进而促进他们工作效率的提高。由此可知，诸如阿里巴巴等国内电商企业都应当朝着仓管配送的机械化、自动化方向发展，最终实现节约人工成本、提高配送效率的目的。

阿里巴巴与速卖通、国家交通运输物流公共信息平台之间的合作，其目的都在于降低物流运输中的费用，改善物流总成本。相较于亚马逊而言，阿里巴巴在物流成本的管控方面还有待创新和改善，因此，诸如阿里巴巴等国内电商企业应当敢于创新、勇于探索，不断开发出新技术来完善自身的仓配运输系统，只有这样才能提高运输效率、降低运输成本。

5. 其他方面

在国内电子商务行业中，除了以上所说的四个方面的问题外，其在物流成本管理控制过程中还存在以下几个方面的问题。

电子商务企业的物流成本主要由从产品供应商到企业自身的物流成本、企业内部的物流成本以及企业自身与消费者之间的物流成本三个方面组成。在物流成本核算中，物流成本的划分以及物流成本计算对象的选择起着决定性的作用。当前，国内并没有统一的物流成本核算标准，因而在我国电子商务企业中也没有对物流成本以及确定物流成本计算对象的统一划分标准。进而使得各企业之间的物流成本、同一电商企业不同时期的物流成本无法进行对比，而这又会使得我国电商企业的领导者在决策时不能参照物流成本对企业效益的影响，最终影响决策的正确性。

如今，随着电子商务的平台化，电商平台之间的竞争也越来越激烈，市场也在日益集中，开始呈现出一种新型的垄断局面。然而，我国当前的电子商务企业物流的管理制度和竞争机制并不完善，缺少统一的法律标准来约束市场的进与退，从而导致一些不正当的竞争现象出现。同时，由于物流行业所包含的设备的管理、产业的布局、融资投资、投诉的监督、运输的监督、基础设施的建设等都分别属于不同的职能部门管理。并且各个部门对现代物流没有足够的认识和统一协调的战略思想，从而使得管理非常的混乱，政府部门对电子商务企业的物流监督也无法充分发挥作用，而这些对各个管理部门所做的决策也会起到负面作用，进而制约了电子商务企业物流的持续快速的发展。

第四节　完善我国B2C电子商务企业物流成本管理的建议

（一）树立正确的物流管理观念

1. 提升服务理念制定个性化的服务标准

B2C 电商企业有着非常广阔的销售渠道，分散在各地的客户给销售成长带来极大的空间，但是，由于不同的客户有着不同的需求，如果不能对其进行区分，那么电商企业在物流服务上的投入就无法体现出来，进而造成不必要的浪费。

当前，很多 B2C 电商企业都在扩大企业规模上增加了大量投入，尽可能地吸顾客，而伴随着顾客数量的增加，顾客对 B2C 电商的要求也越来越高，他们不仅要求商品质量优良、价格优惠，而且还要求高质量的购买体验。而在一般情况下，商家的购买体验往往达不到顾客的要求，从而使得顾客转向别家，这让 B2C 电商面临很大的考验。

在电商企业中，可以通过多种方式来提高客户体验和服务水平。例如，可以通过聘用专业人员来改善电商平台的设计，使得顾客在打开网页后能够非常快速地了解平台中的产品，并能明显的接受企业重点推出的产品信息；在支付平台上，给予客户明确的直视，为顾客建立便捷的快速退货通道，让客户在支付时也能感受到企业给顾客应在的氛围；在配送打包时，保障产品的质量，使用温馨小提示和附赠礼品等，从细节考虑顾客的需求；在售后服务时，耐心指导购买者使用产品，对购买者做售后调查等。

此外，B2C 电商企业也要制定一些个性化服务标准。例如，有些顾客喜欢追求新鲜，产品更换较频繁，这样可以根据新产品的特点，定期把新产品信息或升级信息发送给顾客，激起他们的购物兴趣。而对购物相对稳定和理性的顾客，由于他们通常有自己习惯购买的店家和品牌，因而企业只需要维持较好的形象、稳定的客户服务、合理的价格，并对其购物进行适当的引导，将其发展为长期稳定的顾客。

2. 重视物流增值环节

B2C 电商企业应对各环节所需的成本及能够产生的价值进行整体分析，并对那些在不增加成本而能提高价值、在降低成本而保持价值不变、在增加较少成本而提高较多价值的环节引起足够的重视；逐步减少那些占用成本高而增值较少的非必要环节；对那些占用成本和产生价值都不高的环节进行整合。进而不但可以实现优化价值链的目的，而且还能对各环节的成本进行有效地控制。另外，B2C 电商企业还可以寻求与第三方物流公司合作，将那些创造价值少但占用成本高的环节、非核心物流业务以及那些距离较远、所购商品少而分散地区的物流订单外包给它们，由此，虽然增加了外包成本和一定外包风险，但这样可以使自营物流成本减少，并且能使 B2C 电商企业集中精力发展自身的核心竞争力，加强自身优势，进而有效控制物流成本。

3. 加大人才培养力度

在 B2C 电商企业的物流系统中人才至关重要，因此，B2C 企业应当对新员工的招聘和培训引起高度重视。一方面，可以对新员工实行轮岗制，让其对物流各环节的标准化操作流程有所了解，努力使每一个员工都能成为多能工，并且努力寻找各个环节人力资源使用上的交集，在保持各自岗位上专职工作的基础上，相互协调、相互配合，充分使用人力资源。另一方面，要物色并有意识培养物流专业管理人才，使其在工作过程中要树立物流总成本观念，增强全局物流成本意识。并建立物流成本考核制度，加强物流成本核算能力，使其在一线管理工作中，积极记录、整理相关物流成本的基础数据，并对其进行分析，提出改进、优化成本的建议。此外，还可以通过收集员工意见，鼓励员工在工作中注重细节、积极挖掘降低成本的方法，提出合理化建议，并形成奖励机制。

4. 合理选择物流模式

相较于国外物流行业来说，我国的物流系统还不够完善，现有的物流系统满足不了 B2C 电商的发展需求，同时又在自营物流的优势的吸引下，各大电商开始投入大笔资金建设自有物流系统。例如，2011 年京东商城将募集而来的 15 亿资金基本上都用在了物流基地的建设上，而在 2012 年又持续投入 36 亿资金建设仓储中心和物流基地。

在建设自建物流系统的过程中，很多问题并没有得到很好的解决，并且自建物流系统需要大量的资金投入，面临多重风险，因此，对大部分电商企业来说可能带来沉重的负担。所以，对于规模较小的电商企业，采用第三方物流进行配送也是一个良好的方式，这是因为，与第三方物流合作可以节省较大的仓储成本，可以使 B2C 电商免于承受沉重的经济负担，另外，由于第三方物流是相对比较专业化的物流团队，具有一定的规模效应，交易费用也较低。此外，B2C 电商企业还可以采用部分自己配送，部分外包给物流公司配送的方式，这样可以解决掉比较复杂、配送成本比较高的单子，进而达到降低成本的目的。

物流配送模式多种多样，B2C 电商企业可以根据自身的实际情况选择适合本企业的物流模式，只有这样才能在不影响企业竞争力的情况下尽可能降低物流成本。

（二）提升物流市场集中度

1. 提高市场进入门槛

当前，我国的物流企业大多规模较小，物流设备不够健全，专业化水平不高，服务水平较低，整体运作效率低下。因此，从宏观上来说，政府应当不断地对物流行业标准、行业规范进行完善，制定鼓励和约束物流行业的法律法规，例如对物流企业的规模要求、专业要求等。而对物流企业自身来说，则应当积极实施品牌化经营和差异化战略，加快现有物流企业并购重组、兼并、联合，加强联盟，形成行业规模，降低整体物流成本，提高运作效率和服务水平，促进物流企业发展，提高物流企业进入壁垒。

2. 完善信用体系建设

在物流服务中，信用是一个极为重要的方面。相较于有形的资产来说，无形的诚信显得更为重要。在我国的物流行业中，建设市场诚信体系非常的重要。“诚以修身、信以立业”，物流企业应当建立以诚信为内容的价值理念，将诚信的思想融于企业文化之中，在企业内部形成推崇诚信的风气。企业只有将诚信建设摆在经营的第一位，不断地规范自身行为，遵照市场运作规律，恪守商业信誉，才能在长远的发展当中不断提高竞争力。

除了企业自身外，信用体制的完善还离不开政府的支持和监督。在这方面，我国可以借鉴国外成功的经验，提高物流市场的进入门槛，明确各项指标要求，例如注册资金、仓库面积、运输设备等，通过这些规范措施可以减少行业内大小、资质相差极大的混乱现象，促进物流行业的有序发展。此外，政府还应当根据物流的实际情况制定相应的法律法规，对那些不具备物流资质的企业引导退出，监督诚信体系的运行。同时还应不断地对物流公共信息平台进行完善，整合各项资源，实现信息透明化、共享化，并建立相关规章制度以及监督机构，让物流运作过程更加公开化，建立诚信记录，公布企业的诚信记录和行为，营造一个公开透明、诚信的物流行业环境。

（三）加强局部环节成本控制措施

1. 加强信息化建设，构建物流交易信息平台

在物流信息化建设方面，国外较之国内要先进得多。对此，我国 B2C 电商企业可以结合本企业的特点和国家的大环境政策借鉴国外先进的物流信息管理系统技术，开发出适合自身的物流信息管理系统。也可以对原有物流信息技术进行优化、升级、更新，提高处理物流信息数据的技术。这样既可以节省开发的时间和成本，又可以随时根据外部技术的不断发展来完善自己，提高处理物流信息的能力和效率。

2. 缔结电商企业与物流地产联盟

物流设施的建设离不开物流地产，物流地产会根据客户的要求在合适的时间和地点投资建设物流设施，并配有专业化的物流服务，提供给客户使用。因此，B2C 电商企业应当与物流地产建立良好的联盟。

从物流地产投资前景分析报告得知，在一线城市中，仓库租金的涨幅非

常的大，有的甚至达到了 50% 的增幅，例如上海。在沿海、沿江地区，空置的仓库也越来越少，由此可以看出，仓库的需求在不断地扩大，这些对 B2C 电商企业来说，无疑会带来较大的压力。而对物流地产来说，B2C 电商企业的快速发展给它们带来了发展机遇，现有的现代化仓储供不应求，又由于电商对仓库往往有特殊要求，因此，B2C 电商与物流地产结盟可以减少自营物流的资金投入，在一般情况下，电商企业为分散风险往往会同几家物流地产签订协议。通过与物流地产达成协议，B2C 电商企业可以使用物流地产的仓库和物流设施，进入物流工业园，也可以充分发挥规模效应，提高物流整体水平。

3. 采用先进方法控制采购成本和仓储成本

在 B2C 电商企业中，采购待售商品是日常经营的一个非常重要的方面，而采购多少待售货物以应对消费者不确定的购买需要才是合理的，就需要采用 JIT 指数化方法。JIT 指数化是在 JIT 的基础上发展而来的，它不但对采购货物的数量、时间的恰当性有较高的要求，而且要求采购货物的数量、时间要随着消费者整体需求的变化来变动。通过 JIT 指数化方法不但可以降低采购成本、减少货物积压，而且还能够提高货物周转次数和营运资金流转速度。在采购环节完成之后，就要进入仓储环节，通过采用“ABC 分析法”能够有效地减少仓储成本，这一分析法主要是对决定仓储成本的众多因素进行层次划分，将少数的但对仓储成本起决定作用的关键因素和多数的但对仓储成本影响较少的次要因素识别出来，由此实现对货物的分类管理，使库存的结构合理化，进而达到降低和优化仓储环节所需成本的目的。

4. 整顿运输中的不合理收费现象

在 B2C 电商企业的物流成本中，各种交通运输所缴纳的费用占据着较大的份额，这与我国的制度成本高有着很大的关系。在物流的运输成本中，路桥费用大概占了三分之二，而这也是导致电商企业物流成本高的一个主要原因。伴随着 B2C 电商企业订单量的增加，运输成本的控制在物流总成本的控制中也越来越重要，因此，B2C 电商企业及社会人士应呼吁政府积极整顿乱收费问题，并相应地出台对电商企业的优惠政策，使运输成本合理化，进而达到降低物流成本的目的。

（四）制定合理政策以降低隐性成本

1. 合理制定逆向物流政策控制成本

在处理逆向物流问题上，一部分 B2C 电商所采取的正常比较极端，要么无条件退款，要么竭尽所能降低退货数量，但诸如此类退货政策都是不合理、不成熟的。对电商企业来说，退货政策是一种有力的竞争手段，因此，有些客户会因为某些方面的原因而延期退货、恶性退货，而这些又会给电商企业带来更多的挑战。所以，对 B2C 电商企业来说，合理制定逆向物流政策具有非常重要的意义。

在一般情况下，逆向物流政策的制定应当综合多个方面来考虑，例如在设计时可以试图从逆向物流这样的反方向来考虑，因为退货问题处理的好坏直接关系到客户的维护。同时，可以创新网站服务，尽可能通过图片、文字信息将商品的实物情况展示给客户，并及时更新新产品。在商品销售后，应当鼓励客户给予商品反馈，并且提供便捷措施让客户取消购物或者退货，详细告知客户如何退货，在货物包装里附送退货卡等温馨提示，让客户得到最满意的体验，以维系客户、拓展客户①。

2. 强化与第三方物流系统化合作

在很多 B2C 电商企业中，都面临着 SKU 件多、货物分散、配送成本高的问题，因此，如果能联合多家 B2C 与第三方物流进行联合物流配送，如何有效地减少中间环节以及非必要的流程，是实现提高物流工作效率、降低物流成本的关键。从具体的实践中可知，单靠一个电商企业的力量很难实现降低电子商务成本的目的，但如果能实现业内多家企业联盟，那么就会收到较好的效果。因此，对 B2C 电商企业来说，不断优化竞争环境，提升行业内企业的综合竞争力，建立以供应链、信息交流以及技术创新为主要内容的战略联

① 李莉.试论电子商务物流隐性成本控制[J].科技情报与经济.2007（17）

盟是降低相关成本的一个重要途径。

需要注意的是，B2C 电商企业在与第三方物流系统合作时应当具备一定的条件，并遵守一定的历程。

第一，B2C 电商企业应当与第三方物流进行谈判，明确双方的物流途径和目标，减少退货与坏货。

第二，建立联合库房，利用现代管理系统 ERP 对货物进行快速分类处理，节省大笔库存成本。由于 B2C 电商企业在品牌文化与品牌上有自己的认知，因此，在对商品进行包装时应当采用独立包装，将企业的特色表现出来。

第三，当几家 B2C 电商企业的商品完成包装进行统一分拣时，将同一个地方的商品归类在一起，获得更多收益以增强服务。

在经过上述操作后，能够大大提高库房的利用效率，降低库存成本，不仅能够满足 B2C 电商企业对相关服务以及品牌上的追求，而且还能够提升企业在客户心中的品牌形象，促进企业的发展。此外，联合客户极大地增加了货物量，给物流企业带来丰厚的利润，进而促进服务质量的提高。

第九章　连锁经营企业物流成本管理研究

任何一种类型企业的物流，都有其一定的特殊性，同样，研究连锁经营企业的物流，也要从连锁经营企业本身的特点和结构入手，本文通过研究连锁经营企业的相关特点和知识，对我国连锁经营企业物流成本管理进行了分析和研究。

第一节　连锁经营企业物流成本概述

一、连锁经营与连锁经营企业的配送中心概述

我国国务院体改办、国家经贸委《关于促进连锁经营发展的若干意见》中对连锁经营的定义是：连锁经营是通过对若干零售企业实行集中采购、分散销售、规范化经营,从而实现规模经济效益的一种现代流通方式。主要有直营连锁、特许连锁、自由连锁等类型。实行统一采购、统一配送、统一标识、统一经营方针、统一服务规范和统一销售价格等是连锁经营的基本规范和内在要求。

美国的零售管理教科书一般把连锁商店定义为：使用集中化的采购和决策方式，由单一所有者共同拥有的多个零售分店。根据国际连锁协会的规定，连锁店至少应有 11 家店铺。

（一）连锁经营的本质

连锁店是相对于传统的单店、多店来说的。传统的单店是指单一的、独立经营管理的商店;多店是指单店的集合和叠加。多店可能形成一个商业集团。但多店模式下的分店一般由总部投资，挂统一招牌，各分店自主经营、自我管理、有很大的灵活性。多店发展到一定程度后，就会受到资金、人员、管理水平等制约，其规模优势也不明显。

连锁经营的本质是把现代化工业大生产的原理应用于零售业，实现了商业活动的标准化、专业化、统一化，这是其经济效益产生的重要前提。

一方面，先进的营销技术可以在众多的店铺大规模推广而实现资源共享;另一方面，投资的成本和风险又可以在众多的店铺得到均衡，而降低单位商品的成本。因此，连锁经营有着其他经营形式无可比拟的优越性。连锁店不能简单等同于商业企业集团。

虽然连锁店可以看成是商业企业集团的一种形式，但与一般意义上的商业企业集团有显著的差别。

具体而言，主要包括以下几个方面的差别。

首先，从法律意义上看，连锁店的下属分店不一定是独立法人，直营连锁的分店不是独立法人，加盟连锁、自愿连锁的分店可能是独立法人，而商业企业集团所属的每个成员都是独立法人。

其次，从经营方式上看，连锁店实行标准化的、无差别的统一经营。而商业企业集团往往实行差别化、多样化的经营。

再次，从管理方式上看，连锁总部与分店在专业职能上有所分工，总部负责采购、营销、人事、融资等活动，分店致力于销售，分店不能脱离总店而存在。而商业企业集团的成员企业自身是一个独立的经营主体。

连锁经营是通过企业内部分工协作，或企业之间的分工协作，以提高零售业的企业化水平，获得竞争优势的经营方式。通过明确的企业内部分工或零售企业之间的分工，形成一个具有密切联系的经营体系。

这个体系的成员为顾客提供相同的产品和服务，在商品的采购、配送、促销方面采取集中化的做法。连锁店的成立改变了传统商店在经营、管理、企业上“小而全”的低水平、低效率运营的局面，实现了多个网点的协同作战，形成了经营管理上的高水平分工和高效运营。

连锁经营是社会化生产和社会化消费矛盾发展的必然产物。工业革命使工业化生产达到了很高的程度，大批量生产体制成为主要的生产方式。

（二）连锁经营的基本特征

连锁经营的基本特征，集中表现在四个原则上，即经营上的分工原则、管理上的3S原则、物流上的集中配送原则和信息上的网络化原则。

1. 经营上的分工原则

连锁经营总部专门负责经营管理，包括制定经营计划、采购、财务、产品开发、培训、促销、融资、信息和企业形象设计等；而成员店专门负责与产品销售有关的业务。

2. 管理上的3S原则

连锁系统作业要求化繁为简，其管理上的3S原则为：现场作业的简单化（Simplification）、专业化（Specialization）、标准化（Standardization）。

3S原则是连锁经营的核心，没有3S就不能实现连锁经营。3S之间又互相配合、互为条件。

3. 物流上的集中配送原则

专业分工表现在物流上，就是集中配送，只有集中配送才能降低成本、提高效率，取得规模效益。

集中配送主要表现在建立三个系统（或3C系统）：

TC（Transfer Center），即商品转运中心，又叫粗分货系统。对那些各成员店要求大量进货的商品，工厂根据总部的订货单，按各成员店需求量分别打捆包装，运送到商品转运中心，由中心进行验收，然后再分货到各成员店。

DC（Distribution Center），即商品发货中心，或细分货系统。对于各成员店一次所需数量较少的商品，由工厂按总部订单总量供货运到发货中心。发货中心接货后按各店接货量开捆分货，分送到各店。所余部分商品则暂存到发货中心，供持续供货之用。发货中心与转运中心不同在于，一是分货有粗细之分，二是发货中心有暂时储存商品之功能。在实际中，两者往往设置在一起。

PC（Process Center），即生鲜食品加工配送中心，或生鲜食品加工处理系统。各店所定生鲜食品，由总部大批集中采购至加工配送中心后，进行检验、加工、解冻、分割、包装后，运送至各成员店。其职能与发货中心类似，区别在于处理的是生鲜食品，且要加工处理。

4. 信息上的网络化原则

信息是连锁经营的神经，在初期信息化手段比较落后的条件下，连锁经营的效益、布局和发展都要受到限制。进入信息时代以来，现代化电子计算机技术把连锁经营带入了现代化时代。连锁系统的信息要求全面网络化，要建立起商品管理系统、财务系统、人事管理系统、店铺开发系统、连锁集团的数据库系统等。

（三）连锁经营的经济学分析

为了进一步理解连锁经营的经济内涵，可用相关的经济学理论对连锁经营进行分析，从而对连锁经营的内在合理性和优势有一个战略性的把握。从理论经济学的角度看，能够用来解释连锁经营的理论主要有三个，即规模经济理论、专业分工理论和交易费用理论。

1. 规模经济理论与连锁经营

规模经济存在的根本原因是生产和经营活动存在“不可分割性”，在一定条件下，企业的长期平均成本随着生产或经营规模的扩大而下降，就是规模经济。否则，就是规模不经济。连锁经营是规模经济的原理在流通领域的运用。这种经济方式的规模经济特征体现在随着企业的连锁扩张，市场份额不断扩大，经营成本不断降低，以此确定企业的规模经营优势。这种优势主要表现在三个方面。

第一、规模经营导致企业平均成本降低，使企业拥有规模效益。连锁经营实行集中采购、分散销售。大批量进货使企业可以得到生产商较大的折扣，降低了原材料的进货成本；仓储、配送中心的统一送货，节省了零售店的库存面积，减少了占压资金，从而降低了销售成本；连锁企业分工细致、专业化程度高、劳动效率高，相应节省了人力成本；由于店铺众多，所以连锁企业的广告宣传、促销手段效果明显，也节省了这方面的费用。

第二，通过连锁布点形成规划系统、布局完整的市场网络，追求规模效应。连锁经营的企业一般拥有众多的店铺，一般来讲，网点的多少能决定企业的实力、竞争力和辐射力，单体企业很容易受到其他竞争企业的冲击和影响，即使是大型百货企业也不例外。实行连锁经营，使企业既具有经营战略、网点布局的优势，又形成了目标一致，联合对外的竞争优势，这也是为什么许多中小企业采取特许的方式加入连锁行列的原因。

第三、连锁企业的规模经营具有显著的社会效益。据有关资料统计，在全世界，各国零售企业名列前茅的均为大型连锁企业，如美国的沃尔玛、英国的马狮、德国的腾格尔曼、荷兰的阿侯德、日本的大荣、法国的家乐福等。这些企业社会知名度高，容易受到社会和公众的关注和支持，形成品牌、名店的优势。另外，各国政府对发展连锁都给予一定的优惠政策，有助于企业快速形成规模，通过资源共享，获得经济效益。

2. 专业分工理论与连锁经营

分工理论由英国古典经济学的创始人亚当·斯密在《国富论》一书中提出，其主要论点是分工能够提高劳动生产率。

连锁经营一方面将流通领域相互独立的职能有机地统一起来，另一方面又在企业内实行更为细致的分工和专业化。

连锁企业的专业分工体现为多个层次。

第一，是依据连锁企业的营运程序和作业特点所形成的大项分工，即连锁企业的采购、库存、配送、经营、促销等环节，这种专业分工使流通企业适应了社会化生产发展的需要，能够大规模、高效率的企业商品购销。

第二，是根据连锁企业的企业结构模式和管理模式，实行企业内部的专业分工，通过总部与分店的职能划分，实现了决策与作业、决策与管理的分工。

第三，连锁企业的岗位分工，这是专业分工的深化，主要是确定岗位技能，量化劳动成果，使整个企业内的人力资源配置处于最佳状态。连锁企业的专业分工主要是通过标准化管理实现的。通过数据采集、定性分析和现场作业研究，制定出既简单可用，又节省时间、费用的标准化的作业程序。通过严格的管理，将各种不可控制的因素降到最低点。把在经验基础上的作业随意性消除，代之以严格的管理保证标准化的实施，这不仅会大大提高企业的营业效率，保证专业分工优势的发挥，而且还可以有效的保持企业的经营特色，以标准化的作业为顾客提供品质稳定的产品与服务，以此确立连锁企业在市场竞争中的优势。

3. 交易费用理论与连锁经营

美国著名经济学家科斯研究发现：市场交易并不像古典经济学研究中所假设的那样交易费用为零或忽略不计，而是要耗费大量成本的。

威廉姆森对此有详细解释，他把交易费用分成以下两部分。

一是实现的交易费用，即为签订契约、规定交易双方的权利、责任等所花费的费用。

二是签订契约后，为解决契约本身所存在的问题，从改变条款到推出契约花费的费用。

值得注意的是，交易费用扩展到包括度量、界定和保证产权（即提供交易条件）的费用，发现交易对象和交易价格的费用，讨价还价的费用，订立交易合约的费用，执行交易的费用，监督违约行为并对之制裁的费用，维护交易秩序的费用等。科斯理论的经典意义在于包含内部企业化在内的企业，比起互不协调的、相互竞争的独立经济主体之间的市场交易，具有更明显的效益。

从交易费用角度分析，连锁经营的最大优势首先表现为通过将市场的交易活动变为企业内的行为，节省了交易成本。在传统的经营方式中，零售企业要向批发企业进货，再行销售，即便有条件直接向生产厂家进货，由于数量有限，也无法享受更大优惠，而实行连锁则是由众多分销商联合起来，统一由总部享受生产厂家批量购进，将市场中的批发交易行为转变为企业内的产品分配职能，将采购、批发、配送、零售等相互独立的商业职能有机地组合到一个统一的经营体系中，实现了产销一体化和批零一体化，符合现代化、大企业运作机理，既节省了交易费用，又节约了流通费用，使连锁企业拥有低成本运行的绝对优势。

除此之外，连锁经营的扩张模式符合交易费用理论中关于节约成本的分析。连锁的扩张特点是先创办样板店，然后按样板店的模式增加店铺的数量，以此扩大企业经营规模。连锁的实质就是保证不断扩张的分店具有样板店的特色。因此，随着连锁分店的增加和商品交易额的扩大，虽然交易费用总量增加了，但单位交易成本确实下降的，即交易费用递减。

总体而言，连锁经营是适应市场经济运行内在规律发展要求而形成的企业技术和经营方式。因此，连锁的发展用于何种业态，“锁”什么样的企业，要按企业追求经济效益的要求，即费用最小化来实现，这客观上有助于消除企业发展中政府对企业部分职能错位、行政干预失当的现象，促进企业、政府、市场关系的合理化。

（四）配送中心定义

连锁经营企业的配送是根据企业经营的需要，从供应商处采购商品，在物流据点（仓库或配送中心）中经过必要的储存、保管、并按各门店的订货要求进行分拣、配货后，将配好的商品在规定的时间送到门店的一项物流活动。

市场实践证明，把物流配送中心建成多功能、集约化、低成本的供货枢纽，以及运用信息技术来重组和提升全程流通供应链管理，是大型连锁经营企业的核心战略，也是支撑零售巨头超常规发展的重要条件。

面对大型零售、分销企业物流配送中心的主需求计划，集中体现为如何以信息流整合商流、物流、资金流，使连锁经营企业的运作扩张为整个企业供应链结点的协同作业，并使正反向的整个商品物流成本最小化（包括顾客、门店、物流配送中心、总部、供应商及合作伙伴），并及时响应销售需求和适时补货。这也是大型跨区域、多业态、连锁经营企业最具有核心竞争优势的能力。

根据中国连锁经营协会的最新统计，2002 年，国内连锁百强企业当中，有 80% 的企业拥有自己的配送中心，配送中心的平均面积达到 9693 平方米。销售额在 1 亿元以上的 91 家超市企业，配送中心的平均面积为 8359 平方米。根据中国仓储协会2001年中国物流市场调查，目前，我国商业企业的物流配送，有 74% 是由供货方完成的，13% 的企业依靠第三方物流机构，拥有自己的配送中心的企业仅占道商业企业总数的 13%，说明商业企业物流社会化程度不高，批量小、品种多、频度高、及时性强的连锁经营企业还普遍缺乏有效的物流支持。从物流配送的运作情况看，商业企业物流运营过程中的货损率在 2% 以上，配送及时率为 85.7%，单据准确率为 97.4%。

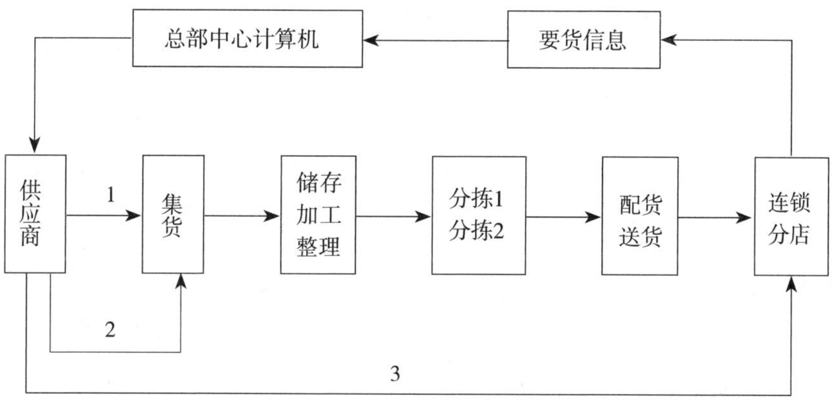

图10-1　连锁配送中心的工作流程

一般连锁配送中心的工作流程可根据商品的不同情况分为三种，见图 10–1。

说明：

数字 1 表示配送中心是根据连锁分店的订单，从供应商或生产商处企业货源后经过集货、储运、加工、分拣、配货、送货等一系列的作业流程，最后送达各个分店。突出反映了各个分店的消费偏好与差异，最大限度的发挥各个分店的经营优势，代表了连锁营销的特征。

数字 2 表示对相当部分销售较均衡，反映本企业经营特点的、销售频次较高的商品，由配送中心直接从供应商处整批企业货源、集中保管，然后按照各分店的要货信息，依次经过上述环节送达分店。

数字 3 表示对一些本地生产或供应商可替代企业将商品直接送到各分店的商品，可不经过连锁企业已有的配送中心直接对各分店送货，在一定程度上减轻了总部配送中心的压力。

（五）现阶段配送中心的特征

在强大的信息系统支持下，当今配送中心具有以下新的特点。

第一，成本最低、竞争力最大化。通过配送中心的集中采购、进货，集小批量需求为大批量购买，从而获取购买价格上的优惠并节约进货费用，使商品在价格上具有竞争优势，减低经营成本，提高市场竞争能力。

第二，减少库存、加快资金周转。准时配送和即时配送使各连锁店就不需要建立自己的仓库或只需要保持少量的库存，改善了企业的经营状况。同时配送中心建立的集中库存能够形成比各个分店建立的分散库存保证程度高很多的保险储备，提高了库存保证程度。而且能够加速资金的周转，提高资金的利用率。

第三，多功能化。随着社会经济的发展，对服务的要求也越来越高，企业从供应商那里购进的商品不一定都适合于直接销售给顾客和满足顾客的需求，通过 EDI 的信息传递，各连锁分店及时将信息反馈给配送中心，它可以根据连锁店销售的需要和针对顾客的消费需求进行各种流通加工，既提高了商品的附加价值、实现商品的差别化，又满足顾客多样化的需求。

第四，即时化。在与供应商建立长期合作的战略伙伴关系上进行即时采购，考虑店铺运营的需要设立物流配送中心可以提高商品的流通加工效率、减少销售中的缺货损失，从而进行即时销售。

第五，社会化（第三方物流）。在不具备建立自己的配送中心的条件下充分利用第三方物流。

第六，服务最大化。配送中心是处于供应方和购货方之间的第三者，是以服务作为第一宗旨的。它离顾客最近，联系最为紧密。

二、物流成本概念的发展

物流成本研究是物流管理学科独立和物流产业健康发展的基础。目前，国内外比较有代表性的对物流成本管理的概念主要有以下几种。

（一）国内物流成本的概念

按照我国的标准物流术语，物流成本（(Logistics cost ）是指物流活动中所消耗的物化劳动和活劳动的货币表现。具体地讲，物流成本是指在企业物流活动中，物品在空间位移（包括静止）过程中和时间上所耗费的各种资源的活劳动和物化劳动的货币表现总和，即在企业经营活动的需求预测、选址、采购、配送、包装、装卸搬运、运输、储存、流通加工、订单处理、顾客服务、返还品处理、废弃物处理以及其他辅助活动等环节中所支出的人力、财力和物力的总和。具体表现为企业向外部企业支付的物流费用、企业内部消耗掉的物流费用、企业材料物流费用、销售物流费用等。而物流成本管理是物流相关费用的计划、协调与控制。

（二）国外物流成本的概念

日本物流研究专家认为，物流成本是企业内部所有花费在物流上的费用总和，而物流成本管理就是通过成本管理物流。如果不限于物流成本的范围，单说成本的话，那么，成本就是用金额评价某种活动的结果。不超越这个结果的成本本身。成本处于管理手段的位置，可以明确地表示出来。就是说，物流成本管理不是“管理物流成本”，而是“通过成本管理物流”。

欧美学者则认为，物流成本主要有三部分组成：一是库存费用；二是运输费用；三是管理费用。其中，库存费用是指花费在保存货物上的费用，除了包括仓储、残损、人力费用及保险和税收费用以外，还包括库存占压资金的利息；运输费用包括公路运输、其他运输方式和货主费用，公路运输包括城市内运送费用与区域间卡车运输费用，其他运输方式包括铁路运输费用、国家国内空运费用、货代费用、油气管道运输费用，货主方面的费用包括运输部门运作及装卸费用；物流管理费用则是按照美国的历史情况由专家确定一个固定比例，乘以库存费用和运输费用的总和得出的参考以上对物流成本及其管理定义的不同观点，结合对物流成本管理的认识，我们可以认为，物流成本管理的本质应是物流成本与物流服务紧密联系在一起。

因此，本文将物流成本管理定义为："以面向顾客的物流服务为导向，通过计算和控制连锁经营企业在物流活动中（包括订单处理、采购、运输、储存、包装、装卸、加工等）所耗费的成本，从而实现对物流服务的合理化和最优化管理。"

三、连锁经营企业物流成本的构成要素

（一）连锁经营企业物流成本的构成

连锁经营企业在物流活动中，不仅会在物料运输、存储、装卸整理和包装等方面发生一定的费用支出与物料消耗，而且会在物流企业和管理、物流信息的收集传输等方面支付一定的费用，这些费用和物料消耗的货币表现就构成企业的物流成本。一般来说，连锁经营企业的物流成本主要有以下几部分内容：支付给企业从事物流工作人员的工资、奖金和按规定提取的职工福利费；支付给外部企业的劳务报酬，如运输费、邮电费、仓储费等；在运输、装卸、仓储、包装等物流活动中所发生的物料消耗价值；在物流活动中所消耗的其他物料的价值；为开展物流活动而支付的利息、保管费等再分配项目；为企业物流整体活动和进行物流管理而支付的费用；在收集、整理、分析、加工、传输物流信息等工作中花费的费用。

（二）连锁经营企业物流成本的分类

根据物流的运作特点与物流成本的内容，物流成本可以按物流活动、物流范围、费用支出形式、物流作业等分类标准分析其构成。

1. 按物流活动进行分类

按物流活动可分为情报流通环节成本、物流环节成本、物流管理成本，如表 9–1 所示。这种分类可以清楚地显示整个物流活动中各个环节的成本耗费情况，有利于安排流动资金，协调整个物流环节的关系。

表9–1 按物流活动进行分类

<table>
<tr><td rowspan="8">物流成本</td><td colspan="2">情报流通环节成本</td></tr>
<tr><td rowspan="5">物流环节成本</td><td>包装成本</td></tr>
<tr><td>运输成本</td></tr>
<tr><td>保管成本</td></tr>
<tr><td>装卸成本</td></tr>
<tr><td>加工成本</td></tr>
<tr><td rowspan="2">物流管理成本</td><td>现场物流管理费</td></tr>
<tr><td>机构物流管理费</td></tr>
</table>

2. 按物流范围进行分类

按物流范围可分为供应物流成本、生产物流成本、销售物流成本、退货物流成本和废弃物流成本，如表 9–2 所示。这种分类有利于分析各个物流成本分布情况，便于对物流成本进行分阶段性的控制。

表9-2 按物流范围进行分类

<table>
<tr><td rowspan="10">物流成本</td><td rowspan="3">供应物流成本</td><td>物流计划费用</td></tr>
<tr><td>物流预测费用</td></tr>
<tr><td>物流准备费用</td></tr>
<tr><td rowspan="2">生产物流成本</td><td>各种生产性物流费用</td></tr>
<tr><td>装卸、运输、加工、储运等费用</td></tr>
<tr><td rowspan="2">销售物流成本</td><td>为销售服务的物流费用</td></tr>
<tr><td>储存、包装、服务性费用等</td></tr>
<tr><td>退货物流成本</td><td>退换货导致的物流费用</td></tr>
<tr><td>废弃物流费用</td><td>废品、不合格产品导致的物流费用</td></tr>
</table>

3. 按照物流费用支付方式进行分类

物流费用支付形式可分为内部物流成本和外包物流成本，如表 9–3 所示。这种分类与财务会计的分类方法一致，可以减少物流成本的核算成本。

表9-3 按物流费用支付形式分类

<table>
<tr><td rowspan="8">物流成本</td><td rowspan="7">内部物流成本</td><td>材料费</td><td>包装材料、工具消耗费用等等。</td></tr>
<tr><td>人工费</td><td>工资、奖金、补贴等等。</td></tr>
<tr><td>材料、动力费</td><td>水电煤气费用、燃料费用等等。</td></tr>
<tr><td>管理费用</td><td>办公费、差旅费等等。</td></tr>
<tr><td>折旧费</td><td>基本折旧费、大修理折旧费等等。</td></tr>
<tr><td colspan="2">利息支出、维修保养费等。</td></tr>
<tr><td>其他费用</td><td>劳动维护、材料损耗费、罚金等等。</td></tr>
<tr><td>外包物流成本</td><td colspan="2">运输费、手续费、包装费、保管以及其他费用等等。</td></tr>
</table>

4. 按物流作业进行分类

按物流作业可分为信息流作业成本、存货流作业成本，如表 9–4 所示。

这种分类可以确定企业物流活动设计的作业，能提供更加准确的物流成本信息，助于实施作业基础的物流成本控制

表9-4 按物流作业分类

物流成本	存货流成本	购买获取：运输费、装卸费等等。
		制造支持：存储费、流通加工费、搬运等等。
		实物配送：运输费、装卸费等等。
	信息流成本	物流计划、调度、谈判等等。

（三）连锁经营中物流成本的要素

所谓物流，就是物料在生产过程中和从生产到消费的流通过程中的空间位移及相关联的生产技术性活动，它的职能是通过商品的运输、保管、加工、装卸、整理包装等项业务活动来实现商品实体从生产者手中到顾客手中的转移。实现这一转移，必然会发生一些费用支出，即发生装卸运输费、储存保管费、整理包装费等支出，这类费用支出即为配送的成本，概括而言，所谓配送成本是指企业取得物料，物料在生产及流通领域活动过程中所发生的运输、装卸、保管、包装等费用。连锁经营企业的配送成本是其配送职能部门为实现商品在空间和时间上的转移而发生的各种耗费的货币表现。对连锁经营企业的配送成本进行分类，有利于从不同的角度采取适当的措施控制物流配送成本。

根据物流过程的环节，连锁经营企业的配送成本包括以下几项内容。

（1）采购及加工成本。指连锁经营企业中的配送中心发生的订货费用和缺货损失，以及对购进商品进行加工以满足特殊需要而发生的加工费用。

（2）储存成本。指配送中心库存商品占资金应支付的利息、储存中的损耗、保险费以及库房建筑物、仓库、机械设备的折旧费、修理费、通风照明费、仓库保管人员工资及办公费等。

（3）配送成本。指配送中心在进行配送（包括分货、配货、送货）过程中所发生的包装费、装卸费及有关人员的工资等。

就配送成本的一般性质而言，它包括以下具体项目。

（1）购置与加工费，包括订货费及对购进商品进行加工的费用。

（2）人工费，指物流管理人员的工资，奖金及福利费。

（3）水电费，指与物流设施使用有关的税费、电费、煤气费。

（4）运输费，包括物流过程中发生的采购运费、配送运费等。

（5）维护费，指与配送设施维护有关的修缮费、保险费等。

（6）一般经费，指配送中心管理人员的办公费、差旅费等。

（7）特别经费，指折旧费、利息费等。

连锁经营企业的配送中心成本，如果按照其习性进行分类，可以划分为两大类：

（1）变动成本，即成本总额随着业务量（包括购进量、购进次数、配送量、配送次数）变动而呈正比例变动的成本，如采购成本、订货费用、运输费用等。

（2）固定成本，即成本总额随着业务量的变动而固定不变的成本，如折旧费、保管人员与配送人员的工资等。

四、影响连锁经营企业物流成本的因素

（一）影响连锁经营企业物流成本的因素

本节讨论与连锁经营企业物流成本有关的具体因素，强调竞争性、产品和物流的空间关系等有助于揭示企业物流职能战略作用的重要性

1. 竞争性因素

竞争常被简单地理解为价格竞争。价格竞争固然重要，但在许多市场上，顾客服务是非常重要的竞争形式。例如，如果连锁经营企业能够在较短的时间内可靠地将产品提供给顾客，顾客通常能够使库存成本最小化。由于这种成本最小化使顾客得到更多利润，反过来又使企业更具有竞争力，所以企业应当将购买者的存货成本最小化看作和保持产品低价同样重要。因此，顾客服务对物流是非常重要的。

2. 订货周期

订货周期长短直接影响存货要求是人们广为接受的物流管理原则；即周期越短，要求的存货越少。

图 9–1 表明了上述关系。订货周期是从顾客决定订货到收到订货所需要的时间，包括订单传送时间、订单准备时间和运输时间。

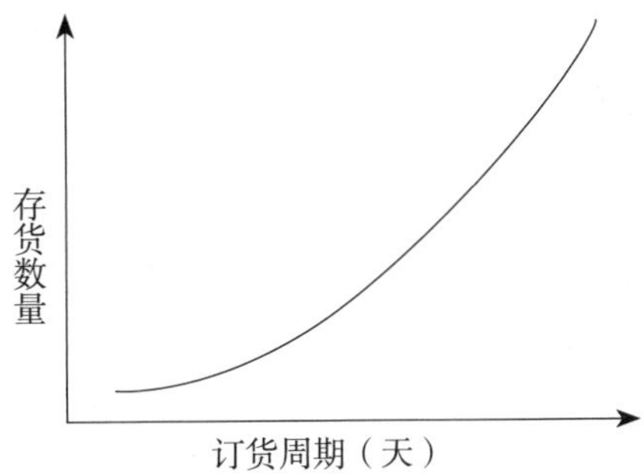

图9–1　从顾客角度，要求的存货和订货周期的关系

图 9–1 表明较长的订货周期通常要求较高的库存。因此如果企业能够通过缩短订货周期来改善顾客服务，它的顾客就可以有较少的库存。由此得出结论，这种成本减少和价格降低一样重要。

3. 可替代性

产品的可替代性常常影响顾客服务的重要性，即如果一个产品同另外一个产品相似，发生缺货时顾客可能会用有竞争能力的产品取代。

因此，顾客服务对高度替代性的产品比对顾客或许愿意等待或延期订货的产品更重要。这就是企业之所以要花费大量广告支持使顾客意识到他们的品牌的一个原因。企业想要顾客选择他们的品牌，并且，如果他们的商品临时缺货，他们希望顾客等待直到有货。

产品的可替代性各不相同。通常，一个产品的可替代性越大，要求的顾客服务水平越高。对物流经理来讲，如果企业希望降低缺货成本（衡量顾客服务水平和可替代性的方法），那么要么存货费用越高，要么运输费用较高。

4. 库存效应

图 9–2 表明增加库存持有成本（通过增加库存成本或提高再订货点），企业通常能够减少缺货成本，即直到减少缺货成本的边际节省等于增加存货的边际库存持有成本。有关的效益背反是存货信息。

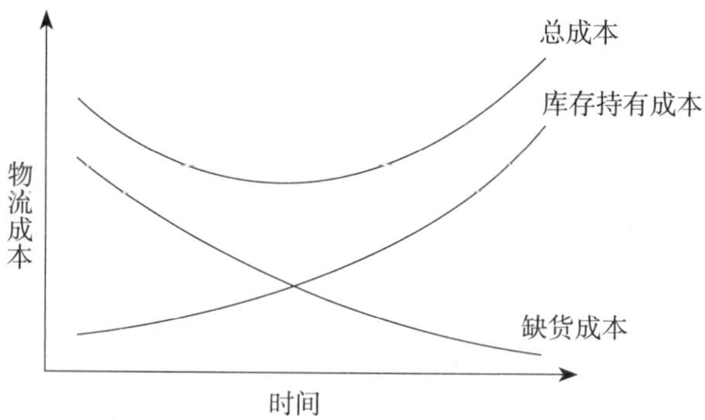

图9–2　缺货成本与库存持有成本的一般关系

5. 运输效应

我们在图 9–3 可以看到，运输也存在类似的关系。企业通常能够用增加的运输成本取代减少的缺货水平。对运输，这种增加的支出包括购买更好的服务，例如，从水运转向铁路运输，或从铁路运输转向汽车运输，或从汽车运输转向空运。高运费、小批量频繁运送带来较高的运输成本。

如图 9–3 所描述的，企业能够通过增加运输服务支出改善顾客服务来减少缺货成本。同样，大多数企业仅愿意这样做到缺货成本的边际节省等于增加的有关运输成本的边际增加。

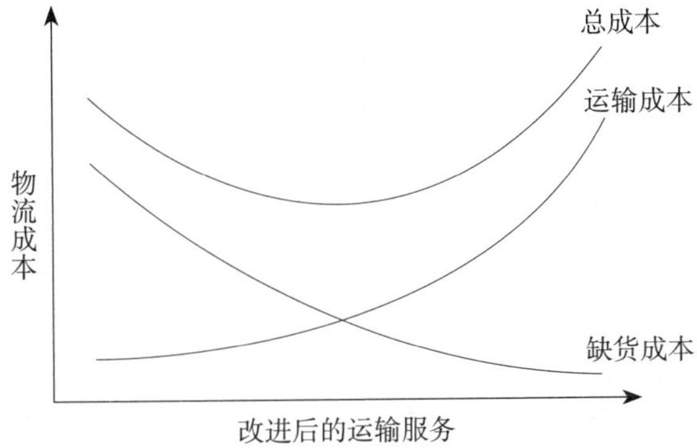

图9-3　缺货成本与运输成本的一般关系

尽管在这里，分别表现出存货成本和运输成本也是可以的，但是通常在存货和运输上支出较多的企业，其缺货成本也同时减少。事实上，运输的改善通常会降低运输成本（较多的运输成本源于更小的负荷量和更快的运输时间）。

（二）产品因素

产品方面的许多因素都会影响物流的成本。其中影响较大的因素有:价格、密度、易破损程度和特殊处理的需要。

1. 价格

价格在许多方面直接影响物流成本。产品的价格通常影响仓储成本、库存持有成本、运输成本、包装成本甚至物料搬运成本。如图 9-4，当产品的价格上升，每个领域的成本也上升，成本函数的实际斜率和水平因产品而不同。

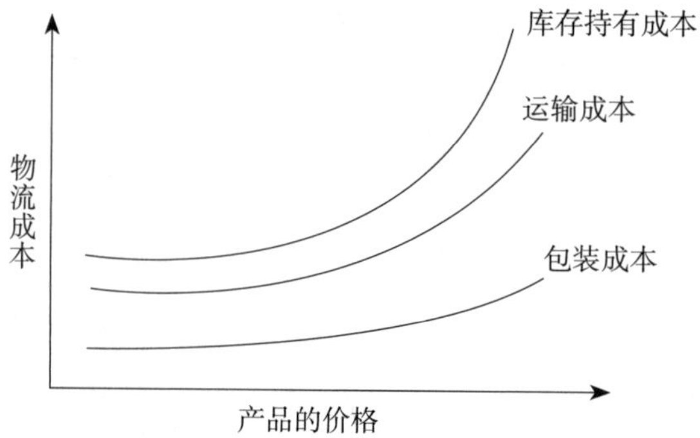

图9-4　产品的价格与各种物流成本的一般关系

运费反映了与商品移动有关的风险。通常贵重商品很可能发生破损；这类商品的破损将花费运输企业更多的赔偿资金。运输企业一般对较贵重的商品收取更高的运费，因为它们的顾客通常能够为这类商品支付较高的运费。运输的费率结构中运输数量和产品价格之间存在关系。

当产品的价格上升时，储存成本也会上升。较高的价格意味着在库存上占有更多的资本，从而总资本成本较高。此外，储存较高价格产品的风险因素增加了可能的报废与折旧成本。同时，由于储存高价格产品所要求的物料设备更加先进，所以仓储成本也会随着价格的增加而增加。

由于企业要使用保护包装来减少破损，包装成本通常也会增加。如果产品价值高，企业会花费更多的精力在包装上以避免产品受到破损和损耗。

最后，为了满足高价值产品的需要，通常要使用十分先进的物流搬运设施。企业愿意多消耗资金和使用贵重设备来加快高价值产品在仓库的流转，使产品破损的可能性最小。

2. 密度

影响物流成本的另外一个因素是密度，密度指的是重量与所占空间的比。一个商品的重量相对与其所占据的空间较轻，就具有低密度，如家具。密度影响运输和仓储成本，如图 9–5 所示。密度从小到大移动时，运输和仓储成本就会相应降低。

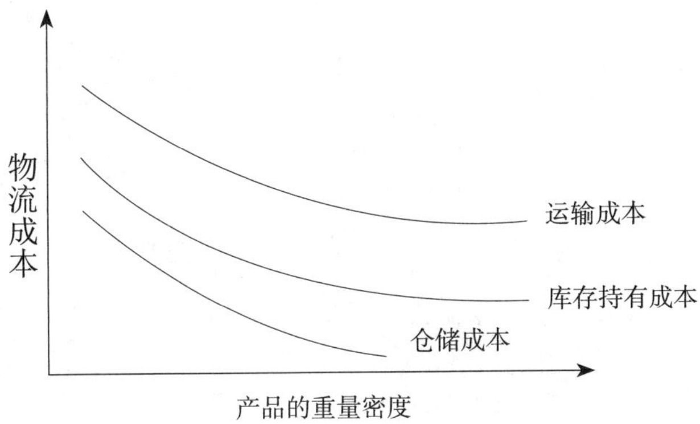

图9–5　产品的重量密度与物流成本的一般关系

在确定运输费率时，由于运输企业以每 100 斤收取多少元人民币来报价，所以他们要考虑运输工具能装多重的商品。因此，密度大的商品，由于他们能够在一辆汽车里装在更多重量，其一百斤所支付的运费就较低。密度同样也会影响仓储成本。密度越大，一定的仓储空间装的重量就越多，因此，仓库空间的使用就越有效率。综上所述，密度以同样的方式影响仓储成本与运输成本。

3. 易破损程度

破损的风险越大，运输和仓储成本越高，见图 9–6 运输企业对预期破损大的产品收取较高的运费，因此运输企业将因为产品破损或为减少破损风险而采取措施增加其仓储成本。

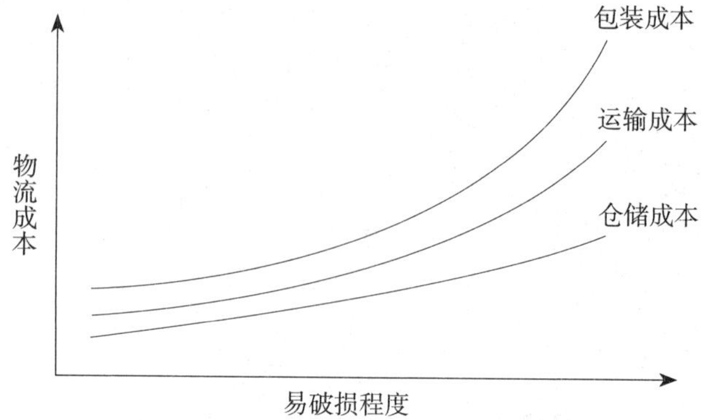

图9-6　易破损程度与物流成本的一般关系

4. 特殊搬运要求

第四个因素是产品的特殊搬运要求，与产品易破损程度有关但又稍微不同。有些产品可能要求特殊规格的搬运单位、冷藏、加热或运输中转。无论是为了运输还是为了储存，特殊搬运要求通常都会增加物流成本。

（三）空间因素

空间因素即物流系统中关于市场和供应点的定位选址。进货方向决定了企业货物运输距离的远近，同时也影响着运输工具的选择、进货批量等方面。若企业距离目标市场太远，则必然会增加运输及包装等成本。若在目标市场建立或租用仓库，也会增加库存成本，因此空间因素对物流成本的影响是很大的。

由于运输成本会随着距离的增加而增加，空间因素对运输成本非常重要。距离因素或空间因素可能会以运输成本以外的方式影响物流成本。例如，远离某一个或多个市场的企业或许需要利用市场所在地仓库，在满意的时间内为顾客送货。从而，距离会增加仓储成本和存货持有成本，同时也会增加了订单处理成本。

（四）其他因素

除上述因素外，影响连锁经营企业物流成本的因素还包括企业管理成本开支大小、资金利用率、货物的保管制度、物流管理合理化程度、企业的物流决策、企业外部市场环境的变化等方面的因素。

第二节　我国连锁经营企业物流成本管理的现状分析

连锁企业百强榜单显示，2016 年，销售额最高的是苏宁云商，销售规模达 1735 亿元，其次是国美电器，销售规模达 1646.93 亿元。

美国连锁巨头的沃尔玛公司 2016 年 11 月至 2017 年 1 月总销售额增长 5.4%，可比销售额增长 2.3%，可比客单价增长 5.2%。此前，沃尔玛发布的最新财报显示，2016 年 2 月至 2017 年 1 月其营收达到 4859 亿美元，剔除汇率的影响，为 4969 亿美元，比上一财年增长 3.1%。

凯度零售咨询（Kantar Retail）发布了 2016 年中国 PoweRanking 零售力量排行榜调研结果，沃尔玛在该机构此次调研中获零售商生意基础排名首位。这是凯度零售咨询在中国开展零售力量调研的第六年，今年有超过 360 位制造商和零售商人士参与了本次调研。零售商生意基础包括："最佳采购团队、最具创新性的商品经营和陈列、最强的供应链管理能力、最佳的品类管理团队、最佳门店执行、最佳数字营销"几项评选维度，报告显示沃尔玛均表现突出。同时，沃尔玛在公司战略排名之"最清晰的公司战略"评选维度位居第一。

一、我国连锁经营企业物流成本的现状

1993 年，国家有关部门确立将发展连锁经营作为流通体制改革的发展方向，进一步促进了连锁企业的发展。1997 年国务院连锁经营工作会议上，确

定了中国连锁经营发展的新的战略目标是大力促进大型连锁企业的发展。以连锁化、信息化和规模化为特征的现代零售业发展迅速，已成为当今社会经济的支柱产业。通过多年的观察和研究，国家统计局也于2002年建立了连锁零售企业统计（半年报）制度，经过近10年的发展在全国已经形成了一些较大规模的连锁型企业如：上海华联、联华、国美、苏宁等一批连锁企业。这些连锁企业发展势头迅猛，规模效益明显，市场份额不断扩大，市场地位收益凸现。

我国连锁企业在规模发展迅速的同时，主要存在下述问题。

（一）总体规模仍然偏小，市场集中度不够

据商务部商业改革发展司和中国连锁经营协会的调查统计，2006年“中国连锁经营100强”销售规模达到8552亿元，同比增长25%，大大高于社会消费品零售总额13.7%的增幅。门店总数达到69100个，同比增长57%，剔除个别企业超常规发展因素，调整后门店总数增长26%，与销售规模增幅基本持平；营业总面积达5170万平方米，同比增长16%；员工人数达204万人，同比增长31%[①]。

然而，我国目前连锁企业从网络、功能、管理、服务、业绩等方面综合评估，真正实力超群的、具有竞争能力的企业却寥寥无几。“小”（经营规模小）、“少”（市场份额少、服务功能少、高素质人才少）、“弱”（竞争力、融资能力弱）、“散”（货源不稳定且结构单一，缺乏网络或网络分散，经营秩序不规范）是我国目前绝大多数连锁企业存在的问题。近几年我国连锁企业扩张步伐很大，但是规模依然很小，和国外的连锁企业还存在一定的差距。

美国连锁巨头的沃尔玛公司到2006年已拥有各种形式的连锁店6779个，销售额达到3486亿美元。根据美国《财富》杂志公布的2007年度全球企业500强排行榜，美国零售业巨头沃尔玛公司在2007以3511. 39亿美元的年销售额跃居榜首，在美国，沃尔玛依靠高效的物流运营体系令商品价格比对手

① 资料来源：中国经济网 http：//www.ce.cn/

低 15%。巨大的规模经营产生了规模效益，这个原因正是国外一批大型连锁企业长盛不衰的重要原因。

（二）物流成本过高导致企业平均利润率低

我国连锁企业发展速度较快取得了一定的规模优势，但是和先进的国外物流企业相比在物流成本管理上还存在一定的差距，由于未能建立合理化的物流系统使得我国连锁企业平均利润率低。

从宏观数据来看，中国的商业连锁企业平均费用率普遍高于国外同行业企业，而商品毛利率却低于后者。以连锁超市为例，我国连锁超市销售的商品结构以低毛利率的食品为主，大型连锁超市的平均毛利率在 10.8% 左右，而国外大型连锁超市的商品结构则较为丰富，平均毛利率在 17% 左右，远远高于我国。从企业成本方面看，我国大型连锁超市的平均费用率在 15.6% 左右，而国外大型连锁超市的平均费用率却只有 14%。由此导致了我国大型连锁超市的经营利润为负，许多连锁企业通过占用供应商资金来维持企业的正常运营。

中外大型连锁超市的成本利润对比如表 9–5 和 9–6 所示[①]：

表9–5　中外大型超市经营毛利比较表

项目比较（%）	中国大型超市	国外大型超市
食品平均毛利率	5.26	17
干货类平均毛利率	8	14
生鲜食品平均毛利率	14	22
百货以及其他商品平均毛利率	12	16

①　资料来源：新浪网 http：// finance.sina.com.cn

表9-6 中外大型超市经营费用和经营利润比较表

项目比较（%）	中国大型超市	国外大型超市
平均费用率	15.6	14
平均毛利率	10.8	17
平均利润率	-4.8	3

（注；以上数据，是国内规模较大在各地具有代表性的几家超市连锁公司，营业而积界定在500-2000平方米，大型超市营业而积界定在6000平方米以上。）

从微观来看，例如我国连锁百强的华联超市于1994年上市，主营业务收入90%来自于连锁超市收入，2003年华联超市董事会提出“比竞争对手成本更低”的竞争策略，加强物流系统、财务系统和信息化系统的建设，实行统一采购，降低商品采购价格，扩大产地采购量和买断商品采购量。2003年华联超市的商业收入毛利率为14.67%，略低于2002年的14.85%。

零售连锁业的优势在于可以降低成本和费用。2003年沃尔玛的销售成本率为78.45%，比华联超市84.47%的销售成本率低6个百分点。2003年沃尔玛的毛利率为21.55%，比华联超市15.53%的毛利率高出8个百分点。2003年沃尔玛的期间费用率为16.78%，比华联超市13.29%的期间费用率高出3.49个百分点。根据华联超市和沃尔玛的成本比较，我们已经看到，沃尔玛的采购成本占售价的78%，而华联超市是84%。仅在采购成本上，华联超市比沃尔玛减少了6%的利润。沃尔玛的期间费用高于华联超市，主要由于其通信卫星的折旧摊销费用进入销售费用。沃尔玛用成功的物流成本管理实践诠释了成本效益模式的核心思想是“为了省钱而花钱”。

（三）分散配送，未形成连锁规模效应

分散配送是销售网点根据客户或网点需要对小批量、多品种商品实施配送，这在连锁发展的初期应该说是适应连锁经营的需要，但连锁发展到一定规模时继续采用这种配送模式会削减连锁的竞争能力。

2004年6月末，我国限额以上连锁零售企业配送中心数为2845个，比上年增加了157个，但是商品的配送比重仍然较低，国外连锁零售企业商品配送比重一般都在90%左右，而我国自有商品的配送比重和非自有商品的配送比重仅有49%和22%，两者相加也才只有70%。根据中国连锁协会对内地16家比较成功的连锁企业的调查表明，没有一个企业的配送中心对各店经营的所有商品实行100%的统一配送，少数企业的统一配送率在50%左右，最好的在80%–90%之间，多数在60%–70%之间。绝大多数配送中心没有达到经济配送的规模，60%的人员、设施处于闲置状态，配送成本偏高。不统一配送说明没有统一进货，而不统一进货则也就丧失了连锁经营的根基。①

据日本连锁协会统计资料表明，目前零售业中有74%的店铺经营的商品是通过物流配送中心加工配送的。70%以上的连锁店、90%以上的大型杂货店都有物流配送中心。从60年代以来，日本物流配送中心的快速发展为连锁经营提供了强有力的后台支持。

物流配送中心是连锁经营的关键环节，是连锁经营的核心竞争力所在，通过物流配送中心的配送活动，不仅可以大大简化门店的作业活动、降低连锁企业的物流总费用，而且还能实现商品在流通领域内的增值，并向门店提供增值服务。

二、我国连锁经营企业物流成本管理现状深层次分析

（一）经济转型的特点影响了物流成本的降低

连锁企业的实质是五个统一，即统一采购，统一配送、统一核算、统一标识、统一管理，通过五个统一形成规模经济以降低商品成本取得竞争优势。

我国现行条块分割的行政管理体制对发展连锁经营十分不利。由于旧的行政管理体制的束缚，许多连锁企业的发展主要局限于在本行业、本区域这

① 资料来源：锦程物流网http：//info.jctrans.com/

个“贝壳里”，无法根据连锁的本质要求实行统一管理，很难形成合理布局和合理规模。在这种体制下，许多企业的门店规模和数量没有达到国际公认的连锁企业盈利点（门店营业面积500平方米以上、门店数量14家以上）。这种小规模连锁经营运转的局面，阻碍了连锁经营优势的发挥。

关于零售业连锁发展规模经济的组织数量研究，经济学家菲力浦·科特勒经过实证分析认为，连锁组织的店铺应达到11家左右，并在此基础上形成成本最低或利润最大的经营效果，这一数字也被国际连锁店协会所公认①。

尽管目前我国的零售企业都在积极发展连锁经营，但规模普遍偏小，组织化程度低。据统计，我国现有的连锁商业企业平均每家拥有的店铺数虽达到17家，但不少企业仅有3或4家。由于分店过少，集中进货带来的成本降低及价格优势就无法实现，各店之间的商品调剂也难以进行，必然影响规模效益的实现。由于国内零售企业的连锁经营尚未形成规模效应，致使连锁经营的优势无法体现，而实现这一优势的物流配送体系也就难以发挥出应有的效能，两者之间还没有形成相辅相成的良性互动关系。

目前沃尔玛中国有86家店，分布在47个城市，在中国的业绩不敌家乐福，是由于在中国单店数量有限一直无法发挥运营体系的杀手锏作用，这也充分说明连锁必须形成一定的规模才能达到效益。

这些问题的存在造成了我国连锁企业流通效率低、成本高，无法组织起大规模的商品流通，特别是物流成本管理意识和水平远远落后于西方。从国际上连锁经营的情况来看，现在世界上大型的连锁企业往往形成庞大的店铺网络，通过规模优势降低物流成本。而目前我国分散的现状导致企业的采购成本、物流配送成本的控制能力较国际领先水平差距很大。

（二）经营管理水平相对滞后，缺乏协调

连锁企业经营的商品以消费者天天需要的商品为主要，因而用量大，购买十分频繁，对商品价格也十分敏感，这就决定了连锁超市必须采取“低成本、

① 杨谊青：《连锁经营原理与管理技术》，高等教育出版社，2001年。

低毛利、低价格”的经营方针。因而在经营商品大同小异的情况下，成本管理能力便成为连锁赢利的重要因素。

虽然我国连锁企业正在积极推行“五个统一”，但却远远没有达到要求，出现“连而不锁”、“形似而神不似”的现象。许多连锁企业管理依然停留在经验管理阶段，还没有形成一套完整的规章制度，缺乏标准化，导致总部机构和职能不健全，各分店的管理水平参差不齐。还有部分连锁店依然沿用单体商店的管理方法，使连锁店的规模优势、价格优势得不到充分发挥。

我国的商业连锁企业中，改造型企业的管理尤为落后。普遍存在的也是最突出的问题是挂着连锁店的招牌，实行的仍是日杂店式的经营管理方式。值得注意的是这部分企业数量多，覆盖面大，在中小企业中占有相当比重，对我国连锁业发展有着一定的影响。

目前我国的连锁企业中，统一采购和进货的比例通常只有 30–60%。大多数总部与其分店之间以及各分店之间，缺乏内在的经济联系，仍实行传统的单店采购和进货，从而未能取得因大规模采购而带来的优惠进货价格，在销售价格上也无竞争优势。

同时我国连锁企业在财务管理能力上水平不高，例如 2003 年沃尔玛的资产增长率达到 13.36%，超过华联超市 3 个百分点。但是，沃尔玛的经营活动产生的现金流量却从 2002 年的 102 亿美元增长到 2003 年的 125 亿美元，同比增长 22%。近三年来，沃尔玛的负债率一直保持在 55% 左右，远低于华联超市的 71.73% 资产负债率。①

如果经营规模扩张伴随着财务风险的过度增大，那么，经营规模的扩张不可能持续下去，也不可能实现企业的规模经济，不仅不会增强企业的竞争实力，反而可能削弱企业的竞争实力，甚至陷入财务困境。可见，在扩大经营规模时，我国连锁企业还应加强财务管理水平，提高财务控制能力。

① 资料来源：清华管理学院中国零售中心http：//crrc.em.tsinghua.edu.cn

（三）目前连锁企业物流成本核算无法了解物流成本的发生

在传统的成本管理体制下，企业的物流成本按物流目的的不同被人为地归集到不同的职能部门，并在不同的账户下进行核算，目前现行的会计核算存在以下的缺陷：

（1）连锁企业在企业财务决算表中，物流核算的只是企业对外部运输业者所支付的运输费或向仓库支付的商品保管费等传统的物流费用。

（2）连锁企业在企业财务会计制度中物流没有单独的会计项目。

（3）连锁企业在物流成本中，物流部门无法掌握的成本很多，物流成本包括显性成本和占比重较大的隐性成本。

按照唐泽丰教授对物流成本管理的阶段划分，我国的研究还仅仅处于基础的阶段。这必然不利于物流成本在企业内的统一管理。因此，传统的成本管理模式在进行企业物流成本管理时，呈现的局限性主要是：

（1）企业物流成本的全貌难以了解

像后库储存商品向门店或柜组的移动和门店或柜组间的相互调剂这一销售前准备阶段所发生的物流费用是计算在销售费用中的；而物流中发生的人工费用与其他部门的人工费一起列入管理费用和销售费用等等，这样企业支出的有关物流费用实际上就隐藏在了各种会计科目中，管理人员很难意识到物流管理的重要性之所在。

（2）企业整体物流成本难以把握

传统的物流成本管理方法由于对企业的物流成本支出的处理采用不同的方法进行，不利于企业对整体物流成本的把握。在通常的企业成本核算时，通过物流成本核算所反映的只是企业对外部支付的内容，譬如向外部运输支付的运输费用和对外承租仓库支付的租赁费等。相反对企业内部与物流配送业务相关的人员费用、设备折旧费等各种费用则是与企业的其他管理费用一起进行统一计算，因而管理者往往会忽视了对企业内部所产生的物流成本的管理。

物流成本管理水平较高的国家都较早制订了有关物流成本计算标准以取

得物流成本管理的基础数据，更好地控制物流成本的发生。例 1977 年日本公布了《物流成本统一计算标准》[①],规定了物流成本计算标准的三种方式,这一政策对于统一当时企业各自为政的物流成本概念和核算标准、提高物流成本信息可比性、有用性及推进企业物流成本管理有着深远的影响。

我国现行的会计制度中没有对物流成本进行独立核算，直至 2006 年 9 月我国国家标准化管理委员会才批准发布《企业物流成本构成与计算》(标准号 GB/T 20523–2006）并于 2007 年 5 月起正式实施。国家标准的出台为我国的生产流通企业和物流企业实施物流成本管理提供了重要的基础手段，为推进我国连锁企业物流成本管理水平的提高有着积极的作用。国家标准《企业物流成本构成与计算》专家审定会认为，该项工作“填补了国内物流管理的空白”[②]。

（四）科学技术水平和管理方式的制约

目前国内多数的连锁超市订货多半都是人工操作，存在很多弊端。这必然导致：第一，不可能及时了解顾客的需求；第二，订货品种和数量是由小组长或店长根据当前市场的销售情况估计，不能很好反映未来市场的需求趋势和需要量，可能造成缺货或者积压库存；第三，目前还是以电话和传真方式与供应商订货，不能快速准确地将进货信息通知供应商。信息不畅通和决策不当很可能造成进货不及时、品种不能满足需求。同样也会造成进货数量过多或不能满足需求，造成库存费用和人力资源成本升高，降低了企业的利润。

物流系统效率决定企业物流成本的水平，而高科学技术水平和先进管理方式是提高物流系统效率的重要手段。在欧美发达国家，20 世纪 70 或者 80 年代起，计算机技术特别是微电脑技术及运用软件的发展及普及为企业提供了有效的辅助管理手段，例如 MRP 等先进管理技术和方法的出现和普及并逐步引入、运用到物流管理中，加快了商品的流通速度，降低了库存水平，补货时间更为精确（降低安全库存量），为连锁企业赢得了竞争优势提供了有力

① 翁心刚：《物流管理基础》，中国物资出版社，2002年：192页。

② 资料来源：西安交通大学新闻网http：//xjtunews.xjtu.edu.cn/

的技术支撑。

早在20世纪60年代，日本就开始广泛采用叉车等机械化装卸设备和自动化仓库，灵活运用托盘和集装箱，实现货物单元成组装卸，并采用信息技术、条形码、卫星定位系统、无线电射频技术等进一步提高连锁企业物流系统的效率。

沃尔玛领先于竞争对手，先行对零售信息系统进行了非常积极的投资。在信息技术的支持下，沃尔玛能够以最低的成本、最优质的服务、最快速的管理反应进行全球运作。尽管信息技术并不是沃尔玛取得成功的充分条件，但它却是沃尔玛成功的必要条件。这些投资都使得沃尔玛可以显著降低成本，大幅提高资本生产率和劳动生产率。

（五）物流信息化落后

连锁经营是把现代化大生产和专业分工的原理应用于流通领域的一种商业经营与组织形式，它一方面将流通领域相互独立的职能有机地统一起来，另一方面又在企业内实行更为细致的分工和专业化。

连锁企业的专业分工主要是通过信息化管理实现的，这样不仅会大大提高企业的营运效率，保证专业分工优势的发挥，而且还可以有效地保持企业的经营特色，以此确立连锁企业在市场竞争中的优势。

信息共享是保障企业高效运作的中心枢纽，但我国许多零售企业把已经掌握的信息作为私有财产，不与供应商共享，使得供应商无法获得零售企业的库存和销售信息，“牛鞭效应”的出现放大了虚假需求，增加了企业的物流成本，降低了零售企业的商品竞争力。

在企业内部，沟通不畅导致了严重的缺货或库存的增加。在商品管理方面，总店采购部门不能及时地把握不同门店的需求差异，使得有些销路不佳的商品长期滞留在货架上，同时也阻碍了更多的畅销产品上架销售；在数据管理上，由于严重缺乏沟通，总部和门店数据库的数据严重不符、不准确。

另外，物流各个环节相关信息的处理落后，信息流、业务流不能融合，例如订单处理、库存最优量等尚不能利用信息及时决策处理。这导致了我国连锁企业订货周期长、库存周转无法缩短、商品流通速度缓慢和物流成本过高。

同时我国物流信息化严重滞后于物流的实践活动，虽然条码技术在我国连锁企业的应用已经相当普遍，POS 商店在我国也相当普及。但条码技术和 POS 扫描仅用于提高零售企业的结算速度上，条码技术在提高整个物流运作效率上的作用并没有充分发挥。对比国外物流条码发展，我们明显存在不足，主要表现为商品容器及有关的装卸搬运、储藏、运输等的设备未能实现统一的规格化和标准化，加大了物流各个环节衔接的难度，由此增加物流成本。

（六）配送中心建设滞后，配送模式不合理

作为现在零售业经营发展趋势的连锁经营，优势之一就是规模效益。连锁业规模效益是通过“统一进货、统一配送、统一管理”来降低经营成本的。

配送中心是使这些“统一”得以实现的必不可少的基础。从某种程度上来说，物流配送可以说是连锁经营的生命线。

全球的便利连锁店 7–11 的物流管理模式[①] 先后经历了三个阶段三种方式的变革。起初，7–11 并没有自己的配送中心，它的货物配送依靠的是批发商来完成的。以日本的 7–11 为例，早期日本 7–11 的供应商都有自己特定的批发商，而且每个批发商一般都只代理一家生产商，所有的配送和销售都会由批发商来完成。渐渐地，这种分散化的由各个批发商分别送货的方式无法再满足规模口渐扩大的 7–11 便利店的需要，7–11 开始和批发商及合作生产商构建统一的集约化的配送和进货系统。在这种系统之下，7–11 改变了以往由多家批发商分别向各个便利点送货的方式，改由一家在一定区域内的特定批发商统一管理该区域内的同类供应商，然后向 7–11 统一配货，这种方式称特定批发商（又称为窗口批发商）配送，它有效地降低了批发商的数量，减少了配送环节，为 7–11 节省了物流费用。

在这种“特定批发商”制的启发下，7–11 分别在不同的区域统一集货、统一配送。配送中心有一个电脑网络配送系统，分别与供应商及 7–11 店铺相

① 黄福华：《现代企业物流运作管理案例选评》，湖南科学技术出版社，2003年，P150

连，配送中心把这些订单集中后由电脑网络传给供应商，而供应商则会在预定时间之内向中心派送货物，这为其节约了大量的成本。

目前，企业自身的物流设施受传统经营方式影响，虽然 90% 以上的连锁零售企业都建有配送中心，并形成小而全的配送体系，但由于受物流规模的限制，致使企业组织配送商品的能力不足，配送品种不全，同时，由于区域利益的分割，有些商品的跨区域配送也受到限制，导致进货价格不统一，进货质量没有保证，中间环节增多，达不到最低的进货成本，不能实现企业最优效益，加大了连锁企业的运营成本。连锁企业的快速发展，规模和地域都有了很大的扩张，物流配送的建设则相对落后于企业的发展，这大大影响了连锁规模效益的提高。

第三节　沃尔玛物流成本管理案例分析

根据零售轮转理论，成本领先战略往往是新兴零售业态企业后来居上的有力武器，这一战略的实施涵盖了商品购、存、销流转过程所有环节上的成本和费用控制，只有降低商品的进价成本和物流成本、降低商品的经营管理费用，才能实现商品流转的全过程的成本费用的控制，在这方面，沃尔玛无疑是零售业成本领先战略最彻底的实施者和经营典范。

沃尔玛的创始人萨姆·沃尔顿始终坚持“比竞争对手更节约开支”，并把最大可能地向消费者提供最低价位的商品作为沃尔玛的经营宗旨，沃尔玛的成功得益于这个简单而又平凡的道理－－“天天平价”。有人把沃尔玛的成本与美国第三大零售商凯玛特做过比较，沃尔玛的推销经费、日常开支和行政费用占销售额的 15.59%，而凯玛特的这个比例则是 21.97%。这使得沃尔玛公司能够把商品价格保持在最低价格线上。

单就节约的成本来看，美国的经济学家斯通博士对美国三大零售企业进行比较，商品物流成本占销售额的比例沃尔玛为 1.3%，凯玛特为 8.75%，西尔斯为 5%。这就是说，当沃尔玛以同样的价格零售同样的商品时，他们比竞争对手要多出至少 2.2% 的利润[①]。

通过其全球网络，沃尔玛可以在 1 小时内对全球分店进行盘点，实现实时监控，沃尔玛之所以能够长期保持其价格优势的秘诀是其高效的物流成本管理经验和能力，从而为其实现“天天平价”奠定了基础，其优势体现在成本管理方面的先进水平。[②]。

一、沃尔玛采购成本管理经验

进货成本是连锁企业的成本发生的源头，因而成为连锁企业成本管理控制的重点和关键，对进货的质量和数量的控制水平的高低决定连锁企业能否在激烈的竞争中占有主动权。

（一）对供应商进行资质认证

供应商产品的品质将影响连锁企业的信誉和成本的控制，从源头开始控制成本成为现代连锁企业物流成本控制的关键。因此对供应商的选择是现代供应链管理的重要环节。沃尔玛公司编制了《沃尔玛供应商工厂认证手册》从供应商的生产规模、资金实力、技术条件、产品质量、资信状况、付款要求、供货及时性等方面进行全面考察，初步确定目标供应商选择范围。

验厂是沃尔玛公司的首要考核步骤。沃尔玛公司并不信赖任何其他认证体系（尤其是中国的认证体系），而只是信赖他们自己的眼睛和大脑。所有的验厂行动都是突然袭击，随机抽查，根本不会为供应商留下作弊的空子，而且检验的过程也是让供应商措手不及。

验货更是一道艰难的关卡，沃尔玛公司也同样只是认可自己的检验，而不是信赖任何其他的质量检验标准，沃尔玛会亲自到工厂里抽检，如果不合

① 杰罗姆·贾尔斯：《沃尔玛连锁经营》，哈尔滨出版社，2004年：98页。
② 杰罗姆·贾尔斯：《沃尔玛连锁经营》，哈尔滨出版社，2004年：42页。

格产品超出了沃尔玛规定的比例（而不是其他任何机构规定的比例），全部的产品都要返工。同时对合格商品还要做物流测试，例如一项物流测试叫作“摔箱实验”，将装满货物的箱子离地50厘米以后，突然丢到地面上，观察货物箱是否会被摔破，以确保进货中不出现任何疏漏。

（二）采购业务洽谈规范化、标准化

在采购业务洽谈过程中，采取规范化、标准化的谈判业务程序，杜绝采购腐败的发生。在采购中沃尔玛力求做到：

（1）谈判地点统一化

与供应商谈判地点选择在沃尔玛公司洽谈室，一方面作为谈判主战场，对公司谈判有利；同时使谈判透明度高，规避商务谈判风险，防止业务员的投机主义行为。

（2）谈判内容标准化

按公司规定的《产品采购谈判格式》要求进行谈判。标准化内容包括商品属性、产品质量、包装要求、采购数量、批次、交货时间和地点、价格折扣、付款要求、退货方式、退货数量、退货费用分摊、产品促销配合、促销费用分摊等相关内容的谈判。

采购的“黑洞现象”是目前吞噬连锁企业利润的主要原因之一，如果采购过程不规范和标准，在采购过程中采购员势必会受制供应商，不公平进货使采购成本加大，最终反映在价格上，由于商业贿赂致使公司营运出现风险。

国际连锁企业家乐福，有报道和资料表明某些采购经理侵蚀企业利润的行径已不是秘密。在众多供货商提供的证据中，单店采购黑幕可谓触目惊心，已经变成家乐福管理体制中最头疼的问题。在家乐福赢得了发展的时间和消费者的青睐的同时，给采购腐败造成了可乘之机。家乐福原来三级管理架构调整为四级管理架构。80%的事情都由上述大区主管决定，这表明了家乐福针对采购腐败吞噬利润而做出调整[①]。

① 资料来源；亚太管理网http：//www.longjk.com/

（三）供应商战略管理

对供应商管理实行战略合作伙伴式的运行模式，即把供应商的生产成本、技术研发、管理费用纳入到沃尔玛公司的管理体系中来。通过数据库把沃尔玛所有的商店的库存信息、销售信息、产品价格信息、客户反馈信息、内部经营计划信息等与供应商进行共享，从而降低了外部市场的交易成本，同时通过及时市场信息反馈，保证了产品质量和创新速度。

沃尔玛公司总部所建立的庞大的数据中心，使全集团的所有店铺、配送中心均与供应商建立了联系，从而实现了快速反应的供应链管理。厂商通过这套系统可以进入沃尔玛的电脑配销系统和数据中心，直接从 POS 得到其的商品流通状况，生产厂商和供应商都可通过这个系统查阅沃尔玛产销计划。这套系统使供应商参与了沃尔玛价值链的形成过程，沃尔玛与供应商无缝链接，为生产商和沃尔玛两方面都带来了巨大的利益。

沃尔玛始终把建立同供应商“双赢”（Win—Win）关系放在重要位置。公司企业文化中重要的一条就是同供应商保持良好的合作伙伴关系。沃尔玛的供应链管理模式形成了以自身为链主，链接生产厂商与顾客的全球供应链。

典型的例子是沃尔玛与宝洁（P&G）协作关系建立。20 世纪 80 年代中期以来，沃尔玛与宝洁就建立一个全新的供应商和零售商关系达成了协议，双方建立电脑互联网共享信息，大幅提高了经营效率。

工业社会发展到现在，零售商与供货商之间的关系将从互相制约的关系向新型的互相合作的双赢伙伴关系发展。零售商帮助供货商了解市场、了解消费者需求，供货商根据市场需求调整自己的生产，使产品适销对路。这种新型合作伙伴关系的形成和发展，可以给双方都带来极大的利益，应该受到零售商和供货商的高度重视。

（四）采用中央（集中）采购，尽量实行统一进货

连锁经营有一个显著的特点，就是 90% 以上的商品都由总部集中供货，这样就可以发挥大宗采购的优势，正是看到集中采购的战略优势，沃尔玛着力构造全球化的采购体系以集中管理。沃尔玛的全球采购网络首先由大中华

及北亚区、东南亚及印度次大陆区、美洲区、欧洲中东及非洲区等四个区域所组成。其次在每个区域内按照不同国家设立国别分公司，其下再设立卫星分公司。四大区域中，大中华及北亚区的采购量最大，占全部70%多，其中中国分公司和韩国分公司又是采购量第一、二位的国别分公司，沃尔玛全球采购网络的总部就设在中国的深圳[①]。

连锁业规模效益是通过“统一进货、统一配送、统一管理”来降低经营成本的，统一进货集中采购形成了连锁企业的谈判优势，波特教授在讨论到企业的讨价能力时就提出了集中购买提升企业的谈判能力[②]。“集中采购可以减少企业的谈判费用、信息收集费用，也可有效防止采购腐败对企业利润的侵吞，借此获得价格优势转而支撑连锁企业的低价竞争战略。像在中国扩张迅速的家乐福，在法国人施荣乐掌管家乐福中国区时，曾大力推行“店长集权制”，也就是说店长可以全权负责自己门店的选址、采购、配送、物品摆放等，以最大限度地发挥灵活性的模式，这让家乐福一方面在短时间内能迅速扩展，另一方面各个门店的利润率又得到了保障。但是，随着门店的增加，各门店自行其是，不但没有规模效应，供应链控制难度太大，也无法降低管理成本，反过来又拖累了其扩张速度和利润率。

（五）直接订货向供应商要利润

由于沃尔玛公司与生产企业直接挂钩，大量集中采购、配送，既减少了中间环节，又降低了进货成本。因此沃尔玛销售的商品，比其他商店的同类商品一般要便宜巧 % 左右。

沃尔玛由于采购量巨大，一般从工厂直接进货，并同供应商保持长期合作的关系，通过电脑联网实现信息共享，供应商可以在第一时间了解沃尔玛的销售和存货情况及时安排生产和运输。由于效率的提高，供应商成本降低，沃尔玛也就能将从中获得的优惠让利给顾客。这种合作模式下，供应商、沃尔玛和顾客三者都是赢家。沃尔玛 90% 的商品均从生产厂商直接进货并拥有

---

① 资料来源：管理人网http：//www.manaren.com/

② 王得中：《企业战略管理》，西南财经大学出版社，2000年：63页。

35% 以上的自有品牌，使分销成本降至总销售额的 3% 以下，从而形成了无与伦比的竞争优势[①]。

（六）买断进货，并固定时间结算

由于零售市场的变化莫测，为了规避经营风险，许多商家纷纷采用代销的经营方式，把风险转移给厂家承担，但这也提高了零售企业的进货成本。而沃尔玛却实施买断进货政策，并固定结算货款，决不拖延，这虽然要冒一些商品积压、滞销的风险，却可以大大降低进货成本，赢得供应商的信赖。尤其是在全球范围内销售的高知名度商品如可口可乐、柯达胶卷等，沃尔玛一般将一年销售的商品一次性签订采购合同，由于数量巨大，其价格优惠远远高于同行从而形成他人无法比拟的优势。

二、沃尔玛库存成本管理经验

（一）VMI 的战略价值

长期以来，流通中的库存是各自为政的。流通环节中的每一个部门都是各自管理自己的库存，零售商、批发商、供应商都有自己的库存，各个供应链环节都有自己的库存控制策略。由于各自的库存控制策略不同，因此不可避免地产生需求的扭曲、放大现象，无法使供应商快速地响应用户的需求。

近年来，在国外，出现了一种新的供应链库存管理方法一供应商管理库存（Vendor Managed Inventory，VMI，这种库存管理策略打破了传统的各自为政的库存管理模式，体现了供应链的集成化管理思想，能适应市场变化的要求，是一种新的有代表性的库存管理思想。

传统库存是由库存拥有者管理的，这种库存管理模式并不总是有最优的。例如，一个供应商用库存来应付不可预测的或某一用户不稳定的（这里的用户不是指最终用户，而是分销商或批发商）需求，用户也设立库存来应付不

① 资料来源：东北商业网http：//www.dbmall.cn/news/

稳定的内部需求或供应链的不确定性，导致重复建立库存，因而无法达到供应链全局的最低成本，整个供应链系统的库存会随着供应链长度的增加而发生需求扭曲。

VMI的核心思想在于零售商放弃商品库存控制权，而由供应商掌握供应链上的商品库存动向，即由供应商依据零售商提供的每口商品销售资料和库存情况来集中管理库存，替零售商下订单或连续补货，从而实现对顾客需求变化的快速反应。VMI不仅可以大幅度改进QR系统的运作效率，即加快整个供应链面对市场的回应时间，较早地得知市场准确的销售信息，而且可以最大化地降低整个供应链的物流运作成本，即降低供应商与零售商因市场变化带来的不必要的库存，达到挖潜增效，开源节流的目的。

（二）沃尔玛VMI战略的实施

沃尔玛正是看到了VMI所带来的成本的节省，积极推进VMI，这使沃尔玛和供应方同时减少了库存，实现了整个供应链的库存水平最小化。同时，沃尔玛省去了商品进货的业务，节约了成本，能集中精力于销售活动，也为沃尔玛进行价格竞争提供了条件。

沃尔玛把零售店商品的进货和库存管理的职能转移给供应方（生产厂家），由生产厂家对沃尔玛的流通库存进行管理控制，即让供应方共同管理营运其流通中心，由于有沃尔玛信息技术的支撑，供应商可以通过这套系统，进入沃尔玛的电脑配销系统和数据中心，直接从POS（销售终端信息）和ASN（提前补货通知信息）中，得到其供应商品流通动态或查阅沃尔玛产销计划。

发货的信息预先传送给沃尔玛，以多频度小数量进行连续库存补充，即采用连续补充库存方式，以此来提高全供应链运作的效率，控制存货周转率，最终有效地控制物流成本。沃尔玛的VMI供应链库存管理策略的最大成功是和口用化工品供应商宝洁公司建立合作联盟开始的。

1987年沃尔玛和口用化工品供应商宝洁公司建立合作联盟，通过协商确定订单处理的业务流程以及库存控制的有关参数，如再订货点、最低库存水平、库存信息的传递方式（如EDI等。宝洁开发并给沃尔玛安装了一套“持续补货系统”，双方通过 EDI 和卫星通信实现联网，借助于信息系统，宝洁公司能迅速知晓沃尔玛物流中心内的纸尿裤的销售量、库存量、价格等数据。

这样不仅能使宝洁公司及时制定出符合市场需求的生产和研发计划，同时也能对沃尔玛的库存进行单品管理，做到连续补货，防止滞销或断货。

沃尔玛从原来繁重的物流作业中解放出来，专心于经营销售活动，同时在通过 EDI 从宝洁公司获得信息的基础上，及时决策商品的货架和进货数量，并由 MMI（ Manufactrue Manage Inventory 制造商管理库存）系统实行自动进货。沃尔玛将物流中心或者仓库的管理权交给宝洁公司代为实施，这样不仅沃尔玛不用从事具体的物流活动，而且由于双方企业之间不用就每笔交易的条件（如配送、价格问题）等进行谈判，大大缩短了商品从订货经过进货、保管、分拣到补货、销售的整个业务流程的时间。

事实证明，自从宝洁公司与沃尔玛公司实行产销联盟以后，沃尔玛店铺中宝洁公司的纸尿裤商品周转率提高了 70%，与此相对应，宝洁公司的纸尿裤销售额也提高了 50%，达到了 30 亿美元，而且从此以后，沃尔玛一直采用单环节的直接交易形式，为其全面控制流通成本、塑造新的竞争优势奠定了基础。沃尔玛成功地运用 VMI 后，不仅降低了物流成本，还增加了存货的流通速度，大大地提高了沃尔玛供应链的经济效益和作业效率[①]。

三、沃尔玛配送成本管理经验

物流配送是实行连锁经营不可缺少的重要组成部分，物流配送的水平在一定程度上体现和决定着整个连锁企业的经营水平。

一般来说配送成本占整个销售额的 10% 左右，有些食品行业甚至达到 20% 或者 30%。而沃尔玛的配送成本占它销售额的 2%。此外竞争对手一般只有 50% 的货物进行集中配送，而沃尔玛 85% 是进行集中配送的，配送为沃尔

① 杰罗姆·贾尔斯：《沃尔玛连锁经营》，哈尔滨出版，2004：118页。

玛赢得了低价的竞争优势。

前总裁大卫·格拉斯曾经说过："配送设施是沃尔玛成功的关键之一，如果说我们有什么比别人干得好的话，那就是配送中心。"沃尔玛配送中最大的特点就是它拥有由信息系统、供应商伙伴关系、可靠的运输及先进的全自动配送中心组成的完整物流配送系统。

（一）高信息化的配送系统

沃尔玛创立之初，其商店就一直远离中心城市而选址在小城镇和郊区，以避免残酷的商业竞争。但随之而来的是配送问题，因为分销商都不愿意为它送货，从商店发出订单到收到货物，耗时往往要长达 30 天之久。在这种情况下，沃尔玛创新配送理念，放弃通行的直接送货到商店的方式，创建了集中管理的配送中心。1970 年，沃尔玛的第一家配送中心在美国阿肯色州的一个小城市本顿维尔建立，该中心占地 6000 平方米，负责供货给 4 个州的 32 间商场，集中处理公司所销商品的 40%。显然，一家店不可能单独支撑一个配送中心的运营成本，于是以该配送中心为核心，在周围一天车程即 500 公里左右的范围内迅速开店。获得成功后，又迅速复制该运营模式。到现在沃尔玛公司共有六种形式的配送中心：[①]

第一种是"干货"配送中心，数量最多。

第二种是食品配送中心。包括不易变质的饮料等食品以及易变质的生鲜食品等，需要有专门的冷藏仓储和运输设施，直接送货到店。

第三种是山姆会员店配送中心。这种业态批零结合，有 1/3 的会员是小零售商，配送商品的内容和方式同其他业态不同，使用独立的配送中心。

第四种是服装配送中心。不直接送货到店，而是分送到其他配送中心。第五种是进口商品配送中心。大量进口以降低进价，再根据要货情况送往其他配送中心。

第六种是退货配送中心。

---

① 杰罗姆·贾尔斯：《沃尔玛连锁经营》，哈尔滨出版社，2004：101页。

整个公司销售商品 85% 由这些配送中心供应，而其竞争对手只有约 50% 的商品集中配送，销售成本也因此要比零售行业平均销售成本低 2 个百分点。而同期的凯玛特、伍尔柯等大连锁公司，基本位于美国大城市，有大量的经销商为他们提供完善的物流等方面的专业化服务，因此也就不会把商品配送视为自己的核心竞争力。

物流要求更快的反应，需要更复杂的技术和信息支持。沃尔玛在美国建立了 70 个由高科技支持的物流配送中心，配送中心面积一般在大约 10 万平方米左右，可以同时供应 700 多家商店。配送中心每周作业量达 120 万箱，每个月自理的货物金额大约在 5000 万美元左右，全部配送作业实现自动化，是当今公认最先进的配送中心。其配送中心实现了高效率、低成本的目标，为沃尔玛实行“天天平价”提供了可靠的后勤保证[①]。

（二）可靠的运输

为了满足美国内 3500 多个连锁店的配送需要，沃尔玛公司在国内共有近 3 万个大型集装箱挂车，5500 辆大型货运卡车，24 小时昼夜不停地工作。每年的运输总量达到 77. 5 亿箱，总行程 6. 5 亿公里。保证进货从仓库到任何一家商店的时间不超过 48 小时，相对于其他同业商店平均每两周补货一次，沃尔玛可保证分店货架平均每周补货两次。并且沃尔玛的物流费用率比美国另两家大型折扣商店凯玛特和达格特低 10% 以上。快速的送货，使沃尔玛各分店即使只维持极少存货也能保持正常销售，从而大大节省了存贮空间和费用，实现了“以时间换空间”的价值。由于这套快捷运输系统的有效运作，使得沃尔玛的销售成本因此低于同行业平均销售成本 2%~3%，成为沃尔玛全年低价策略的坚实基石。

① 资料来源：中国商报http：//www.cb-h.com/

四、沃尔玛物流成本管理的启示

沃尔玛正是通过信息流对物流、资金流的整合、优化和及时处理，实现了有效的物流成本控制。从采购原材料开始到制成最终产品，最后由销售网络把产品送到消费者手中的过程都变得高效有序，实现了商业活动的标准化、专业化、统一化、单纯化，从而达到实现规模效益的目的，实现了“比对手更好地控制成本”的目标。沃尔玛的物流管理思想对我国物流业的发展有积极的借鉴作用。

（一）完备物流业发展所需的必要条件

建立高速有效的信息网，与电子商务有机结合，形成基于电子商务的物流支持平台；针对大量的数据，实行数据挖掘，从而分离出有助于分析决策的信息；在供应链上的企业中普及 EDI 技术，以保障流程中各项业务的顺畅。

（二）完善信息系统的各项功能

先进信息系统可使企业优化成本管理，实现物流运作的高效性。我国一向将物流系统的基础结构集中于订货处理的各项活动上，这种片面式的系统体系在一定程度上削弱了企业的竞争力，因此必须扩展其他功能，如需求分析、决策管理、信息流通等。

（三）整合物流系统的各个组成部分

在沃尔玛的物流系统中，“无缝链接”贯穿于物流循环的全过程，如此优化的系统不仅降低了供应方的成本，为其生产提供了理性预测，也使得销货方及配送方实现了“零库存”，减少库存积压，最大化企业收益，消除“牛鞭效应”和市场需求波动的恶性影响。

（四）配送中心的建设

在沃尔玛的成本管理中配送中心的建设和信息化成为低价的有力支撑，“天上一颗星”只是具备成功的可能，“地上一张网”即配送中心的建设使其成为现实。

（五）中央采购制度（集中采购）

沃尔玛的中央采购所带来的竞争优势使我们认识到连锁企业由于实行中央采购制度，进货量大可以提高与供应商采购合同谈判中的争价能力，获得一定的价格折扣，使连锁企业在价格竞争中处于有利地位。同时与供应商建立战略伙伴关系，整合零售企业的上游价值链，促进零售企业与供应商双赢的效果，增强与供应商的管理能力，又降低物流费用、交易费用，提高顾客满意度，获得更高层次的竞争优势。

“天天平价”策略，使得沃尔玛在扩大自身顾客流的同时，对自己不断提高要求，通过大规模的集中配送与采购、无纸化信息系统、现代化的技术设备、整合的信息网络等来加快商品流通、降低成本。企业的物流表面上来看是货物的流动，背后则是有关客户需求、服务水平、库存情况等多方面信息的流动，而根本上也是企业利润的滚动，它可能是企业利润的源泉，也可能会是吞噬企业利润的无底黑洞，这正是连锁物流成本的管理需要解决的问题。

第四节 完善我国连锁经营企业物流成本管理的建议

专家认为“物流既是主要成本的产生点，又是降低成本的关注点”，物流管理对于提高企业的经营效果、降低企业总体费用的作用引起了企业的关注。物流成本管理是连锁企业物流管理的核心，为此连锁企业都在普遍寻求通过物流成本管理降低运营成本以获得竞争优势，连锁企业应以通过科学把握物流成本的发生、分析物流成本为手段进行物流管理。

一、我国连锁经营企业物流成本管理的基本原则

（一）“全局性”

由于物流的效益背反，要求以系统论的思想来思考物流成本的管理，以“全局性”为目标。具体而言一是由于物流存在“效益背反”，要进行企业物流成本管理和控制，要求我们必须树立物流成本的整体概念，即控制物流总成本。同时不仅要追求连锁企业自身的效益，而且还应追求供应链战略成本的长期降低，特别是现代企业的竞争突破单个企业的竞争而是供应链之间的竞争，必须从整个价值链出发思考整体成本的优化。

（二）“全动因性”

传统连锁企业成本的管理和控制往往仅从企业本身角度考虑材料、人工和间接费用，而现代连锁企业的竞争已从传统的个别企业的竞争转向供应链的竞争，随着 SCM 思想的出现，物流成本管理则须全面考虑采购、运输、配送等环节相关的成本因素。我们应该从供应链的观点为基础，运用作业成本法和作业成本管理（Activity-Based Management）的理论和方法，对内部供应链和外部供应链的物流活动和流程进行重新设计和重点控制，尽可能消除“不增殖作业”，改进“增殖作业”，优化“作业链”和“价值链”，确定关键作业点，有针对性的重点控制物流成本，从而降低供应链成本。

（三）“全过程”

控制物流成本不仅要进行事中和事后成本控制，还要进行事前成本控制。在目前成本全过程控制的思想中我们不仅关注“成本节省模式”，更应从管理的源流上降低物流成本。立足于预防避免早期的成本发生，这种“成本避免模式”体现了全过程的思想，日本的“成本企划”和美国国防部“成本设计”就是成本避免上一些独特的做法。

（四）“全员性”

它需要企业协调与其他企业、顾客、运输企业之间的关系，实现整个供应链活动的高效率化部门应与关注的焦点所以，追求成本的效率化不仅仅是

连锁企业中的物流也应要求企业内部和供应链企业的全体员工积极，将降低物流成本的目标贯彻到整个供应链企业的所有职能部门。

二、完善我国连锁经营企业物流成本管理的思路

（一）建立现代企业物流组织结构

根据现代组织理论，所谓组织就是两人或多人有意识协调活动的系统。组织结构界定了对工作任务进行正式分解、组合和协调的方式，它规定着组织内部各个组成单位的任务、职责、权利和相互关系。按照钱德勒的研究：组织结构服从于战略，公司战略的改变会导致组织结构的改变[①]。蒂斯发现，由于战略而引起的组织结构重组通常对企业的资产利润贡献 1.2 个百分点。连锁企业由于经营范围大、物流活动空间分散、商品配送区域广、商品种类繁多，物流活动难以协调的问题，因此连锁企业的物流部门的设置科学与否在一定程度上决定了物流活动的绩效，必须从改造企业的组织结构入手，建立现代的企业物流组织结构从根本上解决企业内部物流职能的分散。

目前，连锁企业的物流组织结构主要是以基于传统的职能的组织结构模型为主，按职能设置部门，而物流活动实际上分散于各个相关的专业活动中，由上级主管部门进行协调。在职能分工中，全部物流职能直接由采购、财务、市场营销等部门负责监督管理。这种方式简单直接，但是实际中各部门可能从各自的利益出发，很难使物流系统的运作协调一致，企业各个物流活动缺乏连接，容易出现断流现象，并且不易取得物流活动费用的基础数据，也不利分析、控制物流活动。

企业的组织结构模式影响经营效率和效果，也从侧面体现了公司控制权的配置和行使。简单的传统组织结构，适合小企业和企业建立初期，但随着企业发展，业务规模拓展迅速，业务流程口趋复杂，传统的企业结构已经不

① 王得中：《企业战略管理》，西南财经大学出版社，2000年：234页。

能满足企业战略的需要。为适应连锁企业物流发展的特点，我们认为可考虑在传统的基础上，将各专业部门内的物流功能进行整合，使物流活动在组织中凸现出来，以便于各部门进行计划、控制、协调。这种组织结构的特点有利于对物流活动进行有效的整合和取得完善的物流成本的核算资料，为分析物流成本、控制物流活动奠定基础。现在更多的连锁企业为了市场竞争战略的需要对各自的物流组织结构进行了重新调整和优化，成功的连锁企业无一不是首先在物流组织结构上作出调整和重新的设计。

现代连锁企业的规模相当庞大，管理层次繁多，组织机构复杂。企业管理当局为了有效地管理复杂的物流活动，有必要将自己的一部分权限下放，以调动各级管理人员的积极性和主动性，于是纷纷实行分权管理。在分权管理体制下，就必须及时了解、评价和考核各级、各部门的工作情况。责任会计正是为了解决这个问题而产生的，并成为实行分权管理的必要条件。

责任会计是20世纪60年代以后在西方企业中发展起来的，为评价考核企业各责任中心的工作成绩而实行的一种会计制度。以财务为基础的责任会计系统将决策的权利分配给组织单位并用财务指标衡量业绩[①]。与全部成本会计相对照，责任会计的一个核心特征是其注重责任中心。我们考虑连锁企业的物流管理活动的特点和现代成本管理理论的框架，提出连锁企业组织架构便于企业物流活动成本的管理和控制：

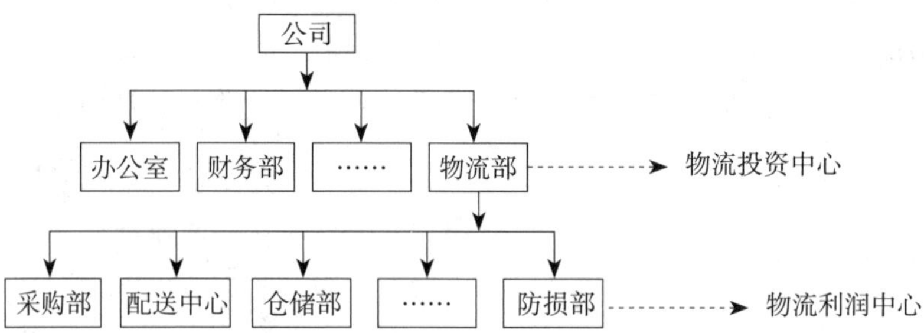

图9-7　连锁企业责任中心

① 王立彦等：《成本会计—以管理控制为核心》，复旦大学出版社，2005年：206页。

这种物流功能一体化组织，即在一个高层物流经理的领导下，统一所有的物流功能和运作，将采购、储运、配送、物料管理等物流的每一个领域组合构成一体化运作的组织单元，形成总的企业内部一体化物流框架。这种一体化的物流组织结构，一方面强调了物流资源计划对企业内部物流一体化的重要作用，另一方面强调了各物流支持部门（仓储、运输、包装等）与物流运作部门（采购、制造物料流和配送等）直接沟通，各部门之间能够进行有效地利益互换。这也有利于从总体上负责物流发展战略的定位、物流系统的优化和重组、物流成本和客户服务绩效的控制与衡量等。

对每一责任中心来说，连锁企业要确定（1）成本在哪里发生（责任中心角度）;（2）成本针对谁发生（成本对象角度）;（3）耗用何种资源（成本要素角度）。通过这种责任中心的划分可以保证各个责任单位和公司总部的目标的一致，克服物流成本背反，同时有利完善各项会计基础工作。

（二）建立完善物流信息系统

现代物流包括了仓储、运输、包装、配送流通加工等诸多环节，物流信息是现代物流活动的“中枢神经”，通过物流信息将物流活动的各个环节有效沟通从而实现物流活动的高效运作，降低物流活动成本，为连锁企业赢得竞争优势。

连锁商业物流相对于工业物流，其不同的特点有：

（1）变价快：即商品的进货价格变动快。通常连锁超市经营的消费品其价格随着市场供需的波动会有较快的变化，同时生产商或零售商的促销频繁引起经常变价。

（2）订单频繁：多品种、少数量是连锁企业订单管理的特点，连锁零售的店铺多，订单频率高，这使得物流活动更加复杂。

（3）响应时间加快：现代市场的竞争体现在对客户需求的快速反应时间长短，客户需求的易变要求现代连锁企业对客户需求变化反应的敏捷性。

（4）客户服务质量的提升：连锁企业面临终端的客户，客户的消费变化导致物流活动的复杂多样，例针对客户需要进行的各种流通加工活动、处理诸如分解、赠品、退货（正品、残次品）等问题。

（5）经营规模不断扩大：连锁零售业由于经营规模不断扩大，需要在大中城市向周边区域拓展门店，一些二、三级城市连锁超市的发展，也意识到不断增加的门店对物流的需求与依赖。

（6）保质期：消费品通常有不同的保值期，需要有针对性的保质期管理。这些特点使得商业零售的物流要求更快的反应，需更完善的信息系统支持。因此随着我国连锁业的不断发展，产业规模化、经营业态多样化、管理精细化的特点越加明显。连锁经营由于其低毛利，从而要求管理更加精细，系统数据的计算更为精确，所以连锁零售经营对于信息系统的要求也是越来越高。

1981 年，沃尔玛领先其他零售商首先使用商品条码和电子扫描器实现存货自动控制来代替大量手工劳动，这大幅缩短了顾客结账时间，更便于利用计算机跟踪商品从进货到库存、配货、送货、上架、售出的全过程。沃尔玛在对商品的整个处置过程中总计节约了 60% 的人工成本。

20 世纪 80 年代，沃尔玛开始利用电子数据交换系统（EDI）与供应商建立自动订货系统。到 1990 年，沃尔玛已与它的 5000 余家供应商中的 1800 家实现了电子数据交换,成为 ED 工技术的全美最大用户。到 20 世纪 80 年代末，沃尔玛配送中心的运行已完全实现了自动化，每种商品都有条码，由十几公里长的传送带传送商品，由激光扫描器和电脑追踪每件商品的储存位置及运送情况。

信息化正是沃尔玛迈向成功的重要原因之一。一方面，沃尔玛通过供应链信息化系统实现了全球统一采购及供货商自己管理上架商品，使得产品进价比竞争对手降低 10% 之多；另一方面，沃尔玛还通过卫星监控全国各地的销售网络对商品进行及时的进货管理和库存分配。当凯玛特也意识到信息化的重要性并效仿前者开始起步时，沃尔玛早已在全球 4000 个零售店配备了包括卫星监测系统、客户信息管理系统、配送中心管理系统、财务管理系统、人事管理系统等多种技术手段在内的信息化系统。

目前我国大中型连锁业 80% 不同程度地采用了计算机管理，其中连锁型的企业占较大比重，这说明我国连锁企业管理者对于信息化策略还是有所注重的，但有资料显示，我国零售企业 IT 投资所占零售总额的比例还不到 0.2%，而国际零售巨头都在 2% 以上[①]；从技术应用的程度上看，我国连锁业的信息化程度较低，不仅销售、管理、财务、客户关系管理及数据挖掘等系统的应用落后于国外企业，而且企业缺乏对市场、资金流、物流的总体控制能力。这说明我国的连锁信息化策略还很不完善，还有待加大投入。

2003 年，中国连锁经营协会专门成立“信息化专业委员会”，开始系统地总结和推动零售企业的全面信息化建设，迎接全行业信息化、网络化时代的到来。正是在这种政策的催化和信息技术带来的竞争优势下，我国连锁百强的企业无一不注重信息化的建设，通过对企业的物流信息系统的构造、升级优化来满足管理的要求和降低物流成本以提升企业的竞争能力。

2003 年 9 月，中百集团投资 1.04 亿元组建的全国商业单体面积最大的现代化物流配送中心——武汉中百物流配送中心。目前，中百物流配送中心常温干货配送中心，采用无线手持终端技术实时记录库房收货、定仓、补货、移库等信息，及时准确记录仓位品种和存量变化，使供应商、配送中心及零售商随时掌握商品库存、在途商品和门店销售信息。信息化支撑的作业流程，使中百物流配送中心库存、分拣、配送作业的差错率降低到万分之三以下。同时加快了商品周转速度，提高了仓送率，降低了商品资金占用率，节约了经营成本，2006 年，仅常温配送中心实现主营业务收入 4000 余万元[②]。2007 年 5 月 13 日，国美电器控股有限公司（香港股票编号：493），宣布认购新股份和发行可换股债券，通过这两项财务安排，国美集资总额约 65.5 亿港元。占本次集资资金总额的 5%，用于更新国际知名品牌的企业资源管理（ERP）系统，以充分发挥和满足国美不断扩张的规模优势，并支持公司未来 10 年的高速发展需要。国美是中国零售业最早实施信息化系统建设的企业之一，早在 2003 年就已经建成和完善了 ERP 系统，实现了业务、财务、门店、服务的

① 资料来源：中国总裁培训网http：//www.chinaceot.com

② 资料来源：深圳物流网http：//www.szwl.cn

一体化管理，对国美终端精细化管理起到了核心的作用。这次进一步对 ERP 系统进行完善和升级，有助完善国美国际化的 ERP 系统管理水平，实现打造国际化企业的目标①。

借助于现代信息系统的建设，使得连锁企业的统一采购和分散销售得以实现，并代替了传统连锁业的大量手工制单及只管金额不管商品和顾客的落后交易方式，连锁企业通过条码技术（Bar Code）、POS、数据库技术（Database）、电子订货系统（EOS）、电子数据交换（EDI）、射频技术（RF）、管理信息系统（MIS）、企业资源计划（ERP）等先进技术与管理策略，改善企业采购和销售、结算部门与物流配送中心、供应商、客户之间的业务流程和沟通，与供应商、分销商之间实现供需数据的及时共享，使生产、流通全过程的企业或部门分享由此带来的利益，充分对应可能发生的各种需求，进而调整不同企业间的经营行为和计划。

由此可见，IT 给连锁业带来了新的管理变革和流程优化（BPR），进而改变着我国连锁业的面貌和内涵，使发展大规模连锁化的零售组织成为现实。

更重要的是，这无疑使整体上控制物流成本发生成为可能。也就是说，现代信息系统的构筑为彻底实现物流成本的降低，而不是向其他企业或意味着转嫁成本奠定了基础。

（三）中央采购制度

物流成本管理的模式可以分为成本节省，具体表现为“成本维持”和“成本改善”两种形式②。如节约能耗、防止事故等，它属于成本维持的初级形式，另一种模式是成本避免。成本避免属于降低成本的高级形态，即从管理的源流上出发来挖掘降低成本的潜力，而采购是物流企业成本形成的源头。因此从源头出发控制采购成本是连锁企业物流成本控制的关键一环，它的高低决定物流成本的高低从而影响企业的竞争能力，成功的连锁企业无一不是从采购的源头来控制成本。其中最主要的措施是通过集中采购来降低物流的流通成本。

① 资料来源：福州新闻网http：//jd.fznews.com.cn/

② 现代物流管理课题组：《物流成本管理》，广东人民出版社，2002年：22-23。

连锁经营的一个重要特征是“统一采购”，这是缔造连锁核心竞争力的一个途径，因为只有实行统一采购，才能真正发挥连锁经营的优势。

中央采购制度可以给连锁企业带来以下的战略竞争优势：

（1）可以提高连锁企业在与供应商采购合同谈判中的讨价还价能力。由于实行中央采购制度，进货量大，可以获得一定的价格折扣，由于获得这些折扣，使连锁企业在商品销售价格的竞争中处于有利地位。

（2）可以降低采购费用。由于实行中央采购制度，只在公司总部建立一套采购班子，而不必像分散采购需各店建立自己的采购队伍，从而降低了采购费用。

（3）可以规范采购行为。当前一个很大问题是商业贿赂，所谓商业贿赂是指供应商给零售商的采购员提供金钱或有价值的物品以影响其采购决策。通过集中采购，建立一套行之有效的规章制度及制衡机制，可以有效解决这一问题。

进货成本的控制是企业成本控制的关键点，尤其是连锁企业成本控制的关键。要取得较低的进货成本必须集中进货，节约供应商的信息收集、谈判成本，形成采购的规模效应，享受价格上批量采购的优惠，并将这种大批量、低成本的进货优势转化为相对较低的价格竞争优势，形成对消费者购买欲的有效刺激，使得连锁企业在激烈的市场竞争中占有主动权。

正是看到中央采购带来的竞争优势，很多企业改变传统的分散采购而转向集权采购。世界500强的沃尔玛为实施其“天天平价”的战略，与生产企业直接挂钩，大量集中采购、配送，既减少了中间环节，又降低了进货成本。

因此沃尔玛购物广场销售的商品，比其他商店的同类商品一般要便宜10%左右。我国连锁百强的国美也认识到进货成本是零售企业成本控制的关键，凭借较大份额的市场占有率，与生产厂家建立起良好的合作关系，以大规模集团采购掌握了主动权。国美连锁店都由总部统一进行采购，门店每天都将订货与销售情况上报分部，分部再将各门店信息汇总分销的优势直接转变为价格优势，国美远远超过一般零售商的采购量，使其能以较低价格获得商品。

例如2005年3月，“2005国美空调流行趋势新闻发布会”在广州举行，国美电器在会上与全球顶级空调品牌签下108.1亿元巨额订单，并在一片“原材料涨价将导致成品涨价”的声音中，毅然宣布将当年空调价格整体下降30%，以此举支撑了销售，赢得了市场的竞争优势。

面对加入WTO后国外连锁超市公司的疯狂扩张和我国连锁店铺数量的快速增长，国内连锁超市函需尽快建立中央采购制度，目前我国的连锁企业中，统一采购和进货的比例通常只有30–60%。大多数总部与其分店之间以及各分店之间，缺乏内在的经济联系，仍实行传统的单店采购和进货为主要方式，从而未能取得因大规模采购而带来的优惠进货价格，在销售价格上无竞争优势，在竞争中处于极为不利的地位。因此，当务之急是尽快建立自己的中央采购制度，营造企业的核心竞争力，从而实现规模效益。

（四）创新连锁企业物流成本管理方法

传统的物流成本的计算，是以“平均一个货物的物流费”是多少为计算基础，不管是一次大量的配送，或者是多频率每次少量配送，只要出货个数相同，所列计的物流成本就会一样，这其中有许多不合理的地方，并且也不易掌握住物流改善的重点。然而，导入“ABC”的理念、架构后，通过对作业追踪，进行动态反应，可以为旨在改进物流作业活动而进行的作业管理提供所需的信息。由于能够反映物流“作业”（Activity）的变化，从而计算出的物流成本，即使输送的货物个数相同，但所表现的物流成本数字也许不一样，这种方式有助于对物流成本进行正确的管理、控制和分析。由于物流费用是因物流活动引起的，在核算时，我们应根据其活动特性来进行。基于业务活动费用核算的ABC法，就是一种较为准确的成本核算方法。

ABC（Activity Base Costing）核算方法，又称作业成本法，是指以作业或活动为基础，将企业消耗的资源按资源动因分配到作业或活动中，下面是ABC（Activity–Based Costing）的基本原理和基本思路：①

① 潘飞：《基于价值管理的管理会计—案例研究》，清华大学出版社，2005年：100页。

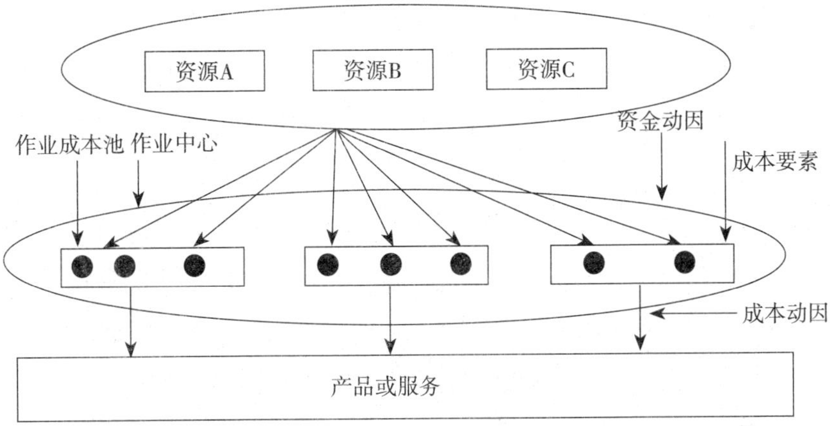

图9-8　作业成本模型

根据ABC（Activity-Based Costing）的基本原理结合连锁物流企业的特点，可按以下思路实施：

（1）分析和确定作业

作业是为了实现企业经营目标而从事的一系列活动。在分析和确定作业的过程中，要分清服务和作业的各个环节，作为计算作业成本和评价作业效果的基础，例如连锁企业将物流活动划分为购货、运输、装卸、仓储、配送等系列活动

（2）分析和确定资源

资源是成本的源泉，一个企业的资源包括直接人工、直接材料、制造费用、以及管理费用和销售费用等等。作业成本计算法并不改变企业所耗资源的总额，它改变的只是资源总额在各种产品之间的分配额。

（3）确立各类资源的资源动因

作业决定资源的耗用量，将各项资源分配到各作业。资源动因联系资源和作业，它的高低可以评价作业对资源的利用是否有效。

（4）确定作业动因，分配成本至成本对象

作业动因是将不同作业中归集的成本费用分配到成本标的去的依据。通过对作业动因的分析，可以揭示增殖作业和不增殖的作业，促使企业经营流程的合理化。

ABC 核算方法不仅提供准确的成本核算信息，而且提供了新的成本管理方法一作业分析法。作业成本法有传统成本核算方法的显著区别在于将企业作为满足客户需要而设计的一系列作业的集合体，将传统成本管理的着眼点从产品转移到作业，以作业为成本分配对象，能提供客观的成本信息，并通过作业分析，追根溯源，不断改进作业方式，针对作业进行成本核算可直接分析出各种作业的经济性和价值，为改善企业的经营管理提供可靠依据。

通过运用作业成本法的作业分析能挖掘物流成本动因，对作业链一价值链起到作业消除、作业选择、作业减低和作业分享的改造和优化作用，实现可持续降低物流成本的目标，具体而言：

（1）作业消除

作业消除就是消除不增值的作业。即先确定不增值的作业，进而采取有效措施予以消除。例如连锁企业为保证商品质量而需要对商品进行货检，这必然导致拆箱和装箱活动的重复发生，如果连锁企业和供应商结成战略伙伴关系，可在一定程度上消除货检的作业从而降低成本。

（2）作业选择

作业选择就是尽可能列举各项可行的作业并从中选择最佳的作业。不同的策略经常产生不同的作业，例如不同的运输方式会产生不同的运输作业进而产生不同的运输作业成本，选择作业成本最低的运输，可以降低成本。

（3）作业减低

作业减低就是改善必要作业的效率或者改善在短期内无法消除的不增值的作业，例如改善包装的作业通过整合包装降低装卸次数及其成本。

（4）作业分享

作业分享就是利用规模经济效应提高必要作业的效率，即增加成本动因的数量但不增加作业成本，这样可以减低单位作业成本及分摊于产品的成本。例如通过对多个零售店的共同配送提高装载率减少单位产品的运输成本，口本连锁商业就是通过共同配送来降低成本。

国外作业成本法的应用已经证明作业成本法是非常有效的。作业成本法的应用范围已经由最初的美国、加拿大和英国向澳洲、亚洲等扩展。作业成本法的应用领域，虽然最初来自于制造行业，现扩展到商品批发、零售业、金融、保险机构、医疗卫生等公共品部门，甚至出现了在政府部门和教育部门的应用。但是 aBc 应用最明显和广泛的行业是在物流中，这是因为物流管理中所涉及的活动很多，而且不同的客户对物流的要求也不一致，使得物流成本相差很大。所以，采用 aBc 管理在物流绩效领域反映的最直接、有效，这说明了 aBc 对于物流和供应链管理的重要性。连锁企业乃至供应链是由一系列的物流作业（包装、装卸、运输、配送、存储、流通加工、包装物和废品的回收）组成的，作业成本法的上述这些优点正好满足制造业连锁企业的要求，我们应该进一步加强在连锁企业中的应用研究。

整合物流供应链资源，也就是基于供应链管理的物流成本控制思想中国零售企业正在朝着规模化、连锁化的方向快速发展。大型零售企业已成为零售业的主导，进一步提高连锁企业竞争能力我们应该着力基于供应链管理的物流成本控制思想。英国著名的经济学家克里斯多夫曾经指出，"市场上只有供应链而没有企业"，"真正的竞争不是企业与企业之间的竞争，而是供应链与供应链之间的竞争"[①]。

供应链理论采用系统化、整体化的观点和方法对企业的物流进行管理，认为决定企业竞争成败的关键在于企业所处供应链的整体运转效率。因此对物流成本的管理强调必须摒弃单个企业物流成本最小化的观念，而应从整个供应链的角度出发，寻求供应链整体成本的最小化。

全球经济竞争的收益加剧，竞争从企业的竞争转向供应链之间的竞争，

① 邹辉霞：《供应链物流管理》，清华大学出版社，2004年：1页。

供应链合作伙伴将利用管理工具将来自末端市场的压力转化为整个供应链的管理目标。供应链管理（Supply chain management，SCM）正是通过前馈的信息流和反馈的物流及信息流，将供应商、制造商、分销商、零售商，直到最终用户连成一个整体的管理模式。它将整个供应链的各个环节高效地协同工作，建立一个最优的商品供应体系，降低整个供应链上的总物流成本，大大提高经营效益，同时提高对顾客的服务水平，使商品的售价更具竞争力。因此更多的连锁企业在先进的供应链管理思想的导引下注重供应链的铸造。宝洁和沃尔玛，全球最大的商业零售和企业的合作是对供应链最好的诠释。

20 世纪 80 年代，在这两家公司开始合作之前，美国零售商和制造商分享的信息很少，双方总是围绕着商品价格和货架位置争夺控制权，情形就像今口中国之零供关系。而随着宝洁与沃尔玛的供应链协同管理模式的确立，双方将目光开始转向如何加强供应链管理以降低综合运营成本，如何提高顾客的满意度，"宝洁一沃尔玛模式"被业界认为是协同商业流程革命的开始。

在供应链思想的引导和国外供应链管理实践的基础上，我国一些大型连锁企业注重研究并积极实践。国美是中国零售业最早实施信息化系统建设的企业之一，早在 2003 年就已经建成和完善了 ERP 系统，实现了业务、财务、服务的一体化管理，借助 ERP 系统首批与国美对接信息系统的供应商达到 350 家，其中包括索尼、海尔、海信等知名厂商。通过与 ERP 系统的相互对接，国美和其合作供应商可以使用电子订单来下单、销售确认、发货计划等过程，提高业务效率和订单处理的准确率。在实现了与 350 家大厂家的信息对接后，国美又投入数亿元资金，进一步对 ERP 系统进行整合和升级，使与国美信息对接的供应商迅速增至包括中小供应商和代理商在内的数千家供应商。国美和供应商信息系统的对接可让双方及时了解货源销售情况，实现电子订单、网上对账、自动补货等，加速商品出仓、送货、安装等服务流程，提高厂商的运营效率，从而提高降低整个供应链的成本[①]。

① 资料来源：福州新闻网http：//jd.fznews.com.cn/

这反映出连锁企业的核心盈利模式已发生转变，连锁之间的竞争已从开店数量的比拼转向更深层次的供应链的竞争。通过供应链的构造实现双方信息的共享，从而方便上游供应商通过对各地终端的即时销售情况、库存、物流情况，实现厂商之间的无缝对接，有利于厂家科学准确地制定生产计划、营销计划、配货计划及为新品的研发提供依据，有效地缩短了响应顾客需求的周期，建立新的“客户关系管理系统”，这无疑将有效提升整体的竞争力。

基于供应链管理的成本观要求从传统的企业内部跨越组织的界限而将战略目光扩展到企业的外部关系（分销商、供应商、最终客户），强调从采购、运输、配送、加工、运输、回收等全过程出发，通过整个供应链成本的削减实现成本的优化。

新的管理思想的出现为连锁商业的发展提出了挑战，同时也带来进一步发展的机遇，连锁企业应加强对此的研究。我们认为基于供应链管理的物流成本管理的基本思路可从下列方面思考：

（1）从全过程的观点来考虑如何降低物流成本根据“木桶理论”，供应链企业的效率不取决于供应链中效率最高的那个成员．而取决于供应链中效率最低的那个成员[①]。因此必须提高所有供应链企业的效率使其产生的整体效益远远大干单个供应链企业单独管理物流所得到的效益之和。

基于供应链管理的成本观就是要求把上、下游的企业看成是合作伙伴，考虑整个供应链过程的物流成本效率化。企业成本的削减应将战略目光转向供应链合作伙伴。特别是现在连锁企业的竞争加剧、利润空间收益缩小，仅依靠本企业的物流体制具有效率化是不够的，它需要协调其他企业（如外部供应商等）以及顾客、运输业者之间的关系，实现整个供应链活动的效率化。

例如目前基于供应链管理的 VMI、联合库存管理、JIT 准时采购、QR 和源于美国商品杂货业发展起来的 ECR（Effective Customer Response）等都体现了要求供应链上环节上的各个企业相互的配合。通过战略伙伴的结成，在了

① 王昭凤：《供应链管理》，电子工业出版社，2006年：57页。

解市场和消费者需求的基础上提高反应能力和供应链的协作效益，降低整个系统的成本，提高企业的竞争能力。

（2）供应链成本的管理核心在于信息的沟通

供应链管理要求企业间的信息充分共享，避免“信息不对称”造成的种种损失。随着市场竞争的发展，用户对连锁企业服务水平的要求也越来越高，要求其能有效地缩短商品周转时间。要满足用户的这一要求，仅靠连锁企业自身的努力是不够的，需要协调供应商、运输业者，供应链上的各企业，通过网络，将企业订购的意向、数量、价格等信息进行传输，彼此交流，从而使供应链的上、下游企业彼此之间的需求和供应信息透明化，有利于预测可能发生的各种需求，进而调整不同企业间的经营行为和计划，这无疑从整体上控制了物流成本发生的可能性，并将由于信息的缺乏造成的物流成本浪费减少到最小的程度。目前 CPFR（Collaborative Planning Forecasting and Replenishment）[①] 即“联合、计划、预测和更新”哨然兴起，与上游供应商企业密切合作，共同预测最终产品的市场需求，供应商根据实际的销售情况决定库存水平，从而供应链管理在一定程度上削减了退货成本。

退货成本也是连锁企业物流成本中一个重要的组成部分，在有些企业中甚至占有相当大的比例。伴随着退货产生的成本费用还包括退货的物流费、退货商品损伤或滞销而产生的成本以及处理退货商品所需的人员费等各种事务性成本。在传统方式下，零售商几乎不承担任何退货成本，从而很容易退货。但是，在供应链管理的进程中，供应商与零售商的利益紧密联系在一起，生产计划、销售计划也是以共同的信息平台为基础制订出来的，必然会大大减少退货事件的发生，可削减大量的退货成本。

社会再生产过程是一个生产、流通和消费相互依存、相互渗透的过程。在这个过程中，商品生产者与分销商之间在价值的产生和实现上是相互依存的，而在利益分配上又是相互矛盾的。利益分配上的矛盾表现在商品上就是

---

① 茅宁：《现代物流管理概论》，南南京大学出版社，2005年：103页。

价格的竞争，企业成本简单地转移到上游或下游企业并不能使其增强竞争力，如果社会再生产各个环节均把成本简单地推到下游企业或产业，只会增加最终消费者的商品购买价格。而商品价值的实现，必须以商品的最终消费为终结的。在买方市场中，最终的竞争并不是表现为企业与企业之间的竞争，而是表现在价值链之间的竞争，商品价格过高只会削弱整个价值链的竞争力，于是出现了跨组织、跨企业的供应链成本的管理。

在经济全球化和中国加入 WTO 的趋势下，中国零售商业企业面临着巨大的冲击和挑战。当前的市场竞争不再是单个企业之间的竞争，而是供应链与供应链之间的竞争，任何一个企业只有与别的企业结成供应链才有可能取得竞争的主动权，这已不是竞争的范围问题，而是竞争的层次问题。实施供应链管理是提高企业核心竞争力的有效手段，它不仅是一条联接供应商到用户的物料链、信息链、资金链，而且是一条增值链，商品在供应链上因加工、包装、运输等过程而增加其价值，给相关企业带来收益。据 2004 年有关部门统计，通过实施供应链管理，企业可以达到多方面的效益：总供应链管理成本降低 10% 以上；供应链上的节点企业按时交货率提高 15%；订货—生产的周期时间缩短 25—35%；供应链上的节点企业增值生产率提高 10% 以上；绩优企业资产运营业绩提高 15—20%；库存降低 15%；现金流转周期比一般企业少 40 天—65 天[①]。供应链管理正是通过对供应链中的信息流、物流和资金流进行设计、规划和控制，从而增强竞争实力，提高供应链中各成员的效率和效益。

（五）采用集中配送降低物流成本

现代连锁零售企业在我国发展十分迅速，随着其规模的快速扩张，在资源整合和管理方面潜伏着越来越多的危机，其中物流配送滞后已成为连锁零售企业发展的“瓶颈”。建立高效企业物流系统是连锁企业提高竞争力的关键。目前，我国连锁企业配送的显著特点是单店规模普遍较小、连锁店铺数量多、

① 资料来源：畅享网http：//www.amteam.org。

多频度、小单位配送，要降低伴随配送产生的成本费用，更要求企业采用效率化的集中配送方法。

在国际上，有代表性的以大零售商为主导建立物流集中配送中心的企业是沃尔玛，作为连锁的最大赢家，沃尔玛配送中心的集中配送诠释了连锁经营的实质，以 320 公里为一个商圈建立一个配送中心。配送中心是设立在 100 多家零售店的中央位置，也就是配送中心设立在销售主市场，这使得一个配送中心可以满足 100 多个附近周边城市的销售网点的需求，沃尔玛保证每家店每 2 天送 1 次货（竞争对手每 5 天 1 次），沃尔玛 85% 以上的货物都是集中配送的，一般的连锁企业只有 50% 货物是集中配送，沃尔玛的配送成本占销售额 2%，是竞争对手的 50%，集中配送为沃尔玛赢得竞争优势。

我国部分大型连锁企业有自己的物流配送中心，其中主要原因是我国目前有相当数量的连锁企业都是从传统的副食品公司、蔬菜公司、粮店以及其他配套网点的基础上建立起来的。这些传统企业，都有很丰富的场地、设施设备、人员等建立配送中心的基础，但是我国连锁企业集中配送率多为分散配送。这种模式没有配送中心时，没有统一的采购供应系统，各个卖点各自购货，店铺分散，供应商也要分别与每个店铺交易，信息沟通的效率低，并且各个卖点仓库容量不足，容易出现缺货。另外，由于各分店分别进行运输，使运输线路不尽合理，增加运输成本。

通过建立配送中心集中配送，连锁企业能统一购货，统一库存，统一配送，减少了重复行为，可以缩短供货时间，提高效率。整个集团就可以在整体上对各家超市的库存进行整合，极大地节约成本，能在未来更为惨烈的竞争中获得生存空间和发展机会。

第十章　供应链成本管理研究

所谓供应链成本，具体到物流管理研究当中，就是指的是相关的企业或者行业在一系列的供应管理过程当中所产生的一系列成本。在管理学中，供应链成本实际上就是供应链管理方法中的成本管理手段。供应链成本管理研究的成功，在一定程度上可以有效降低企业管理的综合成本。本章从供应链成本以及跨组织成本管理角度出发，系统阐述了供应链成本管理各方面的知识。

第一节　供应链及其成本的基本概念

一、供应链的基本概念

关于供应链的基本概念，主要有以下几种说法。

关于供应链的定义，马士华认为：供应链是围绕核心企业，通过对信息流、物流、资金流的控制，从采购原材料开始，制成中间产品以及最终产品，最后由销售网络把产品送到消费者手中的将供应商、制造商、分销商、零售商，直到最终用户连成一个整体的功能网链结构模式。

中华人民共和国国家标准《物流术语》对供应链的定义（GB / T18354-

–2001）是:生产和流通过程中，涉及将产品或服务提供给最终用户活动的上游与下游企业所形成的网链结构。

美国供应链协会则认为：供应链涉及从供应商的供应商到客户的产品生产与交付的一切努力。

供应链是由原材料采购、加工并配送成品的过程中围绕核心企业而形成的合作性网链结构（见图 10–1）。它是市场经济发展的产物，是日益重要的产业组织形式与市场营销方式。随着市场竞争的不断加剧，社会不断地对供应链的速度、柔性、质量成本与服务等指标提出了要求，从而促进了以供应链提升或竞争力增强为基本目标的供应链管理的发展。

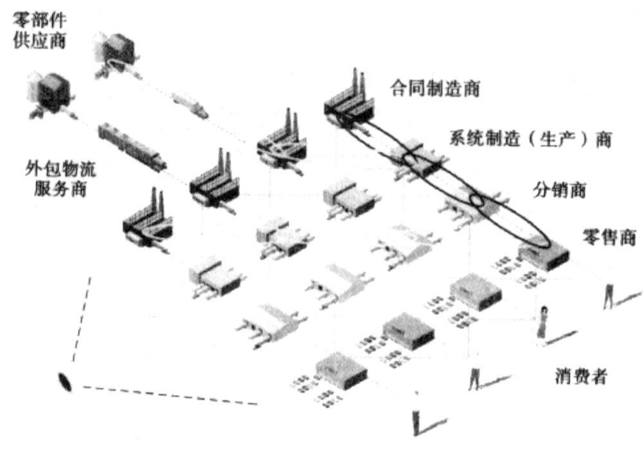

图10–1　供应链网链结构图

二、供应链成本的基本概念

在一切经济活动当中，成本都是从整体上衡量综合管理水平的重要指标之一。具体到物流管理的过程当中，在供应链上为满足顾客的需求所付出的所有费用可以定义为供应链的总成本。

供应链成本（Supply Chain Cost）是指在供应链运转过程中由物流、信息流和资金流所引起的成本以及供应链整合过程中产生的机会成本和整合成本。但这一定义又过于笼统，因此需要进行分类。

（一）按物流活动分类

在现有的国外文献中，大多是简单地将供应链成本等同于物流成本，从物流过程及活动角度来分析物流成本和供应链成本的构成，而确切地给出供应链成本定义的文章极少，更多的是涉及物流成本和供应链成本中的存货成本和交通成本的计量方法和模型。

从物流活动分类角度对供应链成本的基本概念进行阐述，是目前学术界比较认可的一种定义方式，目前来说，主要有以下几种定义。

Joseph Seully 和 Stanley E. Fawcett（1993） 在 Comparative Logistics and Production Costs for Global Manufacturing Strategy 一文中从物流活动的角度，将物流成本分为 7 项，分别是文件汇编、存货、订货过程、包装、购买资源、交通和使用仓库费用。

Lin C0ll1ins 和 Su（2001）则是通过分析物流过程来确定物流成本，他们将物流成本分为如下 5 类：存货存储成本、采购成本、订货过程成本、交通成本和仓库成本。

Manunen（2000）给出的物流成本定义是："物流成本包括在供应链中所有物流引起的成本，以及包括涉及物流的信息流成本。"具体的物流成本构成如下：运输成本、寄送成本、仓库成本、购买成本、订购成本、支付交易成本、生产中的材料管理成本、销售成本（包括收到订货）和回收（recycling）成本。

上述成本定义及成本构成分析只是针对物流而言，并不能代替供应链成本分析。

从实际角度出发，供应链是从物流发展而来的，但物流并不等同于供应链。通常认为物流涉及的是产品从一地到另一地的流动，以满足顾客的需求。供应链涉及的是从原材料到产品再到顾客的所有活动，包括资源的使用、原材料部件制造和装配、存货和仓储、订货分录和订货管理、不同渠道的销售、按期向顾客交货和监控等所有这些活动的信息系统（Lummus, Krumwiede&Vokurka，2001）。

由此可见，物流完成的职能只是供应链职能的一部分，因为供应链所涉及的成本范围远广于物流成本，所以物流成本只是供应链成本的一部分。

（二）按 SCOR 的供应链成本分类

供应链委员会 SCC 给出了供应链运作参考模型 SCOR。它的基础是 5 个严格的管理过程，即计划（Plan）、采购（Source）、生产（Make）、发运（Deliver）和退货（Return）。它更多地涉及了供应链的运作成本，因此在工业界得到了广泛的重视和研究。根据模型在不同计量水平的计量指标可将成本分类如。

（1）销货成本。

（2）总的供应链管理成本。

（3）订货管理成本。

（4）材料购置成本。

（5）存货储存成本。

（6）供应链相关的财务与计划成本。

（7）供应链相关的信息技术成本。

（8）附加值生产率（Value Added Productivity）。

（9）售后担保 / 退回过程成本（Warranty / Returns Processing Costs）。

（三）从合作供应链管理的角度对供应链成本分类

Tim，Milena 和 Yuan（2002）从合作供应链管理的角度将供应链成本分为两大类，即系统所有者的总成本和合作的机会成本。系统所有者的总成本构成是所选过程和系统的总的生命周期成本，系统成本包括获得系统使用、维护、处理错误和无效率的成本以及整合生命周期中伙伴关系的成本。维持和变化合作及经营关系产生了机会成本。合作的机会成本表示放弃更有利于合作的价值，它包括变换合作伙伴和合作不稳定成本（由于频繁地变化合作的成本）。

Tim，Milena 和 Yuan 所说的成本构成如下：

（1）系统所有者的总成本（Total Cost of Ownership of System）。它包括系

统执行和整合成本、过程协调和整合成本以及数据转化和整合成本。

（3）合作的机会成本（Partnership ‘Opportunity Cost）。它包括不稳定合作关系的成本和变化伙伴成本（Switching Cost）。

由此可见，Tim、Milena 和 Yuan 主要强调信息系统支持对供应链整合和管理的重要作用。

（四）按交易成本分类

Jill E. Hobbs（1996）认为，在供应链这种垂直协调组织中，交易成本是非常重要的成本，因为它影响组织的经济活动。交易成本包括信息成本、谈判成本、拟订和实施契约的成本、界定和控制产权的成本、监督管理的成本和制度结构变化的成本。

简言之，交易成本包括一切不直接发生在物质生产过程中的成本。

上述关于供应链成本的论述一定程度上弥补了物流成本理论的不足，但在可计量程度上难以把握。如机会成本、交易成本很难从其他管理成本中剥离出来进行独立的核算。因此，就要寻求一种更全面、更易于计量的供应链成本分析方法。

第二节 供应链成本构成的基本分析

成本是供应链最重要的性能之一。供应链成本分析的目的是通过控制和管理供应链成本，以使公司在不断变化的全球市场上获得竞争优势。供应链包括满足消费者直接和间接需求的所有环节，在不同环节之间有持续不断的信息流、产品流和资金流。

供应链每个环节都执行不同的程序，并与其他环节相互作用与影响。本书采用流程环节法，通过分析每一个阶段与环节发生的成本，以形成供应链的总成本。

一、供应链流程环节

任何一条供应链都可以分解为以下 4 个环节（Sunil&Peter，2001），即顾客订货环节、补充库存环节、生产环节和获取环节，且每个环节将出现在供应链中两个相继阶段之间的界面处，如图 10–2 所示。

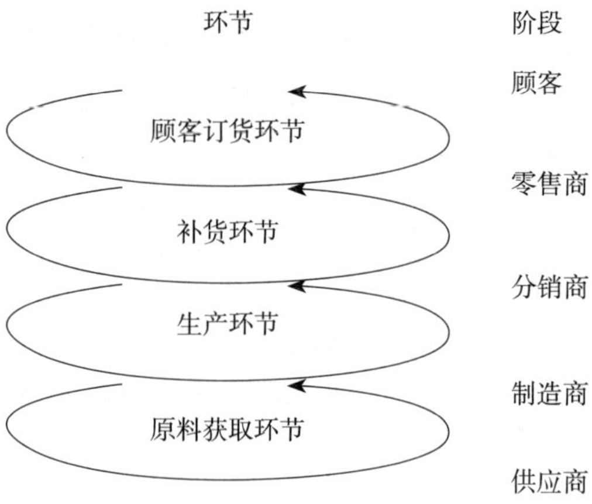

图10−2　供应链流程环节

二、供应链流程环节成本分析

（一）顾客订货环节

顾客订货环节发生在顾客与零售商之间的界面上，包括顾客抵达、订单提交、订单确认、收到商品。在这一环节，顾客可以直接去超市或通过网络及电话向邮购公；音货。零售商按照顾客的订单配送产品，完成发货。顾客收货付现。

在实际的经济活动中，为了方便顾客订货和及时检查库存，零售商通常会构建自己的信息管理系统，进行信息的收集和分析，由此便产生了信息成本。

信息成本包括信息系统的购买成本以及维护使用成本。

除了上述内容之外，还需要人力、物力来进行订单处理工作，由此产生了订货管理成本。零售商为了交货需要，从库存商品中找出相应的产品进行包装，直接交给顾客或邮寄给顾客，这一过程产生了包装成本、邮寄成本等一系列的管理成本。

发货后，库存减少，零售商根据商品的库存数量及时补充库存，导致库存成本的发生。与此同时，零售商收到现金或支票，产生了现金流。

就顾客而言，发生的成本是其收货时的支出，这也是整个供应链的收入。

（二）补充库存环节

补充库存环节即补货环节，发生在零售商与分销商之间的界面上。

在这一环节中，首先零售商需要确定是以经济批量订货还是其他方式补充存货，其目的是权衡产品供给水平和成本，以实现利润最大化。当分销商收到订单时，需要对所订购的商品进行备货并及时交付给零售商。

在实际经济活动中，零售商在订货时，为了减少总成本，通常采取经济批量订货。以其认为合适的方式，例如通过网络或直接派人进行订货时，需支付相应的网费或差旅费及与订货相关的费用，这一部分费用属于固定订货成本，它是每次订购商品时都要产生的成本，不随订购规模的变化而变化。

零售商在收到所订产品之后，随即产生了存储成本和仓库管理成本，同时需支付货款（现金、支票或分期付款支付应付货款）给分销商，产生了资金转移成本和购买成本。购买成本并不是指简单的购买原材料或商品的价格，它还包括购买前对所需产品的调查和确认所产生的费用、购买产品的价格、检查产品合格的费用以及残次品退回的成本。上述费用包含在供应链每个环节的购买成本中。

分销商接到订单时，需对订单进行整理，由此产生了订单管理成本。当分销商进行交货时，需将货物运达到零售商处或零售商指定的仓库中，这个过程中产生了运输成本。在日益激烈的竞争中，零售商与分销商为了追求各自利益的最大化，都需要信息管理系统，信息成本的产生便不可避免。

（三）生产环节

典型的生产环节发生在分销商与制造商（或零售商与制造商）之间的界面上，包括与更新分销商（或零售商）库存有关的所有过程。由顾客订单、零售商或分销商补充库存订单引发，或者由顾客需求与厂家产成品仓库中既有产品数量之间的差额启动了生产环节。分销商根据所确定的订货方式，将订单交与制造商。制造商则安排生产计划并进行生产。在符合质量要求、降低成本的同时，按时交货。

在实际经济活动中，分销商将订单交与制造商，产生相应的订货成本。

收到货物，随即产生了存货成本和仓库管理成本。

由于分销商需支付款项给制造商，这便产生了资金转移，其资金转移成本记人分销商账户中。

制造商收到订单进行生产安排，花费了相应的人力和物力，产生了管理成本。进行产品生产时，有原料、工人薪金、各项费用支出，这些都包含在产品成本当中。

值得注意是，在实际经济活动当中，制造商需要通过运输将产品送达分销商手中，运输成本也要记入账中。

（四）原料获取环节

原料获取环节发生在制造商与供应商之间的界面上。在这一环节中，制造商从供应商那里订购原料，以便补充原料库存。

原料订单取决于生产安排，原料需求量可以精确计算出来。因此，将供应商与制造商的生产计划联系起来非常必要。制造商首先根据自己的生产计划向原料供应商发出订单。供应商根据订单安排原料或零部件的生产，并按时运输送到制造商手中。制造商收到商品，并更新库存记录。

在实际的经济活动中，从制造商订购原材料到按期收货，这一过程发生了信息成本、订货成本、采购管理成本、存货成本、仓库管理成本。

制造商收货付款时，发生购买成本和资金转移成本。

供应商接受订货会产生劳动力成本，本身也是企业管理的一部分。

交货时，需将商品或原料运输到制造商处，产生运输成本，但与此同时，供应商的存货成本与仓库管理成本降低了。

三、供应链成本核算构成的基本分析

由以上分析可知，零售商和分销商所发生的成本相似，主要为订货成本、购买成本、存货存储成本、仓储成本、运输成本、管理成本、交易成本、资金转移成本和信息成本。

制造商和供应商所发生的成本除了包含上述零售商和分销商所发生的成本外，主要还有生产成本、财务费用和经营成本。

以前在分析供应链成本时，往往强调物流在供应过程中产生的成本，如存储成本、运输成本等。在环节法中加强了对信息流和资金流所产生成本的分析。信息对供应链的运营至关重要,因为它为管理者提供了赖以决策的基础。没有信息，决策者就无法了解顾客的需要、库存数量以及何时生产更多的产品并运送出去。因此，构建信息系统以及维护所产生的费用形成了信息成本，是供应链总成本中的重要部分。

在供应链的各环节之间都有资金的流动，零售商得到顾客所付款项的一部分，同时将另一部分资金转移给分销商；分销商留下部分资金，其余转移给制造商；制造商留下部分资金，余下的部分给供应商。这种资金转移成本将计入供应链成本中。

典型供应链 5 阶段 4 环节中所涉及的主要成本包括产品流、信息流和资金流所引起的可见成本。在供应链中还有一些不能忽视的“隐性成本”，这些成本在以前有关的物流成本和供应链成本分析中很少提到。

事实上，在实际的经济活动中，在供应链各个环节上都面临着一个问题，即如何在众多上下游厂家、商家中选择最佳的合作伙伴。如果放弃一个有利的合作伙伴，而其替代者并不能给供应链带来最大利益，就会产生合作伙伴的选择成本。

如果在已形成的供应链中经常改变合作伙伴，就会有伙伴转换成本和合作不稳定成本（由于供应链之间的合作经常发生变化的成本）产生，可将这些称为供应链的机会成本。

因此，许多供应链厂商希望与其合作伙伴有长期的、稳定的合作关系，以减少合作伙伴选择和转移成本以及合作不稳定成本。

综上所述，供应链主要成本如下：订货成本、购买成本、存货存储成本、仓储成本、运输成本、管理成本、交易成本、资金转移成本、信息成本、生产成本、财务费用和经营成本、与供应链相关的机会成本和整合成本。

综上所述，上述供应链成本可以归纳并划分成 3 个成本层次：直接成本、作业成本和交易成本。这 3 个成本层次为分析和优化供应链成本奠定了基础。

具体而言，直接成本主要指生产成本；作业成本指与产品生产和交付相关的管理活动所引起的成本，这些成本因公司的组织结构而产生，主要包括订货成本、购买成本、存货存储成本、仓储成本、运输成本、管理成本等；交易成本包括处理供应商和客户信息及沟通产生的所有成本，这些成本源自公司同供应链上其他公司的相互交流（见图 10–3）。

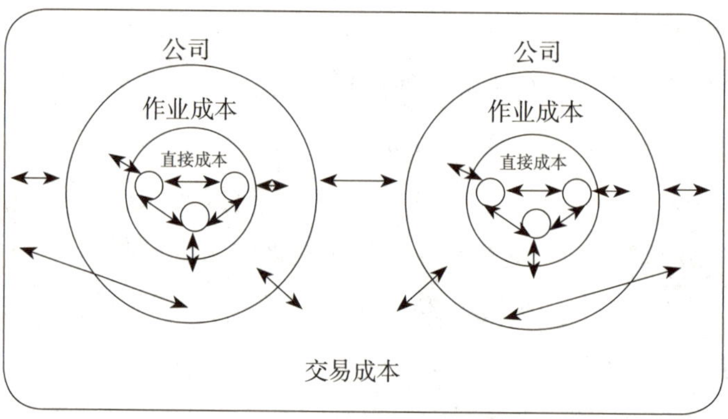

图10–3　供应链成本构成的3个层次

第三节　基于供应链的跨组织成本管理方法

一、供应链关系类型对跨组织成本管理方法运用的影响

供应链跨组织成本管理的有效实施依赖于供应链关系环境，链上各节点企业之间的依赖度、信息共享程度以及参与程度高低等因素都会对跨组织成本管理方法的运用产生影响。本文通过分析制造商和供应商之间的关系类型来研究不同的供应链关系类型对跨组织成本管理方法运用的影响。

一般认为供应商和制造商之间存在着两种不同的关系模式：第一种体现为价格驱动的竞争关系，第二种体现为信任、双赢的合作关系。本文是以制造商与供应商之间依赖程度的高低为依据，将制造商的供应商类别分为三个层次：关键及战略供应商、主要供应商以及普通供应商，进而体现出三种供应链关系类型：联盟关系型、合作关系型以及交易关系型。

不同的跨组织成本管理方法在具体实施时受到其对组织之间的依赖性大小、资源共享程度高低、参与程度高低以及双方承诺等因素要求的影响，因此只有在适当的组织间互动模式下实施合适的跨组织成本管理方法，才能发挥方法工具的优势。从普通供应商、主要供应商到关键及战略供应商这三个层次的关系类型中来看，其供应链关系逐渐紧密，相互之间的互动程度也逐渐增高，体现了从单向交流到双向交流再到共同创造的特点，相应的其方法选择的余地也逐渐增大。

一般来说，交易关系下即普通供应商与制造商之间的互动程度最低，信息流动呈现单向流动的特点，在这种关系环境下，其跨组织成本管理方法的选择一般只能是那些对于资源共享程度、参与程度等因素要求不高的方法，例如功能－价格－质量平衡法等。否则的话，就不把普通供应商纳入跨组织

成本管理的范围，而只依靠价格竞争来调节。

合作关系下即主要供应商与制造商之间的互动呈现双向交流的特点，各自之间存在一定的资源共享，相互之间信息畅通。在这种环境下，可以选择那些对组织间相互沟通程度要求不高的跨组织成本管理方法，譬如组织间成本调查等，当然也可以选择程度更低的功能 – 价格 – 质量平衡法。

而联盟关系下即制造商和其关键及战略供应商之间的互动就呈现了共同创造的特点，相互之间建立了更为密切的信任和依赖关系，具有较高的信息共享度。在这种环境下，就可以选择更多的方法工具，既能选择对互动要求较高的方法工具，又能选择合适的对于互动要求不高的方法工具。

综上，不同的供应链关系类型对跨组织成本管理方法的运用能产生不同的影响，同关系亲密度较低的关系类型相比，关系亲密度较高的关系类型在方法工具的选择上更具有优势，能根据不同的情况选择不同的方法工具，选择的余地较大。

二、基于供应链的跨组织物流成本管理研究

（一）供应链物流成本概念及范围

供应链物流成本是指在供应链条中的所有企业在运作过程中所发生的与物流相关的物化劳动与活劳动的总和。与企业物流成本对比，供应链物流成本更加强调供应链成员间通过互相协作，共同提高供应链物流效率，降低总体物流成本。

供应链物流成本主要包括运输成本、库存持有成本、订单处理成本及缺货成本四大块。其中，运输成本是供应链成本中最重要的一部分，主要包括运输、装卸搬运成本等。库存持有成本是供应链中的企业为了保持存货而发生的成本，可分为存货资金占用成本、调价损失成本和库存风险成本三类，具体包括仓库管理员工资、存货资金利息、仓库租金或折旧费、挑选整理费、存货破损等费用。订单处理成本是指当企业库存低于安全储备量时向其供应

商取得订单的成本，主要包括人工费、常设机构开支、采购机构管理费等。

（二）基于供应链的跨组织物流成本管理问题分析

虽然供应链物流成本概念的提出促使企业站在整个供应链的角度，通过协同作业及跨组织成本管理降低供应链总体成本，但现阶段仍有不少问题存在。

1. 跨组织管理意识淡薄

很多企业还没有完全理解并接受跨组织管理的概念，企业主认为物流成本的降低主要靠自己的力量进行，通过跨组织管理不仅不能降低总体成本，反而会增加企业间协调成本，甚至会导致商业机密的泄露，这种观点严重影响供应链企业间跨组织物流成本管理活动的开展。

2. 供应链成员企业参与度较低

供应链成员企业及时了解降低供应链成本的重要性，也知道通过跨组织管理可以长期性的降低供应链总体成本，但是由于实践中缺乏具体操作指导及方法，很多企业参与跨组织管理的积极性不高。

3. 缺乏独立的物流成本核算体系

现阶段的财务会计核算体系还没有单独核算物流成本的科目，物流成本被分散在管理费用、销售费用等科目中，使企业内部物流成本统计分析困难。如果企业内部缺乏独立的物流成本数据，供应链物流成本统计就无从谈起，进一步加大供应链企业间跨组织物流成本管理的难度。

4. 信息不对称

跨组织物流成本管理要求供应链成员企业站在整个供应链的角度共享物流成本相关信息，共同为降低物流成本、提高物流效率而努力。但是根据信息不对称理论，一般而言，卖家比买家拥有更多关于交易物品的信息，但相反的情况也可能存在。只要存在信息不对称，对于跨组织物流成本管理的就会产生不利影响。

5. 供应链成员企业缺乏一致的物流成本标准

虽然有《企业物流成本构成与计算》国家标准的指导，但是国家标准中仅将企业物流成本按照成本项目（物流功能成本、存货相关成本）、成本范围（如供应物流成本、企业内物流成本、销售物流成本等）及支付形态（如材料费、人工费等）进行分类归集，但是缺乏具体可操作性的划分标准，而且成员企业间可能采用不同的方式进行物流成本归类统计，缺乏对比性。

（三）基于供应链的跨组织物流成本管理对策分析

1. 采用先进的跨组织成本管理方法

国外先进的跨组织成本管理方法主要有在产品开发阶段的目标成本法和在产品生产阶段的改善成本法。目标成本法要求将客户需求及时地传达给供应源头的设计者，将供应链终端的销售压力传递到供应链源头，因此它是最有效的跨组织物流成本管理方法。其目标是在生产出具备特定性能和质量的产品同时。还必须合理确定产品的生产成本，以保证产品在生命周期内能以预期的市场价格销售时能产生令人满意的利润水平。改善成本法主要运用于产品生产过程中，是以“成本可以持续改善”为核心理念，要求在工作中不满足现状，不断地向现有绩效水平挑战，积极地寻求解决问题的办法，是对目标成本法的有力补充。两种方法结合使用，可以有效地降低供应链上的总体物流成本。

2. 提升供应链成员企业跨组织成本管理意识

应该积极采用全方位的宣传手段，迅速提升供应链成员企业的跨组织成本意识，比如新闻媒体、专业网站、行业协会、企业交流、专业会议等方式，彻底转变传统企业各自为政的孤立状态，打破企业界限，使企业间围绕共同目标，在供应链上共同协作以降低供应链物流成本。

3. 积极构建独立的物流成本核算体系

虽然目前的财务会计核算体系中没有单独的科目用于物流成本的核算，但是同一供应链上的企业可以在核心企业的带领下采取一些替补措施，完善物流成本核算体系。比如：可以在正常财务会计核算体系前提下，统一设置一个物流成本一级科目，专门用于归集物流相关成本费用，根据企业需要分设二级科目；也可以设置两套账，一套采用传统财务会计核算方法归集，一套专门进行物流成本核算；或者仅仅只是设置备查账，专门归集物流成本数据。

4. 加强企业间合作交流

通过先进的信息手段（如电子数据交换 EDI 系统、电子邮件等技术的运用）尽量减低企业间交流过程中的噪音干扰，降低企业交易费用，减少由于信息不对称带来的负面影响。

5. 供应链成员企业选择物流成本标准

通过供应链核心企业的推动，可以使成员企业通过共同运作，逐步协调一致，最终达到共同采用同一物流成本标准，方便整个链条企业间互相对比物流成本情况，及时查找问题，共同商讨降低物流成本方法。

参考文献

[1] 宋维明 . 管理学基础 [M]. 北京：中国林业出版社，2006.

[2] 史秀云 . 管理学基础与实务 [M]. 北京：北京交通大学出版社，2009.

[3] 徐洪灿 . 管理学基础 [M]. 北京：中国人民大学出版社，2011.

[4] 王绪君 . 管理学基础（第 2 版）[M]. 北京：中央广播电视大学出版社，2008.

[5] 王锡耀 . 创新型高职课堂教学设计探讨 [J]. 教育与职业，2010（14）.

[6] 翟小静，赵捧未 . 基于迭代思想的政府信息资源管理 [J]. 情报杂志，2009（1）.

[7] 斯蒂芬·P·罗宾斯 . 管理学（第 7 版）[M]. 北京：中国人民大学出版社，2005.

[8] 张英奎，孙军 . 现代管理学 [M]. 北京：机械工业出版社，2007.

[9] 郑敏 . 案例教学法在经济学教学中的应用 [J]. 文教资料，2012（21）.

[10] 范亚东，田玉兰，史秀云 . 管理学原理 [M]. 哈尔滨：哈尔滨出版社，2001.

[11] 周三多，陈传明，鲁明泓 . 管理学——原理与方法（第 4 版）[M]. 上海：复旦大学出版社，2003.

[12] 江孝东 . 管理学 [M]. 北京：北京理工大学出版社，2006.

[13] 俞云 . 管理学教学过程中案例教学的实施途径 [J]. 价值工程，2013（33）.

[14] 张彦宁，蒋黔贵 . 现代企业管理——最新理论和案例精选 [M]. 北京：

企业管理出版社，2008.

[15] 张军，陈昌龙．现代管理学 [M]. 北京：北京交通大学出版社，2009.

[16] 任文举．基于企业模拟运营的《管理学》课程教学改革研究 [J]. 乐山师范学院学报，2010（11）.

[17] 高良谋,高静美．管理学的价值性困境:回顾、争鸣与评论 [J]. 管理世界，2011（1）.

[18] 张波．近三十年来我国教育管理学研究的历程、问题与发展趋势 [J]. 石家庄：河北师范大学学报（教育科学版），2008（12）.

[19] 杨文士，焦叔斌，张雁等．管理学原理（第 2 版）[M]. 北京：中国人民大学出版社，2004.

[20] 单凤儒．管理学基础（第 3 版）[M]. 北京：高等教育出版社，2008.

[21] 黄慧婷．管理学课程教学改革的思考 [J]. 新西部，2011（15）.

[22] 李晓光．管理学原理 [M]. 北京：中国财政经济出版社，2005.

[23] 厉守卫．论管理学课程开放式教学模式的构建及其实施 [J]. 经济研究导刊，2011（17）.

[24] 李宝珠，王颖．基于 ANP 的企业物流外包服务评价研究 [J]. 中国农机化，2010,（2）.

[25] 彭本红，罗明，周叶．物流外包中的最优契约分析 [J]. 软科学，2007,（1）.

[26] 刘福华，陶杰，黄秀娟．企业物流外包的风险与防范 [J]. 物流科技，2005,（7）.

[27] 黄玉华．基于资源基础理论的物流外包决策研究 [D]. 兰州理工大学：兰州理工大学，2009.

[28] 黄赪．金恒利公司物流外包服务水平提升策略研究 [D]. 华南理工大学：华南理工大学，2010.

[29] 徐娟，刘志学．基于实物期权的物流外包成本风险 [J]. 系统工程，2007,（12）.